产业元宇宙

吴亚光 侯涛 蒲鸽 著

METAVERSE

中国出版集团
中译出版社

图书在版编目（CIP）数据

产业元宇宙 / 吴亚光，候涛，蒲鸽著. -- 北京：中译出版社，2022.7
ISBN 978-7-5001-7130-0

Ⅰ.①产… Ⅱ.①吴…②候…③蒲… Ⅲ.①产业经济②信息经济 Ⅳ.①F26②F49

中国版本图书馆 CIP 数据核字（2022）第 114739 号

产业元宇宙
CHANYE YUANYUZHOU

著　　　者：吴亚光　候　涛　蒲　鸽
特约策划：徐远龙
策划编辑：于　宇　李晟月
责任编辑：李晟月　华楠楠
营销编辑：杨　菲
出版发行：中译出版社
地　　　址：北京市西城区新街口外大街 28 号普天德胜大厦主楼 4 层
电　　　话：（010）68002494（编辑部）
邮　　　编：100088
电子邮箱：book@ctph.com.cn
网　　　址：http://www.ctph.com.cn

印　　　刷：中煤（北京）印务有限公司
经　　　销：新华书店
规　　　格：710 mm×1000 mm　1/16
印　　　张：23.5
字　　　数：280 千字
版　　　次：2022 年 7 月第 1 版
印　　　次：2022 年 7 月第 1 次印刷

ISBN 978-7-5001-7130-0　　　定价：79.00 元

版权所有　侵权必究
中　译　出　版　社

编委会

编写组组长

李 熠

编写组成员

吴亚光	侯 涛	蒲 鸽	王瑞斌
王儒西	刘 平	高鑫鹏	张焜棋
李 扬	李竹青	古 超	王佳伟
王 颖			

序　言

一千个人眼中，有一千个元宇宙。即便同一个人，随着时间的推移，认知中的元宇宙也在不断进化。

我对元宇宙的理解，从2021年初到2022年，也经历了比较大的认知迭代。在日常工作中，由于需要不断跟各行业内合作伙伴及专家进行碰撞探讨，我逐渐总结、提炼出了关于元宇宙的两个概念：体验元宇宙和产业元宇宙。越是深入研究，我越是发现这两条路径并不兼容，而且都有着自成一体的发展规律。

在社会讨论中，大家所提到的"元宇宙"，通常更多指的是体验元宇宙，偏重于由实向虚的游戏化、社交化、娱乐化、个性化的体验；而在这之外，还有一类元宇宙，它与生产、能效、协作息息相关，其高度虚拟化的映射，并不指向一个虚无缥缈的体验和享受的空间，而是脱虚向实，直指各行各业广阔的产业生态，我们称之为"产业元宇宙"。

对于产业元宇宙，尽管在全社会范围内尚未形成定论，对比讨论也不多，但对产业元宇宙进行系统的梳理、界定，并为不同产业输送前瞻的能量养分，非常有必要。所以，就有了《产业元宇宙》这本书的萌芽。

本书创作团队通过与业内专家多轮打磨，形成了关于产业元宇宙的基本逻辑、理论体系和行业实践参考。

本书第一个要回答的问题是，产业元宇宙与体验元宇宙到底有哪些不同。我们认为，主要有三个层面的不同：

（1）价值主张不同；

（2）与现实世界的关系不同；

（3）构成要素有所差别。

因为书中有非常全面而深刻的阐述，在此，我仅抛砖引玉，希望引发大家更多的批判性思考。

第一，从价值主张上，体验元宇宙更偏重个人的极致体验，而产业元宇宙则关注产业效率是否真正有所提升。换句话说，让感受更美好，让感官更刺激，这是体验元宇宙的追求；产业元宇宙要通过数字孪生、模拟仿真等技术，改进生产制造手段，简化流程，节约成本，提质提效，最终通过生产力水平的极大提高，来改善和完善真实世界。

第二，两者与现实世界的关系不尽相同。更偏向于虚拟感受的体验元宇宙，与真实世界无须强联系，所以在兼容性上，做到部分兼容，能满足体验需求即可；而产业元宇宙却不行，必须全面兼容。

产业元宇宙作为产业及工业互联网的未来技术演进形态，必须与现实世界无缝对接，不仅包括计算、存储、传输、终端、应用等软硬件接口的横向兼容，还需要跨越不同版本之间的纵向兼容，让现实世界与虚拟世界共同形成一个循环流动的协同整体。

第三，构成要素有所差别。比如，体验元宇宙强调个人身份，而产业元宇宙强调组织身份；体验元宇宙强调大范围内的广泛共识，而产业元宇宙强调关乎组织的局部共识；体验元宇宙只需线上经济系统闭环，而产业元宇宙的经济系统必须是线上线下共同闭环……

正是这些不同，才让产业元宇宙成为一支不可忽视的重要力量。它通过深刻影响并改变以往的设计模拟、生产流程、协作方式、营销方式、运营管理等，让新一轮生产力得到释放，重新定义人们的生活和工作。在这场浪潮巨变中，谁能从细微中发现并抓住这些变迁，谁就能在未来拥有更广阔的发展空间。

为了抓取这些行业变革，本书选取了正在悄然变革的领域展开论述，希望给大家带来有实操性的参考，比如：

在城市元宇宙板块中，我们通过数字孪生在智慧城市中的应用，详解了未来城市管理的新路径；

在交通元宇宙中，我们解锁了元宇宙底层技术如何将虚实数字交通巧妙地融合在一起；

在文旅元宇宙中，我们展示了科技对于时空的穿透力是如何重塑数字文旅消费新文明的；

工业元宇宙则详述了为何以人为本的沉浸感正在形成一个全新的连接产业上下游和终端消费者的工业生态系统；

在教育元宇宙中，我们看到教育在突破物理的界限后，正在形成"泛在学习"的新趋势；

在医疗元宇宙中，我们展示了如何打开医疗产业的困局，为人类创造新的福音；

在能源元宇宙中，我们可以想象未来全球能源孪生地球的美好图景……

我们尽力将这些产业的变革变成一个个可触摸、可感知的案例，为你寻觅未来的足迹。尽管，产业元宇宙才刚刚起步，它的能量还远远没有释放，但未来一定不可限量。

预测未来最好的办法，就是一起将它创造出来。希望本书能带给你哪怕一点点启发与思考，我们就将不甚荣幸。

51WORLD 创始人 &CEO

推荐序一

2020年，新冠肺炎疫情突如其来。那个体量渺小到只能够凭借电子显微镜才能够看到的病毒让我们的"地球村"顿然失序，它的迅速蔓延引发了现实世界急剧动荡。新冠肺炎病毒不断变异的纠缠让急于摆脱困境的"地球村村民们"再次回想起祖先们曾经讲述过无数遍的虚拟世界的故事，朦胧之中似乎看到那束穿越时空的亘古智慧之光，以至于众望所归地将2021年称为"21世纪新版虚拟世界的元年"，尽管"元宇宙"之名早在1992年已经出现在科幻小说《雪崩》之中。

2021年，元宇宙可谓风起云涌。这种风口的出现，应该是与产业和商机息息相关的。Facebook首席执行官扎克伯格将Facebook更名为"Meta"的举动无疑起到了推波助澜的作用。与此同时，经历过全球化洗礼的中国企业家们亦不遑多让，本书的问世正好展现了他们追求的理想。

宇宙之大，无所不包。本书的作者以无限时空的宇宙为题畅谈理想并不是简单的谈天说地。作者从"元宇宙"谈到"元宇宙产业"，纵览全球商机，直至人类社会将面临的重大挑战，脑洞大开，字里行间展现了创新思维和企业家的责任。由此可见，创新确实是企业家精神的灵魂。

我是从事地理信息科学研究的学者，由于这个"元年"的关系，我有幸与51WORLD的朋友们结缘。51WORLD的董事长李熠在努力做强做大企业的过程中展现出的社会人文关怀令我感动。51WORLD的张雨薇女士来信约我为本书写序，虽然难以企及产业元宇宙的高度，但是盛情难却，我就借此抛砖引玉。

我与51WORLD结缘是因为我的团队长期研究虚拟地理环境。20多年前，有感于传统地理信息系统平台难以支撑动态模拟自然与社会的演变，以及当时迅速发展的科学计算可视化技术，我和伙伴们提出虚拟地理环境研究方向，将地理学家研究的"地理环境"与计算机科学发展出来的"虚拟环境"合二为一，研发能够支持虚实交互并允许不同领域专家们异地协同工作的地理科学实验平台，整合地理编码数据库与地理过程模型，将地理数据共享提升到地理知识共享的新阶段，推动地理知识工程的研究。

虚拟地理环境和元宇宙都涉及关键的时空参考系统，展现在现实世界与虚拟世界中对应的或者不对应的现象（场景）的演变过程，并为人与人、人与化身人、化身人与化身人之间的交往和社会网络提供更为人性化的选择。企业家们应该更为务实，他们自然明白无论是娱乐、社交，还是生产生活，都需要"生存空间"。如果在现实世界上难以获得这个"空间"，他们就会另辟蹊径到虚拟世界中去寻觅。无论在真实空间还是虚拟空间，这种寻觅都需要地图，毕竟仅仅依靠文字通信方式和（视频）口语方式，无法满足人们希望对物质世界甚至精神世界"空间"中的感受与认知进行更完整的交流。中国科学院院士陈述彭曾经讲过："地图作为一种文化工具，在人类的知识宝库中将与语言和艺术并存而永生。"而地图发展至今，已经从纸质走向了数字化，从二维平面的描绘走向了三维立体的透视。其功能也从静态的统计走向了动态的模拟，从空间信息综合走向了地理人工智能（GeoAI），从人图分离走向了人图一体。我们天天傍身的手机，装载于其中的地图不仅为我们导航，也主动帮我们制作行动轨迹地图。相比20多年前的网络计算，现在由区块链推动的去中心化以及由此衍生出的数字经济模式让企业家们看到了产业元宇宙带给自己的机缘。

2020年国务院刘鹤副总理在世界VR产业大会上提出过三点非常有远见的指导建议。第一，加快完善三类新型基础设施建设，即以5G、物联网、工业互联网等为代表的通信网络基础设施，以人工智能、云计算、区块链等为代表的新技术基础设施，以数据中心、智能计算中心为代表的算力基础设施。第二，通过大力拓展应用场景，检验VR技术效果，促进技术迭代，创造新的VR技术需求，深化制造、教育、医疗、健康、文化娱乐、商贸物流等重点行业和特色领域的应用场景探索。第三，着力深化国际产业合作，汇集国内外资源和企业共同推进虚拟现实技术研发、制造和应用。用虚拟现实技术更好地造福全人类。

近年来，中华人民共和国住房和城乡建设部和相关部门提出"新城建"，大力推进实景三维、数字孪生和人工智能技术研发，协同发展智慧城市和智能网联汽车等。雄安城市建设者们就提出了"雄安三座城"的理念——地下一座城，地上一座城，云上一座城。"云上这座城"指的就是"数字雄安"。无疑，我国的数字城市和智慧城市建设对于产业元宇宙来说应该是一个天赐的伴生过程。然而，值得提醒我们的城市建设者的是，智慧城市的建设不光要"建城"，更要"见人"。智慧城市的顶层设计需要从关注政府精细化管理拓展到关注市民的衣食住行、就医上学、安全与健康。这样，我们的产业生态才能够更加具有韧性，实现从智慧城市的形似到神似直至融合的健康演进。

在本书的最后一章中，作者表达了对于数据安全和隐私、自由与人身控制的忧虑。对此，我觉得在真实世界与虚拟世界的协同发展的过程中，我们不仅需要遵从自然法则，即通过时空参考系统，依据科学规律（地理过程模型），实现虚实的联动，从而通过虚拟世界的模拟，优化我们在真实世界里的实践。我们或许还应该遵循具有社会共识的社会法则，即通过践行适合社会发展的法律与规范，提高生产与服务效率，提升社会文明水准，降低社会安全风险。

元宇宙兼具虚拟世界和真实世界功能，其中的"虚"与"实"、"有"与"无"，让人们的视野与行动都有了更为广阔的空间，明白世间事物的"有"和"无"，乃至"虚"与"实"都是在时间空间流程中相互转化的。当产业元宇宙支撑人们在真实世界与虚拟世界"变身"消费的时候，"实"和"虚"的主客体身份认同就不再是一个可以任意替代的过程了，新型的数字经济模式将会出现，"地球村"的社会组织形式也多少将随之改变。倘若我们真能够穿越回2000多年前的时空，追上消失于函谷关外的圣贤李耳，能否当面领悟他在千古文章《道德经》中关于"有无相生"的玄妙？

国际欧亚科学院院士、英国社会科学院院士

（林珲）

2022 年 5 月 19 日夜
江西师范大学瑶湖校区

推荐序二

何为元宇宙，该迎接还是避开？

1992年，美国科幻小说家尼尔·斯蒂芬森在《雪崩》一书中首次提出了"元宇宙"的概念，一个与现实世界平行的数字虚拟世界，人类通过控制数字化身，进行相互竞争以建立话语权或提高社会地位，小说构架了一座现实社会和数字社会的桥梁，也是通向未来的时光之门。

何为产业元宇宙，是概念还是体系？

由"元宇宙"和"产业"组合而成的"产业元宇宙"，是将数字虚拟技术体系引入到现实世界和实体经济中的创新尝试，它不仅将现实世界中的物理属性和社会属性完美地数字化重构，更为重要的是通过数字世界对现实世界和实体经济进行再创造，未来也将成为实体经济的重要组成单元，将延展以VR、AR、IoT、AI技术为代表的数字智能技术在产业领域中的应用深度和覆盖广度，加速技术与产业的深度交流和彼此融合，激发实体经济的活力，迸发出无限的创造力。

产业元宇宙是个组合体系，有其明显的特质。我们认为，有三个特点可以较为贴切地描述这个新兴而又理性的新概念。

第一个特点是，具备复杂的多层价值链架构。一般来说，产业元宇宙有四层价值链架构，这在书中也进行了详述：基础设施层，包括构建体系所需的通信、联网、存储、IoT、算法、区块链等底层技术系统；基础开发和工具层，包括空间计算、人机交互、硬件交互、人工智能、大数据开发平台及工具库；场景及功能应用层，包括数字孪生、工业仿真、AI无人制造、数字人、去中心化金融和NFT；行业解决方案层，即针对智慧城市、交通出行、文旅、教育、医疗和能源管理等行业提供的特定行业元宇宙方案。

第二个特点是，链接虚拟技术和实体经济。产业元宇宙是串联虚拟世界和现实社会及实体经济的枢纽，能够通过数字技术与社会供应链的匹配融合，搭建深度链接虚拟经济和实体经济的平台，这也构成了数智化社会的新一代基础设施，能够充分释放企业潜能，激发实体经济的活力和创造力，实现虚拟技术对实体经济的赋能。

第三个特点是，催生多元化落地应用场景。产业元宇宙能够深入改变多个行业的底层逻辑和发展路线，这也同样是本书第二部分的主要内容。比较典型的行业应用场景包括城市场景中对于BIM平台指引下的城市规划、土地利用、城市治理和居民生活的提升；交通场景中对于数字交通、无人驾驶、安全出行、应急管理、立体交通等方面的改善；文旅场景中对于旅游资源建设保护、文旅文明、旅游IP和旅游服务等的赋能；工业场景中对于孪生工厂、体验式制造、数字工人、数字研发等的推动；教育场景中对于教育公平、互联网教育、沉浸式教育、教学机器人等的加持；医疗场景中对于虚拟医疗、远程诊治、手术辅助、医学培训、保健服务等的进阶；能源场景中对于模拟地球、模拟能源、信息模型、新能源预测推演等方面的支撑。

客观地讲，产业元宇宙这种经济形态整体上仍处在概念和探索阶段，未来还需要在三个层面做很多研究和完善，这是利用好它、研究清它的必经之路。

在底层技术架构层面，要加快基础数字虚拟技术的研发。元宇宙源于数字互联网，是互联网技术的集大成者，但其技术储备、内容生产和体系运行等需要数字虚拟技术的不断迭代。在内容端，主要涉及区块链和 AI 技术，负责可延展性和定制化水平；在交互端，主要涉及 VR、AR 和 MR 技术，提升人机交互的沉浸感和带入感；在平台端，主要涉及 5G、移动互联网和云计算技术，以支持多人在线和场景高拟真。在元宇宙爆发的元年，持续提升的算力，无线网络的高速便捷，以云计算、区块链、数字孪生、机器人为代表的创新技术不断聚合，无一不在表明：真正意义上的元宇宙仍需更多技术进步以及产业聚合。我们已经看到，国内很多科创型企业如商汤科技、51WORLD 已经进行了卓有成效的探索。

在数字基础设施层面，要加快构建适配的经济社会系统。元宇宙建立了一个基于数字孪生、AI、VR、AR、5G 等技术的虚拟世界，其衍生的生态系统属于数字经济的范畴，数字产品的创造、流通、交易、消费等环节也会存在，数字资产、数字市场、数字货币和数字消费等要素组成缺一不可，但一切都会在数字世界的闭环里完成。因此，尽快搭建一套适合数字虚拟世界的运行逻辑，涉及经济体系和社会系统，包括生产力、生产关系和上层建筑等维度，创造元宇宙公司和内容生产商以及用户共创、共治、共享一个安全且稳定的数字平行世界。

从小说《雪崩》中的赛博朋克世界，到电影《头号玩家》中的绿洲家园，到被扎克伯格推崇的"平行世界"，再到产业元宇宙的创投风口，元宇宙带给我们的只是进化和迭代，还有不可预知的未来。

正如互联网思想家尼古拉斯·尼葛洛庞帝所说："如果你可以衡量它，它就没那么有意思。"因此，把它活生生地创造出来，是预测未来的最优选择。

《产业元宇宙》的出版恰逢其时,为我们描摹了一幅元宇宙的全景画面,对于探索初学者、行业研究者和场景应用者均有不同的参阅价值,开卷有益,欣然忘食。

人生海海,山山而川。任何技术和产业的发展都是螺旋式上升,成为人类熟练应用的场景。产业元宇宙也概莫能外,元宇宙的探索进程仍在继续,产业元宇宙的未来终将是星辰大海,祝福51WORLD!祝贺李熠!

当代置业执行董事兼总裁

推荐序三

元计算将推动产业元宇宙改变世界

"元宇宙",可能是近几年科技界最热门的词语,从畅想人类生活的虚拟世界,到下一代互联网的发展方向,一夜之间,似乎一切领域都与元宇宙有关了。

"元宇宙"到底是什么?各个公司都有各自的表述,无论是Roblox提出的元宇宙八要素——身份、社交、沉浸感、低延迟、多元化、随地、经济系统、文明,还是马修·鲍尔对元宇宙的描述——一个由持久、实时渲染的3D世界和模拟组成的广阔网络,支持身份、对象、数据和权利的连续性,并且可以被体验,由有效无限数量的用户同步进行,每个用户都有自己的存在感。

这些描述都更偏向于从用户角度阐述元宇宙的体验交互技术基础和方式,而越来越多的人也在思考,当元宇宙和产业结合时,到底能够给我们人类的发展带来什么样的深远变革。

目前市面上有关元宇宙的书籍越来越多,但鲜见从产业元宇宙的角度来阐述作为集多项前沿技术为一体的元宇宙如何赋能产业。而且,在国家大力发展数字经济的当下,元宇宙作为新兴技术如何能带动实体经济实现数字化转型,以及在产业数字化和数字产业化协同发展前提下，如何为各行各业注入新的动力，都是值得深思的问题。

我很荣幸能为《产业元宇宙》作推荐。作为一直为元宇宙提供基础算力支撑的图形处理器（graphics processing unit，GPU）领域公司的创始人，我也从产业元宇宙的基础建设角度，谈谈我的看法。

元宇宙的发展，离不开全功能 GPU 的算力支持，因为元宇宙汇集了超写实 3D 图形渲染、人工智能、超高清视频、科学计算等多领域的多种算力需求，而且还集合了 VR、AR、区块链、5G 等多领域的前沿技术，这些技术在飞速发展，所需要的算力也在飞速增长。事实上，元宇宙需要高性能与灵活性的算力支持，必须能覆盖方方面面的算力需求，元宇宙需要的算力是全能选手。而且，为了建设元宇宙生态，需要许许多多的合作伙伴在一个具有延续性的架构下开发元宇宙应用。所以我提出了元计算（Metaverse Computing），它是元宇宙实现的核心算力基础。同时，也提出了元计算统一架构——MUSA。希望基于 MUSA 的元计算，可以为元宇宙带来底层算力支撑。

元宇宙和数字孪生有紧密的联系。很多时候，数字孪生的很多理念也会在元宇宙中体现，如物理世界的数字化需要结合三维重构、倾斜摄影、物理仿真、数字人等多个领域的技术，每一项技术都需要大量的算力支持，而且几乎每一项技术都是"图形＋人工智能"综合算力的运用，各类算力互相协作，共同达成一个技术实现，这就是元计算。元计算支撑的数字孪生，凭借其准确和高保真的虚拟模型，结合 AI 智能处理海量真实的数据信息，模拟物理世界行为和运行状况，可以实现产业科学管理和决策，最终优化和改变真实的物理世界。数字孪生突破了现实世界的限制，逐渐成为产业升级、降本增效、安全评估的关键技术，应用场景也将逐渐拓展到更多更广泛的领域，成为数字经济爆发增长的驱动力。

《产业元宇宙》里阐述了包括智慧城市、智慧交通、医疗、文旅等多个行业的元宇宙之路，这里面非常核心的一点就是数字孪生。"数字孪生"作为源自工业界的专有名词，已经被沿用到了很多领域。为什么数字孪生对于数字经济的推动如此重要呢？因为物理世界的数字化，就是对现实世界的建模。通过三维重构、物理模拟、物联网数据汇集等多个手段，创建现实世界的数字孪生体，通过对数字孪生体附加各类手段的分析、仿真等操作，大大提升科学化管理的效率，并可以在人工智能技术的辅助下，提高科学决策的准确率与效率。

随着 Web 3.0 时代的到来，网络无论在硬件还是结构上，都会变得更加开放，分布也更为广泛，云原生与边缘计算分工协作也变得越来越常见。伴随着元计算的发展，未来的数据中心都必须成为元计算中心（Metaverse Computing Center，MCC），才可以满足元宇宙多样化的算力需求，能够大幅提升数据中心的利用率。在当前双碳背景下，对于数据中心的 PUE 值和能耗指标要求越来越严，因此在同样的能耗下，元计算中心由于业务支撑的多样性，可以对各行业覆盖更广，更具备可持续性运营的基础。

在当前的数字经济大潮下，产业元宇宙对计算的需求多种多样：文旅的数字产品铸造 NFT，需要设计、三维渲染等技术，这需要 GPU 的计算；元计算中心提供的虚拟化技术平台，可以让大量的轻终端也能调用强大的 GPU 算力；MUSA 架构下的分布式计算也可以使来自全球的多个终端的 GPU 算力被调度使用，与元计算中心共同承担计算任务……

产业元宇宙的未来，是重构各行各业生产力结构的未来，是把产业知识与元计算结合的未来，也是许许多多来自各行各业开发团队的未来，因为元宇宙会以开放共享的方式，链接起很多领域的知识，并在元计算的推动下，让各个行业的从业者从全新的角度革新自己的行业。

《产业元宇宙》这本书仅仅是一个起点,而打开未来之门的钥匙就在你我手上,这就是——元计算!让我们通过作者的讲述,一起开始建造产业元宇宙。

摩尔线程创始人
张建中

推荐序四

回顾科技史，机械使用、电力普及、信息技术的发展，人类社会的技术进步持续驱动千行百业迭代前行。展望未来，人工智能和云计算技术将进一步驱动更多产业转型升级。在未来，我们将有可能在数字世界和物理世界中更加自由穿梭，从二维数字世界去往更具沉浸感的三维数字世界。元宇宙将引领未来20年的全球科技浪潮，帮助人类最终实现数字化生存。产业元宇宙重铸我们对世界的认知，提升生产力，影响生产关系，成为元宇宙发展的重要组成部分，也是科技系统化创新的载体和前沿。

人工智能和云计算技术大发展，使人们对元宇宙的期待逐渐成为可能。自1956年达特茅斯会议的召开，人工智能的进展经历两次大的起落。2016年，谷歌阿尔法狗战胜李世石，引发全球对人工智能的再次关注。2016年至今，AI芯片算力提升180倍，全球算力总规模年复合增长约32%，中国算力复合增速约44%，其中智能算力占比从3%提升至41%。另一方面，在部分领域里，AI训练成本显著下降90%以上，模型训练时间亦明显缩短。AI在机器视觉和NLP领域的表现接近甚至超过人类水平。人工智能和云计算技术大发展，使1992年科幻小说《雪崩》中设想的元宇宙世界逐渐成为现实。

元宇宙将是继移动互联网之后的下一次20年量级的创新巨浪，引领全球科技浪潮。

过去十几年，智能手机的普及掀起移动互联网浪潮，全球互联网用户数激增，带来了To C互联网成长和To B产业数字化萌芽；展望未来，下一代智能终端和元宇宙将进一步拓展人的数字化能力，带来用户使用时长持续提升，实现从二维数字世界向三维数字世界的转变。元宇宙不是对现实生活的替代，而是现实世界的映射和补充，亦有机会成为生产力提升的效率工具。元宇宙是"连点成线"的聚合科技创新，是不能被低估的未来趋势。

《产业元宇宙》对于元宇宙的未来极具洞察。虽然目前大家普遍关注的元宇宙形态主要是类似于《堡垒之夜》《罗布乐思》《我的世界》等游戏化、社交化的体验元宇宙形态，但是在未来，元宇宙将同时成为工作和娱乐的地方。产业元宇宙必将成为元宇宙的先行实践。我们已经看到英伟达Omniverse在宝马数字工厂、西门子能源管理中的应用，也看到了微软Mesh和Meta Oculus在医疗领域中的应用。元宇宙在产业应用场景需求中的创新火焰已经熊熊燃起。元宇宙独特的展示和交互形态，以及支撑其强大的算力，将重塑人类对世界的认知，改变我们的学习进程，提升生产力，改造生产关系，乃至实现产业链和世界分工体系的重塑，甚至可能带来新的工作种类和行业的产生。

《产业元宇宙》前瞻地为我们展开了想象的翅膀，结合科研人员的研究基础和技术背景，在翔实的科技史料基础上，具有创造性地展望了未来几十年的产业元宇宙科技画卷。产业元宇宙将改变人类未来的工作形态和分工组织形式，从而改变城市、交通、文旅、工业、教育、医疗、能源等七大产业。当然，人类的第四次数字化迁徒也会带来很多问题和挑战，等待我们去思考和解决。

中信证券研究部董事总经理 & 首席科技产业分析师

许英博

2022 年 5 月 16 日于北京

目 录

第一部分
挑战认知的产业元宇宙

第一章 从元宇宙到产业元宇宙
第一节 元宇宙：数字世界的终极梦想　005

第二节 产业元宇宙的技术聚变　032

第二章 产业元宇宙：技术架构及产业图谱
第一节 产业元宇宙的技术架构与框架　069

第二节 产业元宇宙的产业链和价值链　080

第三章 元宇宙的潜力和价值
第一节 重新思考工作的定义　111

第二节 工作的未来　113

第三节 创作者经济的繁荣　119

第四节 DAO 的兴起与公司的消亡　121

第二部分
产业元宇宙改变七大产业

第四章　城市元宇宙：未来城市管理
　　第一节　城市元宇宙助力城市更加美好　131
　　第二节　数字孪生城市是起点　134
　　第三节　城市规划是先落地的领域　137
　　第四节　城市治理和公民生活是未来　142
　　第五节　城市元宇宙的原点和未来　146

第五章　交通元宇宙：穿越虚实数字交通新动脉
　　第一节　时空交错，万里变通途　153
　　第二节　场景构建：在交通元宇宙中扬帆起航　164
　　第三节　预见交通产业元宇宙的未来　168

第六章　文旅元宇宙：科技重塑数字消费新文明
　　第一节　未来已来：终局图景与新的探索　173
　　第二节　产业变革：旅游产业的发展历程与格局　182
　　第三节　产业布局：旅游资源的还原和创造　192

第七章　工业元宇宙：迈向星辰大海的"玄奘之路"
　　第一节　从认知革命到工业革命　203

第二节　工业元宇宙　204

第三节　扎扎实实的工业：实践与进步　207

第四节　未来工业元宇宙　212

第八章　教育元宇宙：彻底抹平教育鸿沟

第一节　虚拟毕业典礼　221

第二节　教育元宇宙：一种尝试性定义　224

第三节　教育元宇宙如何拯救教育　225

第四节　教育元宇宙的创新实验　228

第五节　教育元宇宙中学校的未来　232

第九章　医疗元宇宙：加速医疗产业变革与重塑

第一节　医疗产业的困局与数字化变革　239

第二节　医疗元宇宙正在加速到来　241

第三节　元宇宙如何重塑医疗产业　244

第四节　医疗元宇宙的未来与挑战　257

第十章　能源元宇宙：加速新能源数字化革命

第一节　"拉闸限电"驱动新能源加速跑　261

第二节　呼之欲出的能源元宇宙　264

第三节　虚实共生，能源元宇宙发力进行时　268

第三部分
产业元宇宙：未来与挑战

第十一章　世界第四次数字化迁移的可能与挑战

第一节　个人计算机、互联网、移动互联网发展路径和技术支撑　287

第二节　产业元宇宙技术演进路径　295

第三节　产业元宇宙发展过程中所面临的技术挑战　298

第十二章　元宇宙带来的多重挑战

第一节　数据隐私与安全　313

第二节　自由与人身控制　320

第三节　自我的危机　324

第四节　永生与机器幽灵　329

推荐语　333

后　记　345

01

第一部分
挑战认知的产业元宇宙

01
第一章
从元宇宙到产业元宇宙

第一节　元宇宙：数字世界的终极梦想

一、元宇宙：数字世界的终极梦想

几乎所有硅谷投资公司的创始人和技术大咖们都在大谈特谈元宇宙（Metaverse），越来越多的人认为这是互联网和数字化世界的未来愿景。

元宇宙从字面意义上理解是通过数字技术创造的一个超越现实的三维虚拟世界，是一个人们在其中可以实时交互、分享、交流的虚拟空间。

元宇宙这个概念源自美国小说家尼尔·斯蒂芬森（Neal Stephenson）的小说《雪崩》（*Snow Crash*），在这本小说中尼尔·斯蒂芬森将元宇宙设定为一个巨大的网络虚拟空间，这个空间中的主要街道长达65 000米，约为纽约市人口数两倍的用户可以同时在这个空间登录。主人公戴着特殊的眼镜和耳机登录元宇宙，他们在元宇宙里的形象是与现实世界完全不同的虚拟化身（Avatar），通过操作自己的化身与其他玩家交流、生活。①

这本小说在1992年出版，那时计算机与互联网技术尚不发达，尼尔·斯蒂芬森描述的未来世界对当时的计算机极客们产生了很大冲

---

① ［日］新清士.VR大冲击，虚拟现实引领未来［M］.张蕤，译.北京：北京时代华文书局，2017

击,包括 VR 概念创始人杰伦·拉尼尔(Jaron Lanier)、Oculus 首席科学家米歇尔·阿布拉什(Micheal Abrash),以及以《雪崩》中的元宇宙为模版开发出第一个虚拟现实世界第二人生(Secondlife)的林登实验室(Linden Lab)创始人菲利普·罗斯戴尔(Philip Rosedale)等人都受到了这本书的深刻影响。①

"Metaverse"是表示"宇宙""世界"的词语"universe"与表示"高级、超越"的词头"meta"拼合而成的一个词语,指的是无限广阔的超现实世界。

后来《黑客帝国》《头号玩家》《失控玩家》等电影将这个概念放大,并进一步激发了人们的想象。尤其是在《头号玩家》中利用 VR 技术构造出的虚拟世界"绿洲"(Oasis),更形象地展示了元宇宙的完美形态:一个独立于现实世界,与现实世界平行的可视、可触、可感知并且具有高度沉浸感的虚拟世界,由此元宇宙世界基本上呼之欲出了。

这种未来主义的技术愿景以及正在汇聚的技术形态,令人十分兴奋。元宇宙位于互联网、5G、云计算、物联网(Internet of Things,IoT)、VR/AR/MR(虚拟现实/增强现实/混合现实)和区块链的交叉点上,被认为是互联网演进迭代的未来方向,成为从当前技术和产业瓶颈内卷状态突围出来的新的产业愿景。

从普通的计算机屏幕和手机到 VR、AR 和 MR 设备,通过广泛的连接工具、设备和技术,元宇宙使我们能够在各种各样的设备上体验这个超现实的虚拟世界,使我们能够在其中玩游戏、购物、交易、聊天、工作甚至参加音乐会,在虚拟世界中拥有另外一种生活。

这就是元宇宙即将发生的事情。对于新老科技玩家来说,这是一个可以参与其中的巨大机会,元宇宙已成为世界上许多科技巨头

---

① [日]新清士.VR 大冲击,虚拟现实引领未来[M].北京:北京时代华文书局,2017

的最新宏观目标。

"无数人渴望知道互联网之后的下一个时代应该如何被定义,下一个巨头将在何处诞生。目前,元宇宙给我们提供了一个大致正确的方向,正在形成一种强有力的社会共识。人类已成为数字物种,真实的个体与虚拟的个体同时存在。按照这种思路,社交网络、游戏的虚拟世界等不再只是真实世界的工具或附庸,是可以安放人类心智的另一个世界。"[1]

二、通往元宇宙的三条道路

人们创造元宇宙的冲动与渴望由来已久,从20世纪70年代的《龙与地下城》到20世纪90年代的MUD游戏,到21世纪初的Secondlife,再到如今火爆异常的Fortinite、Robolox、Oculus,用计算机技术建立一个可视、可感、可触的超越现实世界的三维虚拟世界是几代人追求的梦想。[2]

但是从业界多年对元宇宙的探索路径来看,目前至少涌现出三种发展方向。

1. 以英佩数码(Epic Games)、罗布乐思(Robolox)、我的世界(Mincraft)、迪士尼(Disney)以及Decentraland等链游为代表的游戏化元宇宙倾向。

2. 以脸书(Facebook)、Snap为代表的社交化元宇宙倾向。

3. 以微软(Microsoft)、英伟达(NVIDIA)、腾讯为代表的产业应用及企业级应用元宇宙倾向。

---

[1] 国信证券经济研究所. 元宇宙:网络空间新纪元[R/OL].(2021-06-08)[2022-03-10]. https://www.sohu.com/a/487354131_121124366

[2] Metaverse for Social Good: A University Campus Prototype, Haihan Duan, Jiaye Li

（一）方向一：游戏化元宇宙（Entertament-Metaverse）

Epic Games 是当前最热衷传播元宇宙概念的公司之一，对于 Epic Games 的 CEO 蒂姆·斯威尼（Tim Sweeney）来说，元宇宙代表互联网的"下一个版本"。斯威尼想在别人建造一个封闭的元宇宙之前建立一个开放的元宇宙，以新的方式连接人类。

蒂姆·斯威尼的这种伟大抱负及其技术愿景或许并非空穴来风，毕竟 Epic Games 拥有最强大的游戏引擎虚幻引擎（Unreal Engine）以及虚拟人工具 Meta Human Creator，更重要的是，其旗下一款现象级的游戏产品 Fortnite 已经在全球拥有超过 3.5 亿用户，具备了元宇宙的雏形。

正如 Epic Games 的营销副总裁 Matthew Weissinger 所说，"这不仅仅是一场游戏，我们正在建造这个叫作元宇宙的东西——一个社交场所。"事实上，如今的 Fortnite 已经不仅仅是一款游戏，而是成为了一个拥有数字购物中心，可以进行课后聚会的，横跨社区、城市、国家和大陆的日常社交空间。

Fortnite 强大的语音聊天、跨平台功能和协作游戏使得数亿人沉浸其中。研究发现，Fortnite 玩家平均每天要在游戏中花费 1—1.5 个小时，而 Snapchat 或 Instagram 的活跃用户平均每天才花费 30 分钟时间。Epic 表示，Fortnite 在 2018 年和 2019 年的总收入超过了 90 亿美元。Fortnite 正在超越 Facebook、Snapchat 和 Instagram 成为一个规模庞大的社交平台。[1]

最近两年的新冠肺炎病毒大流行对音乐产业形成了冲击，这也导致世界各地的音乐演出场馆被迫关闭，病毒流行期间，大型现场

---

[1] Fortnite Is the Future, but Probably Not for the Reasons You Think, by Matthew Ball, https://www.matthewball.vc/all/fornite

音乐表演几乎全部取消，Fortnite 也因此成为音乐家在线举办音乐会和与粉丝密切互动的绝佳平台。

2020 年 4 月，歌手特拉维斯·斯科特（Travis Scott）在 Fortnite 上举办了一场虚拟空间演唱会，2 770 万人参与了这次演唱会，访问次数高达 4 580 万人次，创造了"吃鸡"类型射击游戏的历史记录。特拉维斯·斯科特的虚拟演唱会，让用户有了一种边看演唱会，边控制自己的虚拟化身在明星身边跳舞的互动体验。①

在新冠肺炎病毒大流行之前，Epic Games 其实已经与迪士尼的《星球大战》进行了跨界合作，为 2019 年大片《天行者的崛起》（*The Rise of Skywalker*）举办了一场虚拟宣传路演活动。同年，2019 年 2 月 1 日在 DJ 杂志 *DJ MAG* "百大 DJ" 排名第 10 位的流行歌手马什梅洛（Mashmello）在 Fortnite 举行现场音乐会。这场虚拟空间中的演出与马什梅洛的现场演出同步直播，有 1 100 万人参加，还有数百万人通过 Twitch 和 YouTube 观看直播，其中许多人以游戏角色加入其中，围绕着歌手的虚拟化身进行现场互动，展示了元宇宙的魅力和潜力。②

Epic Games 向人们证明可以走一条由游戏通往元宇宙的道路，建立一个游戏化、开放的元宇宙是这些大型游戏公司自然而然的选择。Epic Games 展示了其在元宇宙运作上的实力后，于 2021 年 4 月筹集了 10 亿美元来专门研发元宇宙，其中 2 亿美元来自索尼公司。

同样，试图建立游戏化元宇宙的还有 Roblox、Minecraft 和 Disney。

Roblox 和 Minecraft 是今天最流行的虚拟平台，Minecraft 和 Roblox 每月拥有超过 1 亿的活跃用户。据报道，在美国、加拿大和澳大利亚

---

① 国信证券经济研究所. 元宇宙：网络空间新纪元［R/OL］.（2021-06-08）［2022-03-10］. https://www.sohu.com/a/487354131_121124366

② Framework for the Metaverse, by Matthew Ball, https://www.matthewball.vc/all/forwardtothemetaverseprimer

等市场有超过50%的9—12岁学龄儿童玩Roblox或Minecraft，更重要的是，这些服务正在不断创下历史新高，并展现出令人难以置信的用户留存。①

Minecraft和Roblox完全基于"创造性模式"，使用户可以为自己和他人创建体验。这些游戏没有"赢"或"生存"等潜在的游戏目标，而是依赖于用户生成的内容和用户主导的体验。

在Minecraft中"游戏"即创造。这种模式释放出了不可思议的创造力。例如，几乎每一个经典游戏都可以重现在Minecraft中。Minecraft公司已经建立了游戏内通信系统，人们能够使用现实世界中的手机与虚拟世界中的人物进行实时视频通话，用户已经建立了巨大的可探索世界。比如一个球员花了16个小时，建立了一个包含3.7亿块区域的网络朋克城市；一个中国矿场玩家社区迅速模拟重建了新冠肺炎疫情爆发后在武汉建造的"火神山""雷神山"医院，以向"现实"中的工人致敬；加州大学伯克利分校的100多名校友在其中构建了一个包含100多栋建筑的虚拟校园，并且举办了一次难忘的虚拟毕业典礼，完整包含了校长致辞、授予学位、抛礼帽等环节，这和我们在真实世界的体验相差不大。随着技术的发展，这样的体验将和真实的世界没有差别。②Minecraft已于2014年被微软以25亿美元收购。

Roblox于2021年3月10日上市后，更是带火了元宇宙概念。Roblox是全球最大的互动社区之一及大型多人游戏创作平台：通过游戏将全世界连接在一起，让任何人都能探索全球社区开发者建立的数千万个沉浸式3D游戏，提供一个想象、创造以及与友同乐的空间。

---

① Digital Theme Park Platforms: The Most Important Media Businesses of the Future, by Matthew Ball, https://www.matthewball.vc/all/digitalthemeparkplatforms
② 国信证券经济研究所. 元宇宙：网络空间新纪元［R/OL］.（2021-06-08）［2022-03-10］. https://www.sohu.com/a/487354131_121124366

Roblox成立于2004年,是一个在线游戏创作社区。2011年上线IOS版,2014年上线Android版。2019年,Roblox的社区玩家月活跃人数过亿,累计有千万名创作者使用Roblox提供的工具来开发游戏。2020年3月10日,Roblox在纽交所上市。

Roblox的CEO戴夫·巴斯祖基(Dave Baszucki)认为,"元宇宙是一个将所有人相互关联起来的3D虚拟世界,人们在元宇宙中拥有自己的数字身份,可以在这个世界里尽情互动,并创造任何他们想要的东西。Roblox只是创造元宇宙用户的'牧羊人',我们不制作也不控制任何内容。"这表明Roblox建立元宇宙的思路是首先建立一个开放的创作平台。①

Roblox的业态非常特殊,兼具游戏、开发、教育属性。它既向玩家提供游戏,也免费提供给玩家创作游戏的工具——开发者编辑器(Roblox Studio)。② 当前主流的游戏开发方式为PGC,Roblox代表的UGC开放模式为游戏行业的内容创作方式带来了新的想象空间。

Roblox在2019年秋季推出了"开发者市场",它不仅允许开发者通过游戏赚钱,还允许他们将这些游戏的资产包括插件、车辆、3D模型、地形和其他产品货币化。Roblox Studio上有超过5 000万款游戏,其中5 000款游戏的访问量超过100万人次,10款游戏的播放量超过10亿(也售出了4 000万件玩具)。2019年,Roblox投资1亿美元激励世界各地的游戏创作者在Roblox进行游戏开发。Roblox的玩家也可以使用游戏中的货币Robux,购买游戏中的物品和生态系统中其他用户创造的世界。2019年以来,Roblox的开发者已经赚了6.89亿美元。

---

①② 天风证券研究所. Roblox深度报告:Metaverse第一股,元宇宙引领者[EB/OL].(2021-05-24)[2022-03-10]. https://pdf.dfcfw.com/pdf/H3_AP202105241493613654_1.pdf?1621873505000.pdf

除了是一个开放的游戏创作平台，Roblox 更是一个青少年社交、虚拟生活的平台：玩家能够在其中聊天，与现实或虚拟的朋友进行互动；新冠肺炎疫情期间它还推出了"一起玩"游戏分类，鼓励玩家在进行线上游戏的同时展开社交；它推出的"party place"功能可供玩家在虚拟世界中举办生日派对、聚会、虚拟演唱会等。2020年11月，说唱歌手 Lil Nas X 在 Roblox 举办的演唱会，在线人数达到了330万，访问次数超过了3 300万。

迪士尼也是一个游戏化元宇宙的重要参与者。迪士尼首席技术官蒂拉克·曼达迪（Tilak Mandadi）也公开分享过建立一个以迪士尼乐园为主题的元宇宙的愿景。蒂拉克·曼达迪在2020年主题公园行业峰会 AAPA 上表示："当我们展望未来时，超越物理和数字障碍并开启故事讲述新层次的互联公园体验是非常令人兴奋的焦点……我将这个概念称为'主题公园元宇宙'——这是物理世界和数字世界融合的地方，可穿戴设备、智能手机和数字接入点让客人沉浸在元宇宙体验中。"曼达迪透露，迪士尼正在努力"在未来的几个月和几年里为我们的客人带来更多这样的体验——在我们的公园、我们的酒店、我们的游轮上，并延伸到客人的家中。"[1]

迪士尼的主题公园是迪士尼业务中最重要、最有利可图的业务，长期以来是其主要资本支出项目。在财务收入上，迪士尼主题公园景点门票的收入比其电影业务收入高出近100%。主题公园之所以兴旺发达，是因为我们热爱虚构世界。数十亿人梦想着虚构的世界，并希望能与朋友分享。迪士尼或环球等公司在建设数字沉浸式世界方面拥有巨大的文化优势和能力。这些公司拥有丰富的 IP 资源储备和整体设计运营能力，利用第三方现有的引擎、工具和市场，将全

---

[1] Disney's Tilak Mandadi: Using Technology to Transform Storytelling in the Disney Metaverse, by Keith Miller, November 16, 2020, https://www.iaapa.org/news/funworld/disneys-tilak-mandadi-using-technology-transform-storytelling-disney-metaverse

部精力集中在设计和运营一个广阔的数字主题公园上,这将是一个非常正确而且明智的游戏元宇宙开发方向。

区块链游戏在推动建立一个分布式、更加开放、更有利于创作者的游戏化元宇宙上,表现出了令人惊讶的潜力。

被称为"Web 3.0 游戏"的区块链游戏,不仅通过区块链底层技术构建了分布式、去中心化的游戏平台,而且有史以来第一次使游戏玩家可以真正拥有自己的虚拟资产。在最近流行起来的 Web 3.0 游戏如 Axie Infinity、Loot 和 Rarity 中,游戏玩家们不仅可以创造有价值的虚拟资产,还可以自由地交易和与某物互动,个人完全拥有这些虚拟资产,拥有游戏中的物品(作为 NFT),拥有游戏中的货币,并最终拥有游戏本身。

最近火爆异常的区块链游戏 Axie Infinity,已经拥有大约 200 万玩家,交易量超过 23 亿美元。在游戏中,用户以 NFT 的形式直接拥有 Axie,并能够通过游戏和交易获得 SLP(Axie 繁殖代币)和 AXS(Axie 治理代币)。Axie 还允许用户拥有地块,并支持用户在平台上推出新的游戏。

这些游戏平台为用户/玩家提供了真正拥有游戏中数字资产的能力,使用户能够直接参与并分享到平台整体价值的增长和收益,甚至拥有了虚拟世界的治理权。

(二)方向二:社交化元宇宙(Social-Metaverse)

Meta[①]首席执行官马克·扎克伯格(Mark Zuckerberg)也是一位元宇宙的忠实拥护者,他在成功创办 Facebook 后一直在思考重新定位 Facebook,以创建一个沉浸式世界,让社交互动、商业和互联网

---

① 原名 Facebook,即脸书,2021 年 10 月 29 日更名为 Meta。为了统一,本书在表示公司名时用 Meta,在表示社交平台时保留 Facebook 原名。

都在这里相遇。

多年来，Meta一直将其使命描述为实现人与人的连接，无论是通过虚拟现实、社交网络群组还是商业。2021年6月底，马克·扎克伯格就向员工宣布了一项雄心勃勃的新计划——未来公司将不再局限于目前正在开发的各种社交应用和相应的硬件，而是会远远超出这一范畴。他说，Meta将努力把科幻小说中描绘的终极互联体验搬到现实世界，致力于建设元宇宙世界。

在2021年7月28日的Meta第二季度财报电话会议上，扎克伯格进一步阐释了Meta进军元宇宙的意图："在未来几年，我预计人们会从将我们视为一家社交媒体公司转变为将我们视为一家元宇宙公司。在许多方面，元宇宙是社交技术的终极表达。"扎克伯格认为，元宇宙是Meta公司自然进化的一部分，他这样描述元宇宙："这是一个虚拟环境，你可以身处其中与数字空间中的人一起出现。你可以把它想象成一个你能身处其中的实体互联网，而不只是肉眼可见。"

2021年8月14日，扎克伯格在接受The Verge（注：一家美国科技媒体网站）采访时毫不掩饰自己是元宇宙的信徒，并计划在五年内将Meta打造成元宇宙公司。扎克伯格认为，Meta的元宇宙将支持从所有设备和应用程序访问，用户将进入元宇宙玩游戏、工作、创作和与朋友分享体验，他们甚至会像今天使用互联网一样使用它。

经过一段时间的筹备酝酿，在2021年10月29日举行的Connect 2021大会中，马克·扎克伯格正式宣布Facebook将改名为Meta，全面进军元宇宙。

多年来，Meta一直在大力投资构建其元宇宙版本。2014年3月，Facebook以20亿美元收购了Oculus VR，扎克伯格把VR放在了十年计划中，并且多次在公开场合肯定VR的发展前景。2020年除了发售Oculus Quest 2，Meta还频繁地收购VR游戏工作室。Meta还在

2019年9月宣布了一个名为"Horizon"的项目,并将其描述为"基于Oculus Quest 和 Rift 平台的 VR 社交世界",在2020年8月开启了测试版。

在 Horizon 中,玩家可以创造一个虚拟化身(只有上半身),并通过名为"Telepods"的传送门前往各个虚拟区域,比如公共场所——城镇广场。同时,Horizon 还内置了工具,允许用户在虚拟世界里进行创作,玩家可以用编辑器创造自己的空间、游戏,从而扩建自己的世界。这是一个不断膨胀的宇宙,人们在这里形成社区,聚集在一起,共同探索空间。这与 Roblox 和 Minecraft 非常相似,只不过 Meta 更愿意将其定义为"Facebook 群组",即围绕兴趣组织的社群,而不仅仅是游戏。在 Facebook Reality Labs 产品管理总监阿里·格兰特(Ari Grant)看来,Facebook 和 Instagram 是"分享"型社交网络,Horizon 则是"创作"型社交网络。[1]

虽然,Meta 在 VR 方面投入不菲,不过扎克伯格认为其致力于建设的元宇宙却不仅仅是 VR,元宇宙也不仅仅是游戏,"我觉得很多人想到元宇宙时,只会想到 VR——它是其中的重要组成部分。这显然是我们正在大力投入的一部分,因为这项技术能够提供最清晰的存在形式。但元宇宙不仅是 VR。你可以在所有的计算平台上访问元宇宙,包括 VR 和 AR,还有 PC,也包括移动设备和游戏机。说到这一点,很多人还认为元宇宙主要是玩游戏。娱乐显然会成为其中的重要组成部分,但我不认为游戏就是全部。我认为这是一个持久而且同步的环境,让我们可以共处其中。这大概会是一种混合环境,它包含我们当今看到的社交平台,却可以让我们以具象化的方式置身其中。"

---

[1] 新浪财经. Facebook 重提"元宇宙":做游戏,本质还是做社交[EB/OL]. (2021-06-29) [2022-07-21]. https://baijiahao.baidu.com/s?id=1703885809973395531&wfr=spider&for=pc

Meta 最近通过推出 Workrooms 应用证明了这一点。Workrooms 是这家社交媒体巨头试图主宰新兴元宇宙市场的尝试，该服务使用者可以通过使用 VR 头显与同事一起进入虚拟房间，通过自己的虚拟化身彼此互动，在那里可以找到数字白板，实时分享、讨论工作内容，这看起来像是利用 VR 的魔力来挑战 Zoom 应用。Meta 表示 Workrooms 是远程工作人员进行协作的一种新方式。Workrooms 为他们提供了一种开展业务的方式，而不只是生活在这个美丽的新世界中。

硅谷元宇宙风险投资家马修·鲍尔（Matthew Ball）甚至认为，通过元宇宙，Meta 可能成为下一个 Android 系统或 iOS 系统（因为 Oculus）。

Meta 进入元宇宙的优势是巨大的，它拥有比地球上任何其他平台都多的用户、日常应用和 UGC 内容，以及世界上第二大数字广告份额、数十亿现金、数千名世界级工程师，还有最关键的创始人的信念。其针对元宇宙开发的技术资产储备也在快速增长，包括 VR、半导体和脑机接口方面的专利。[1]

除了 Meta，Snap 等公司也在社交化元宇宙方向上展开部署，Snap 收购了 Vertebrae 以扩展其产品的 3D 虚拟体验，2021 年又斥资 5 亿美元收购了 AR 技术公司 WaveOptics，这是公司史上最大的一笔收购，同时还推出了新一代 AR 眼镜。Snap 正试图围绕他们的帐户和头像系统（Bitmoji）构造一个基于增强现实和位置的元宇宙平台。[2]

---

[1] The Metaverse: What It Is, Where to Find it, and Who Will Build It, by Matthew Ball, https://www.matthewball.vc/all/themetaverse

[2] INTO THE METAVERSE, Wunderman Thompson Intelligence, P22

（三）方向三：产业/企业元宇宙（Industrial/Enterprise-Metaverse）

过去一段时间微软也逐步展示了其试图成为产业/企业元宇宙中的主导者的意图。2021年早些时候，微软首席执行官萨蒂亚·纳德拉（Satya Nadella）在Microsoft Inspire的演讲中分享了公司对企业元宇宙的愿景。

"通过我们的元宇宙，您可以从数字孪生开始，为任何物理或逻辑事物构建丰富的数字模型，无论是资产、产品还是跨越人、地点、事物及其交互的复杂环境。"纳德拉说。

微软的企业元宇宙试图结合物联网、数字孪生和混合现实，以占领更大的企业软件市场。微软表示，它将使用Mesh构建其企业元宇宙。Mesh是一种混合现实、基于云会议的应用程序，可以将一个人以数字方式传送到远程位置以获得共享体验。

微软曾经推出其增强现实设备HoloLens，试图通过这一设备使人们实现远程交互、协作，现在则基本上放弃了让消费者购买HoloLens的尝试。现在HoloLens更多地被公司和组织购买，供外科医生、技术人员或士兵使用。

2022年1月18日，微软宣布将以687亿美元收购世界第三大游戏公司动视暴雪（Activision Blizzard），吹响了全面进军元宇宙的号角。微软表示，此次收购将加速微软游戏业务在移动、PC、游戏机和云领域的增长，并将为搭建元宇宙提供基础。[①]

将元宇宙用于工业生产和企业应用方面，英伟达的元宇宙平台

---

① Microsoft to acquire Activision Blizzard to bring the joy and community of gaming to everyone, across every device January 18, 2022.Microsoft News Center.https://news.microsoft.com/2022/01/18/microsoft-to-acquire-activision-blizzard-to-bring-the-joy-and-community-of-gaming-to-everyone-across-every-device/

Omniverse 是另一个很好的例子。

英伟达在其官方博客上提出了其对元宇宙概念的定义，认为"元宇宙是数个共享的虚拟 3D 世界，具备更强的交互性、沉浸感和协作性"。①

英伟达 2021 年顺利完成了最新的特技表演，在介绍专为 TB 级加速计算设计的 CPU 的同时，其创始人黄仁勋的三维虚拟化身对观众演讲了 14 秒，几乎达到了以假乱真的效果，引起了公众的惊讶甚至不安。

这种效果的实现要归功于 Omniverse，它是世界上第一个提供元宇宙基础的实时协作和数字化模拟平台，可以使用 Omniverse AR、VR 和 AI 的任意组合来提高效率、降低成本和加强协作。Omniverse 在动画、游戏、建筑和汽车设计等行业的应用前景十分广泛。Omniverse 于 2020 年 10 月推出测试版，超过 17 000 名客户进行了测试体验，包括宝马（BMW）、爱立信（Ericsson）、沃尔沃（Volvo）、Adobe、Epic Games 在内的众多公司都在与 Omniverse 合作。②

Omniverse 利用最新的英伟达技术，可以高效模拟复杂的 3D 物理世界，可以创建丰富的 3D 应用和实现用户间实时协作，该服务帮助企业将各种数字资产（无论其格式或引擎）汇集到单个虚拟环境中。随着用户和团队连接主要设计工具、资产和项目以在共享虚拟空间中进行协作迭代，复杂的工程可视化工作流程将发生转变。③

Omniverse 使用 NVIDIA RTX™ 技术实现了对任何物理对象的数字化模拟，并将其传输到任何设备上，确保它按原样呈现，而且提供可扩展、真实、实时的光线追踪和路径追踪，实时获得美观、物理准确和逼真的视觉效果。此外，Omniverse 还可以在一个交互式

---

①③ NVIDIA OMNIVERSE, https://www.nvidia.com/en-us/omniverse/.
② 国信证券经济研究所. 元宇宙：网络空间新纪元［R/OL］.（2021-06-08）［2022-03-10］. https://www.sohu.com/a/487354131_121124366.

平台上实时汇集用户和顶级行业 3D 设计工具，实现用户和应用程序之间的实时协作。

Omniverse Create 是一款加速高级场景合成的应用程序，允许用户在 Pixar USD 中以交互方式实时组装、照明、模拟和渲染场景，实现逼真的物理、破坏、火灾和烟雾模拟，还支持来自 Autodesk Maya、Epic Games Unreal Engine、Autodesk 3ds Max 等工具的动画，并支持动画剪辑、骨架动画、动画缓存和混合形状等功能，还可以实时播放这些动画或渲染成电影。现今，技术美术师、设计师和工程师可以使用这款程序构建复杂的、物理上准确的实时模拟、图像或电影。

Omniverse 平台还可以实现从工厂规划到优化制造过程的应用，人工智能工厂使用数字孪生将促进在物流繁重的环境中运营的持续创新；在设计开发过程中，开发团队不仅可以利用 Omniverse 实现从草图和表面模型到物理精确渲染，还可以实现产品概念开发和工程定义的无缝交互；在生产过程中，结合来自各种应用程序的数据，以确保整个产品设计和制造过程的一致。宝马已经在使用英伟达的元宇宙平台 Omniverse 为其工厂构建数字孪生体——物理资产、系统或流程的数字表现。

2021 年初，宝马开始和英伟达 Omniverse 合作打造数字工厂。基于数字孪生技术，数字工厂中的软件和 AI 同样在真实的工厂中运作，规划阶段、组装阶段、整车制造阶段的效率得到了大幅提高。在数字工厂规划阶段效率提高了约 30%，整车制造阶段缩短到每 56 秒生产一辆车。[1]

另外一个与 Omniverse 类似的实时 3D 互动内容创作和运营平台

---

[1] 天风证券. 元宇宙系列报告一：探索元宇宙的框架，生产力的第三次革命［R/OL］.（2021-09 -14）［2022-03-10］. https://www.gelonghui.com/p/486746

Unity，同样不仅能够呈现一个虚拟的环境，而且能够真实地对它进行压力测试，以测试火灾、洪水、停电、备份跑道以及紧急情况下的人流。包括游戏开发、美术、建筑、汽车设计、影视在内的所有创作者，均可借助 Unity 将创意变成现实。

Unity 成立于 2004 年，原本是一款游戏开发引擎，但经过 20 余年的发展，Unit 的应用范围已经远超游戏，被用于工业工程、电影等其他领域，现在全世界所有 VR 和 AR 内容中有 60% 为 Unity 驱动。

Unity 最新的实时光线追踪技术可以创造出更加逼真的可交互虚拟环境，让参与者身临其境，感受虚拟现实的魅力。Unity 实时渲染技术可以被应用到汽车的设计、制造人员培训、制造流水线的实际操作、无人驾驶模拟训练、市场推广展示等各个环节。在建筑、工程、施工等领域，Unity 可以打造可视化产品以及构建交互式和虚拟体验，高清实时渲染配合 VR、AR 和 MR 设备，可以展示传统 CG 离线渲染无法提供的可互动内容，实时渲染可以提供"可见即所得"，让开发者进行迭代。在电影制作领域，Unity 实时开发平台为电影和内容制作人员提供创作自由，提升工作效率，使工作室能够在同一平台上同时完成建模、布局、动画、光照、视觉特效（VFX）、渲染和合成，极大地提升了工作自由度和制作效率。[①]

在产业元宇宙推进的方向上，中国的玩家是不可忽视的力量。中国的互联网巨头腾讯，在产业层面推动数字孪生与元宇宙建设，致力于打造全真互联网时代。马化腾在腾讯内部杂志《三观》中提到，"一个令人兴奋的机会正在到来，移动互联网十年发展，即将迎来下一波升级，我们称之为'全真互联网'……这是一个从量变到质变的过程，它意味着线上线下的一体化，实体和电子方式的融合。

---

① Unity Enterprise, https://store.unity.com/products/unity-enterprise?_ga=2.171281824.124891210.1643257694-169509013.1643257694

虚拟世界和真实世界的大门已经打开，无论是从虚到实，还是由实入虚，都在致力于帮助用户拥有更真实的体验。"①

数字孪生是利用物理模型、传感器更新、运行历史等数据，集成多学科、多物理量、多尺度、多概率的仿真过程，在虚拟空间中完成映射，针对物理实体在虚拟世界中1∶1建设一个"数字孪生体"，从而反映相对应的实体装备的全生命周期。2020年12月，智慧交通产业博览会上，腾讯利用城市级三维重建技术，构建出的深圳南山区科技园的数字孪生环境，可以利用灯光动态还原真实世界夜晚中的楼宇、道路、交通状况等丰富信息。未来，腾讯数字孪生平台将全面运用于智慧交通建设、管理、运营、服务四个环节之中。

可见，无论是微软在企业应用领域部署元宇宙，英伟达Omniverse在宝马数字工厂中的应用，腾讯数字孪生技术在智慧城市、智慧交通领域中的实验，还是微软的Mesh，英伟达的Omniverse、Unity、Ureal等数字化平台的发展，再加上对实时数据的整合，都可以说明，实现一个面向产业应用或企业应用的元宇宙平台指日可待。

可以设想一下，一个与现实世界一样的数字孪生世界，叠加上实时的电力、安全、HVAC、天气和交通流量数据，将会使人类社会生产和经济形态发生多么巨大的改变。

三、元宇宙的基本共识

目前人们对元宇宙的理解和想象，大多如同《头号玩家》中的

---

① 新华网.马化腾预判移动互联网升级方向：全真互联网［EB/OL］.（2020-12-04）［2022-3-10］.http://m.xinhuanet.com/sh/2020-12/04/c_139562226.htm

绿洲那样，是一个三维虚拟的网络空间，这个虚拟世界具备社交网络和游戏的特征，能够为人们提供更加直观丰富的交互体验，不再只是真实世界的附庸，而是可以安放人类心智的另外一个世界。

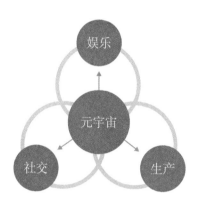

图 1.1　元宇宙发展路线图

VR、AR、MR 及区块链技术的发展和集聚融合，也为这个世界的成型提供了更加成熟的条件。正如扎克伯格所说，元宇宙不是 VR，不是游戏，也不仅仅意味着社交和娱乐，它是可以和人们的工作、企业应用乃至城市管理、交通出行、工业制造、教育、医疗等各行各业发生更紧密的关联。

然而，迄今为止，业内对于"元宇宙"尚没有一个全面统一的定义。正如硅谷投资家马修·鲍尔所说："我们不应该期望对'元宇宙'有一个单一且全面的定义，尤其是在元宇宙才刚刚开始出现的时候。技术驱动的转型过于有机且不可预测。"[①] Epic Games 的 CEO 蒂姆·斯威尼也同样认为定义元宇宙很困难，只能说它不是什么，"元宇宙不是一个带有标题目录的 App Store，在元宇宙中，你和你

---

① Framework for the Metaverse, by Matthew Ball, https://www.matthewball.vc/all/forwardtothemetaverseprimer

的朋友、你的化身可以从一个地方走到另一个地方，拥有不同的体验，同时在社交上保持联系。"

然而马修·鲍尔给出的元宇宙的定义却被广泛引用，他认为："元宇宙是一个由持久、实时渲染的 3D 世界和仿真构成的庞大网络，支持身份、对象、历史、支付和权利的连续性，并且可以由数量不限的用户同步体验，每个用户都有自己的存在感。"

媒体上经常引用的还有 Roblox 对元宇宙的定义，Roblox 用元宇宙来描述虚拟宇宙中持久的、共享的三维虚拟空间。Roblox 的 CEO Dave Baszucki 认为，"元宇宙是一个将所有人相互关联起来的 3D 虚拟世界，人们在元宇宙拥有自己的数字身份，可以在这个世界里尽情互动，创造任何他们想要的东西。"

Roblox 的招股说明书上也指出了元宇宙包含的八大要素：身份、朋友、沉浸感、低延迟、多样性、随地、经济、文明，其中，文明是最终发展方向。

非营利性技术研究机构加速研究基金会（ASF）将元宇宙分为以下四类：体验完美虚拟故事的虚拟世界、反映当前现实世界的镜像世界、展示现实世界的增强现实、现实世界中增强信息和生活日志的混合等。[①]

一千个人心中有一千个元宇宙。基于元宇宙的不可预测性，我们或许无法给出最精确的定义，但是科技的大致发展方向是可追寻且可预测的。通过人们的探讨，目前对元宇宙的基本共识是元宇宙是一个由数字技术构建的三维仿真虚拟世界，其包含如下基本元素。

---

① Metaverse Roadmap Overview: Pathways to the 3D Web, P5, John Smart, Acceleration Studies Foundation, https://metaverseroadmap.org/

图 1.2　ASF 基金会元宇宙分类

资料来源：Metaverse Roadmap Overview: Pathways to the 3D Web, P5, John Smart, Acceleration Studies Foundation, https://metaverseroadmap.org/.

1. 虚拟身份：每个用户都拥有一个虚拟化身，通过它在虚拟空间中存在，并与其他人互动交流。

2. 互动关系：支持多人在线实时交互，进行互动、分享、交流。

3. 具身性：用户拥有数字虚拟身体，并通过虚拟身体拥有逼真的感知体验，可以获得高度沉浸感。

4. 泛在连接：支持用 AR、VR、MR、计算机、手机、可穿戴式设备或物联网传感器进行连接，实现用户与系统间以及用户与用户间的相互通信、数据传输与交换。

5. 共识机制：拥有一套由独特算法支持的、自洽的共识机制来维护系统运作的秩序、公平与效率。

6. 经济系统：支持用户创造，用户拥有数字内容所有权，所有内容均可成为有价资产，并且在虚拟空间中形成生产、交换、支付等经济活动，可以形成自洽的经济系统。

图 1.3 元宇宙基本构成要素

人们对元宇宙三维仿真虚拟世界的一些基本属性形成的基础共识如下:

1. 持续性:这个虚拟世界是持续在线的,不会因为某一个人或设备的连接中断而关闭。

2. 沉浸感:元宇宙必须有沉浸感,因为如果没有沉浸感,就不能形成对现实世界的替代性。这个虚拟世界可以提供比二维互联网更丰富逼真的视觉、听觉、触觉乃至味觉的立体感官体验,使人可以沉浸其中,在直觉上如同身处一个真实的世界。

3. 实时交互性:这个虚拟世界,可以支持用户通过化身与其他用户的化身,以及与仿真模拟数字对象展开真实的交互,在其中人与人的互动,人与物的互动,与在真实世界中发生的交互是类似的。你拥抱一个虚拟人就像拥抱一个真实的人,开虚拟车就像在开一辆真实的车。

4. 开放性:元宇宙必须具有开放性,如果是一个封闭的元宇宙,其边界是有限的,带给人的体验也是有限的;元宇宙世界必须是开放的,可以支持用户通过不同设备,在不同时间、地点随时随地登录，用户还可以在不同的元宇宙空间之间自由穿越；元宇宙还必须是对第三方开放的，支持用户生成内容、自由创造元宇宙空间中的数字对象，如果不向第三方（尤其是用户自身）开放内容接口，就不能产生海量的PUGC，进而严重降低元宇宙内容的丰富性。随着用户生成内容越来越丰富，元宇宙边界也会逐步扩展，丰富程度与日俱增。

图1.4 元宇宙基本属性

因此，一个持续、开放、具备高度沉浸感和丰富交互性的三维虚拟世界是人们对未来元宇宙发展前景的基本共识和共同预期。

无论是以游戏的方式、社交的方式还是产业应用的方式，无论是通过计算机、手机还是VR、AR、MR设备等终端登录，这个元宇宙都将是一个全方位渗透于人们的生活且人们可以24小时持续使用的未来互联网形态。

四、如何理解产业元宇宙

在元宇宙尚未形成统一认知和明确定义的情况下，如何理解产业元宇宙给人们带来极大的挑战呢？

毕竟，Epic Games、Roblox 和 Minecraft 已经为元宇宙游戏化发展方向提供了最基础的形态，人们可以通过玩这些平台的游戏，推测和想象一个游戏化元宇宙的未来；Facebook 也通过 Horizon 和 Workrooms 为人们提供了理解社交化元宇宙形态的基础条件。但产业元宇宙迄今依然停留在概念和愿景阶段，尚缺乏成熟案例。我们只能从微软、英伟达、腾讯等巨头的产业计划和技术布局中去推演未来产业元宇宙的场景及其可能性。

但可以从逻辑上明确的一点是，与游戏化、娱乐化、社交化的体验元宇宙发展方向不同，我们探讨的产业元宇宙一定是特指元宇宙在产业及企业层面的应用形态和发展，它既与娱乐化、社交化的体验元宇宙有共同的技术要素和特征，也因其适用产业领域不同，具有与体验元宇宙迥然不同的属性和价值主张。

比如，产业元宇宙与体验元宇宙同样需要确立用户身份；需要支持用户与系统以及用户之间的互动；需要具身性——利用 AR、VR、MR 的技术营造一个逼真的三维虚拟世界，为用户提供丰富的感知；需要泛在连接，用到物联网、5G、云计算与分布式计算等技术，以便用户通过 AR、VR、MR、计算机、手机、可穿戴式设备或物联网传感器接入并且彼此通信；需要拥有算法支持的共识机制，保证系统的运行秩序与效率；还需要运用区块链技术支持的经济系统，以实现数字资产所有权的确权与交易等。

由于产业元宇宙还必须与智慧城市、交通、工业制造、医疗、教育、能源等产业相结合，所以其除了具备元宇宙基本技术要素，在产业属性上就与体验元宇宙形成了较大差异。

体验元宇宙和产业元宇宙必要要素对比

必要要素	体验元宇宙	产业元宇宙
身份	个人身份	组织身份
互动关系	社交关系	协作关系
具身性	全面具身性	全面具身性
泛在连接	泛在连接	专有连接
共识	广泛共识	局部共识
经济系统	线上闭环经济系统	线上线下闭环经济系统

制图：51WORLD《产业元宇宙》撰写团队

图1.5　元宇宙与产业元宇宙必要要素对比

1.组织身份：与体验元宇宙主要面向个人用户不同，产业元宇宙主要面向产业用户，因此，必须为企业用户构建组织身份体系。

2.协作关系：与体验元宇宙以社交关系为主不同，产业元宇宙更多应用于产业生产作业环境，因此更强调产业组织单位间的协作与协同。

3.定向具身性：与体验元宇宙为用户提供游戏和社交互动的感知体验不同，产业元宇宙需要在医疗、教育、能源等业务场景中提供定向的感知，如在医疗元宇宙手术环节中，医疗数据与手术器官的互动感知等。

4.专有连接：与体验元宇宙适配多种连接设备的泛在连接不同，产业元宇宙需要针对行业特征和作业场景，实现作业设备之间的专有连接。

5.局部共识：与游戏、社交等体验元宇宙需要在大规模用户群范围内获得广泛共识不同，产业元宇宙需要在产业组织间或企业内部建立局部共识，以协调生产秩序，优化生产效率。

6.线上线下闭环经济系统：游戏化、社交化的体验元宇宙只需要在线完成数字资产的生产、确权和交易，形成一个线上闭环经济系统，就可以满足用户娱乐、赚钱、社交的需求；而产业元宇宙必须通过一套行之有效的经济体系，激励包括个人、企业、社会组织在内的每个产业单元和业务单元充分参与其中，推动系统的高效运转和协作生态的繁荣。

因此，我们发现产业元宇宙在价值主张以及与现实世界的关系上与体验元宇宙有着根本差异。

体验元宇宙和产业元宇宙特征对比

特征	体验元宇宙	产业元宇宙
价值主张	体验价值主张	生产价值主张
与真实世界关系	部分兼容现实世界	全面兼容现实世界
进入门槛	进入门槛低	进入门槛高

制图：51WORLD《产业元宇宙》撰写团队

图1.6　体验元宇宙和产业元宇宙特征对比

1. 生产力价值主张：产业元宇宙并不是要像体验元宇宙那样，仅用于满足用户的感官娱乐和社交体验，而是要通过数字化仿真、数字孪生等技术手段改进生产设计制造手段、简化流程、节约成本、提升效率，进一步提高生产力，最终重塑现实世界，并构造一个高度数字化的新现实世界。

2. 全面兼容性：产业元宇宙作为产业互联网的未来技术演进形态，必须具备较强的兼容性，这种兼容性不仅包括技术集群范围内所涉及的计算、存储、传输、终端、应用等与工业生产相关的各种技术与设备软硬件之间的横向兼容性，也包括较高版本与较低版本之间的纵向兼容性。更重要的是它不是要构建一个与现实无关的、独立的、超越的虚拟世界，而是要全面兼容现实世界的生产作业要素和流程。通过产业元宇宙，人们不仅可以对虚拟世界的数字对象发出操作指令，同时也可以通过数字对象的操控实现对现实物理对象的操作与控制，进而实现对产业生产过程、作业流程的反控。

3. 更高的进入门槛：由于产业元宇宙需要结合医疗、工业制造、能源管理等行业的特定业务场景进行开发和部署，具有一定的专业性和特殊性，因此对开发者而言具有更高的准入门槛。在其应用部署中，因为不同国家和地区特殊的行业监管政策，以及特殊的行业格局，也更进一步抬高了行业准入门槛。

如果说游戏化、社交化的体验元宇宙是消费互联网未来的终极形态的话，那么产业元宇宙则是产业互联网、工业互联网未来的终极形态。产业元宇宙将充分释放数字化生产力的价值与潜力，在为数字经济赋能实体经济方面发挥不可估量的作用。

毕竟，腾讯、51WORLD 通过数字孪生技术赋能智慧城市管理，英伟达通过 Ominverse 协助宝马构筑数字工厂，微软通过 HoloLense 赋能医疗行业、设计行业，让我们看到了产业元宇宙为各行各业赋能的潜力和价值，但这还是元宇宙刚刚起步的阶段。假以时日，随着产业元宇宙更进一步成熟落地，未来真的是不可限量。即便如此，但是未来终究会来，未来更值得期待。

五、元宇宙与产业元宇宙的未来

元宇宙并不是一个单一、封闭的世界，而是一个虚拟的、开放的、三维数字世界或多个世界。

虽然目前宇宙主要集中于 Fortnite、Roblox、Minecraft 和 Workrooms 等游戏化、社交化的体验元宇宙形态，但是在未来，元宇宙有望成为一个工作和娱乐的地方。它将充分发挥虚拟和增强现实的潜力,将现实世界与数字世界紧密融合,必然会给社会和经济带来更大的冲击,并推动其进行重构。

我们已经看到 Ominverse 在宝马数字工厂、西门子能源管理、爱立信通信部署中的应用,以及微软 Mesh 和 Meta Oculus 在医疗领域的应用,这证明元宇宙在产业应用场景中具有强烈的需求和广大前景,而像 Minecraft、Roblox 在教育领域,以及 DeHealth 与 XRHealth 在医疗领域的元宇宙系统创新,也表明当下产业元宇宙方向的创新火焰已经熊熊燃起。

在我们有生之年,必然可以见证元宇宙全面进入社交、娱乐、教育、医疗、出行等人类生活的各个领域,这是一个大概率事件,但这将是一个十分漫长的过程,互联网从诞生到成熟用了 40 年时间,相比互联网,元宇宙实现完整愿景所需要的时间也不会太短。正如马修·鲍尔所说:"要实现元宇宙的完整愿景还需要几十年的时间。它需要非凡的技术,也许还需要监管参与。此外,它还需要商业政策的彻底改革,以及消费者行为的改变。"[①]

虽然长路漫漫,但这是最值得我们这代人期待,也是最值得我们投身的一项事业。正如马修·鲍尔所说:

> 事实上,元宇宙很可能来自一个由不同平台、机构和技术组成的相互协作的网络。
>
> 即使元宇宙没有达到科幻小说作者所描绘的奇幻愿景,它也可能作为一种新的计算平台或内容媒介产生数万亿的价值。在其全部愿景中,元宇宙成为通往大多数数字体验的门户,是

---

① Framework for the Metaverse, by Matthew Ball, https://www.matthewball.vc/all/forwardtothemetaverseprimer

所有物理体验的关键组成部分，也是下一个伟大的生产平台。

无论如何，元宇宙应该产生与我们在互联网上看到的相同的、多样性的机会——新的公司、产品和服务将出现，以管理从支付处理到身份验证、招聘、广告投放、内容创建、安全性等一切事务。"①

马修·鲍尔描述的这个愿景和机会是非常激动人心的，英伟达CEO黄仁勋也同样认为元宇宙中的经济将比物理世界中的经济发达。这将是技术变革带给每个人的福音与福利。

纵然元宇宙及产业元宇宙的未来难以定义、尚不明晰，光明前景下也充满各种挑战和风险，但正如麻省理工学院媒体实验室创办人尼古拉斯·尼葛洛庞蒂（Nicholas Negroponte）所说："预测未来的最好办法就是把它创造出来。"

未来如何，归根到底取决于现在你是否相信，以及你如何创造。

第二节　产业元宇宙的技术聚变

一、扩展现实，拓展人类维度

（一）虚拟现实技术的历史

虚拟现实，指利用计算机模拟产生三维空间，为使用者生成虚拟的视觉、听觉、触觉等感官，从而让他们沉浸式地体验虚拟场景

---

① The Metaverse: What It Is, Where to Find it, and Who Will Build It, by Matthew Ball, https://www.matthewball.vc/all/themetaverse

并与之互动。它的发展大致经历了四个阶段：思想萌芽（1963 年以前）、技术雏形（1963—1972 年）、概念产生（1973—1989 年）、技术应用（1990 年至今）。

1935 年，美国科幻小说家斯坦利·温鲍姆（Stanley G. Weinbaum）在小说中首次构想了以眼镜为媒介，包含视觉、触觉、嗅觉等全方位沉浸式体验的虚拟现实概念，这是可追溯到的最早的虚拟现实的雏形。1957—1962 年，莫顿·海利希（Morton Heilig）研究发明了"全传感仿真器"——Sensorama。1968 年，美国计算机图形学之父伊凡·苏泽兰（Ivan Sutherlan）开发完成第一个由计算机图形驱动的头盔显示器 HMD 及头部位置跟踪系统，这是虚拟现实技术发展史上一座重要的里程碑。

虚拟现实概念的产生和理论初步形成主要源自 1985 年的两项发明。其一是 M. W. Krueger 设计的 VideoPlace 系统，它能够产生一个虚拟图形环境，令体验者的图像投影能实时地响应自己的活动。其二是由 M. MGreevy 领导完成的 VIEW 系统。体验者穿戴上配套的数据手套和头部跟踪器，能够通过语言、手势等在虚拟环境中进行交互。

20 世纪 90 年代，虚拟现实开始进入民用市场。1994 年，日本游戏公司 Sega 和任天堂分别针对游戏产业推出 VR-1 和 Virtual Boy，但由于成本高、体验差等问题，虚拟现实的这次现身如昙花一现。直到 2012 年，Oculus 公司以众筹的方式将虚拟现实设备的价格降低到了 300 美元（当时折合人民币 1 900 余元），使虚拟现实向大众视野走近了一步。2014 年，Google 的 Google Card Board 和三星的 Gear VR 发布，VR 技术民用市场逐渐成熟。

2016 年初，VR 迎来资本热潮，引发全社会关注，所有的互联网企业几乎都被卷入了虚拟现实的浪潮，HTC、Oculus、SONY 相继推出消费级的产品，娱乐行业也开始布局虚拟现实内容。因此，2016 年被许多人称为"VR 元年"。然而，当时虚拟现实的技术与配套的内容生态还不成熟，在资本的哄抬下，技术想要迅速落地困难重重。因此2016年后半年资本渐冷，出现了大批裁员、欠薪、倒闭的状况。可以说，2016年，虚拟现实技术真正走进了公众视野，也历经过了山车般的资本变脸。对当时的大众消费市场来说，VR还是一个昂贵、笨重、体验感欠佳、用途单一的产品，因此他们没有强烈的消费需求，"看热闹"的心态居多。

此外，增强现实、混合现实也是与虚拟现实相平行的技术，它们是对虚实界面的不同解决方案。虚拟现实可称为"沉浸主义"，即完全接管人的现实感官，替换为虚拟感官。增强现实可称为"叠加主义"，即不遮蔽人的现实感官，只是将计算机图形叠加在现实感官之上。混合现实技术介于AR与VR之间，它生成的是将现实环境映射到虚拟环境中，并与虚拟信息合并而产生的新环境。以上三种技术一般统称为"扩展现实"（XR，Extended Reality）。

（二）扩展现实对人类的意义

元宇宙的本质是互联网的空间化和具身化。

空间化可以说是元宇宙的本体论，在此指信息的存在方式或组织方式。在计算机发展史上，信息组织形式由最早的打孔向命令行、二维图形化界面不断演进。而从20世纪70年代苹果计算机开启个人计算机的GUI（图形化用户界面）时代，至今已有半个世纪，但在信息组织方式上并没有进一步转向三维空间，只是不断地精致化。现今，无论我们聊微信还是逛淘宝，信息依然以二维平面的存在方式为主。这种信息形态的特征，是线性的、静态的。而元宇宙所畅想的是基于VR技术在虚拟空间中与好友的化身聊天，在虚拟的商店场景中购物。这种空间化的信息组织方式打破了二维线性逻辑，给人带来丰富的互动、自由探索体验。事实上，如今已经有大量三维图形内容存在，但由于VR并没有被广泛铺开，三维信息在最终呈现时仍被"拍扁"在二维屏幕上。而 VR 通过将信息的呈现方式"升维",可以释放这些被禁锢在屏幕里的三维内容。当三维内容充满我们的周围时,互联网的空间化也就实现了。

具身化可以说是元宇宙的认识论,在此指人如何从计算机获取信息。从 2007 年 iPhone 开启人机交互方式的触屏时代,到今天仍没有突破人人"拇指党"的局面。在手机算力长期过剩的今天,这种交互方式的滞后造成了行业最大的发展瓶颈。而 VR 所带来的是基于头部定位、手部追踪、手势识别所形成的虚拟世界中的具身性认知。目前的人机交互技术中,眼、耳可以通过屏幕、耳机轻松进入虚拟世界,而其他感官和身体则找不到入口,只得停留在现实世界。这其实是一种"身心分离"的困局。哲学家莫里斯·梅洛 – 庞蒂(Maurice Merleau-Ponty)曾说,"在正常人中,没有分开的触觉和视觉体验,只有各种感知以不可能确定的分量融合在一体的体验。"也就是说,对虚拟世界的完整认知必须动用全体感官而非只有大脑,而 VR 正在逐步向这个方向迈进。当我们可以在虚拟会议室里与身处异地的同事点头致意、比手画脚时,当我们从以键盘上的上下左右键控制化身移动转为用脚步来控制化身移动时,虚拟世界对我们来说才能成为一个真正可以身临其境的世界,而这将是对人类生存维度与感官维度的一次拓展。人类原本生活在现实世界中,拥有现实感官,而元宇宙通过 XR 技术,在现实世界之上又创造出一层虚拟世界,在现实感官之上又打开了一套虚拟感官,并使得人可以在二者之间自由穿梭。

扩展现实,拓展的其实是人类的生存维度与感官维度。这是元宇宙对人类最深层的意义,也将在应用层面创造出井喷式的新兴市场。

(三)扩展现实在产业元宇宙中的应用

XR 技术所体现的是信息社会向体验社会的转型。在产业元宇宙中,这一信息向体验的转型在生产、物流、组织管理、技能培训、团队协作等领域均可以突破原有的线性、静态的信息传递方式，以空间性、具身性、交互性、游戏性的方式革新组织管理模式，丰富人与人的连接，提高人员积极性，开发潜在价值，以新型生产关系进一步解放生产力。

1. 社交协作

Meta 于 2021 年推出的虚拟现实社交平台 Horizon Worlds，是一款允许使用定制 VR 化身与其他人聊天的 VR 软件。简单来看，它就是虚拟现实版的 Zoom 或腾讯会议。但由于 Oculus Quest 2 VR 头盔可以识别人的手势和头部，所以人们聊天时可以看到会议室里的每个人，并知道与自己对话的人物是谁，还能观察人们说话时的手势，这大大还原了人类在现实生活中沟通方式。在人类的沟通交流中，以眼神、肢体等非语言方式承载的信息大于语言本身。当 VR 技术把这些非语言信息表现出来时，沟通效率将大大提升，空间化的协作场景也比文字群聊更加富有趣味性。可以说，Horizon Worlds 不仅是远程协作平台的新标准，也是 Meta 在转型为元宇宙公司后交出的第一份答卷。

2. 医疗

虚拟在医学培训、远程会诊等教育领域得到广泛应用。根据不完全统计，在 2021 年的 XR 投资案例中，医疗是投资最为集中的一个垂直领域。[①] 借助虚拟现实技术的医学教学，可以使医生立体地了解人体器官的组织结构、工作原理和常见疾病下器官的病理表现。在会诊实践中，医生可以通过虚拟现实设备和手部的感应器，身临其境般地为患者进行手术；借助实时图像和操作机械臂，能够以低于 10 毫秒的时延完成手术示例，使学生可以 360 度无死角地观察专

---

① 倪雨晴.元宇宙的"虚拟"和"现实"：AR、VR 成投资风口，刚需场景缺乏［J］.21 世纪经济报道，2021（9）

家手术过程，实现沉浸式手术教学，提高教学感知。此外，虚拟现实技术结合CT与计算机建模技术，能还原病人的身体情况，让医生更加清晰地观察病人的病情。

随着VR应用向元宇宙的转化，医疗信息的联通、医学知识的共享将变得更为自由畅通。2021年，江西中医药大学附属医院试验了通过视联网、5G、VR进行手术直播。这样的医学实践打破了传统医学教学模式，最大限度地扩大了手术教学和学术交流的范围。此外，南昌大学第一附属医院开设了VR全息健康管理体验中心，患者和其家属可通过VR配合触控和手势识别，近距离了解人体结构、工作原理和常见疾病下的器官的病理表现，以及疾病发生时的健康导诊，从容提升公众对健康管理的认知。不仅如此，虚拟现实技术结合CT与计算机建模技术，能还原病人的身体情况，让医生更加清晰地观察病人的病情，还能将手术过程通过直播、录制的方式进行交流分享。

3. 会展文博

虚拟现实在会展、文博上有巨大的商业潜力。尤其在新冠肺炎疫情期间交通不便的情况下，大量会议从面对面转向"屏对屏"的云端参会。而VR可以营造更为沉浸式、场景式的参会体验。中国大运河博物馆利用虚拟现实技术，重塑了大型古代场景。《人民日报》新媒体与百度VR打造的"复兴大道100号"线上VR展馆，以展现华夏考试历史与精粹、传播中华优秀文化为主要功能的中国考试虚拟博物馆等也是虚拟现实与文博产业结合的产物。此外，京剧数字传承与创意体验、云VR剧本杀互动平台、VR+沉浸式红色剧本、VR智慧景区、全息明星演唱会、3D互动化油画艺术品鉴、虚拟现实技术文物遗址互动展示等应用也正在落地。[①]

---

① 卢梦琪."元宇宙"点燃VR新一轮产业热情[J].中国电子报，2021（10）

4. 文旅

元宇宙虚实融合、具身交互的特点将给文化旅游产业带来一系列革新。现今，人们只能选择在家看视频"云旅游"或到实地旅游，而 AR 技术则可以实现两者的结合，在实地景点中投影出自己喜爱的主播，相伴同游。目前，华为河图 Cyberverse、百度 DuMix AR 等产品已经可以在现实旅游场景中呈现丰富的虚拟信息，例如，景区路线图、景点介绍，甚至反其道而行之，在现实场景中呈现虚拟景点。DuMix AR 就在圆明园的遗址上再现了一座大水法遗址，使游客可以通过手机看到"如果圆明园没有被毁"这样架空历史的风貌。在这样虚实叠加的呈现下，旅客得以对圆明园的原貌及其被毁的历史有更切身的感受。

当然，上述这种 AR 应用目前还停留在 AR 本身，但随着 AR 被越来越深地融入元宇宙的内容生态，新型的应用场景将层出不穷。三维建模的成本远低于真实道具的制作，因此基于 AR 或 MR 丰富实地旅游体验可以展开巨大的想象空间：在某个墙角可以看到《猫和老鼠》在追逐打闹，在《哈利·波特》的城堡前仰望，可以看到巫师们骑着扫帚飞翔，游客自身也可以让自己设计的化身形象呈现在其他游客的 XR 设备中，真正呈现视觉的盛宴。当想象虚构被放置在真实场景中，其真实感、梦幻感将大大丰富原有的游玩体验。目前，迪士尼已经公布了其主题公园元宇宙战略，而 AR 将是其中一个关键技术。此外，元宇宙对自由创造的鼓励也使得旅游体验从单向游览转向双向的游览——创造，使真正邀请游客参与其中的文旅项目成为可能。正如迪士尼负责人所说："元宇宙允许人们扮演既定角色，甚至可以做自己，在整个故事中为自己创造角色，给故事增添新角色。这是'元宇宙'实现个性化的关键。"[①]

---

① 游乐界. 迪士尼的"元宇宙"战略是什么？［DE/OL］.（2021-07-16）［2022-03-10］. https://www.sohu.com/a/477838815_823359

5. 教育与培训

VR 在教育市场的应用,能打破传统教育的固有模式,将抽象的概念情景化、可视化,为教师与学生打造高度沉浸、交互的教学环境。在技能培训中,利用 VR 技术模拟真实场景,能使学员进行沉浸式练习,还可以模拟突发和极端场景,帮助学员实现无风险的模拟演练,以便高效地掌握相关技能,并熟练投入岗位运用。不仅如此,一些专业的技能培训对培训人员整体素质要求较高,传统人员培训周期长、成本高,通过 VR 培训可以节约教师资源,有助于学员缩短学习周期,降低各方面成本。专业培训往往还需借助贵重的真实教具,在时间、空间上都具有局限性,若操作不当,还会对教具造成一定损耗。VR 技术应用在初期培训上,可以解决上述问题。

6. 汽车

VR 技术在汽车设计和生产流程中正在得到重要的应用。自 2019 年起,韩国现代和起亚公司在研发和试生产阶段全面实施虚拟开发流程,大大减少开发时间和开发成本。VR 头显使设计师和工程师可以进入同一个虚拟场景进行开发模拟,甚至连接欧洲、美洲,中国和印度的设计中心可以进行实时虚拟协作,实现前所未有的跨团队协作。此外,VR 在设计的质量验证环节的应用也显示出巨大潜力,因为它允许工程师在各种模拟环境以及各种情况下对车辆进行虚拟测试,以避免风险在真实世界中发生。未来,虚拟开发流程很可能成为汽车生产的新模式。

在汽车驾驶方面,目前基于 AR 的 HUD(heads-up display,抬头显示系统)正在汽车产业逐步推广。该技术最早被运用于飞机上,能将飞机的各项参数投射到飞行员视野的正前方,使飞行员保持平视状态,保证飞行安全。在 AR 技术的发展下,车载 AR-HUD 可以使虚拟信息与实景结合,在不干扰正常驾驶的前提下呈现丰富信息,改善驾驶体验。结合辅助驾驶系统,AR-HUD 可以实时显示车辆信息以及车辆周边环境信息,也为实现全面自动驾驶提供了有利条件和重要支撑。随着元宇宙的发展,更多信息将与 HUD 系统打通,车载 AR 成为信息、娱乐和广告的载体,模糊出行与社交、生活、工作的边界。尤其在自动驾驶技术逐渐成熟后,逐渐解放了双手的司机可以追求更多的舒适度和娱乐性,汽车便成为家与办公场所之外的"第三空间"。

7. 数据可视化

VR 是数字孪生技术不可或缺的可视化与交互端口。数字孪生构建的孪生模型通过可视化平台,利用 VR 向用户呈现 3D 可互动界面,使得纷繁复杂的实体数据成为具体可感、可交互的视觉形态。数字孪生所建模的机械、车间、园区、城市、矿藏等复杂的对象,在 VR 的呈现下可以自由移动视角,与元素互动,这对于产品设计、城市管理、资源管理等领域都具有重要的使用价值。

在产业发展和运作过程中,涉及诸多的数据,例如,生产数据、运营数据、流通数据等。产业越庞大,数据越复杂。如果完全依赖人力,复杂的数据依旧复杂。人眼可以从平板计算机屏幕吸收的数据量存在固有限制。要将数据化繁为简,就离不开虚拟现实技术的助力。对产业元宇宙来说,虚拟现实将复杂的数据可视化,实现有效的数据传输。未来,产业元宇宙将涉及大量不同类型的数据,需要虚拟现实将数据化繁为简,一目了然,便于搜集、统计和观看。例如,在油藏产业,VR 的应用主要有九点:一是交互式的模型演示,如转动、倾斜、跟踪、快移、放大等;二是在任一时间,显示模型中油藏特征参数分布的立体图像;三是模型次一级的结构图像;四是模型任意剖面或切面图像;五是油藏特征参数分布随时间的变化演绎;六是井位置及完井视图;七是模型中任意单元位置的特征参数"点测";八是井的综合数据显示及定位;九是井周围局部"点测"显示流体流动及轨迹。在海洋石油工程中,头盔式立体映象双目镜(Telcontrolled Remotely Operated Vehicle,TROV)可以代替潜水员工作。操作员头带 TROV，配备电子数据手套，操纵机器抵达通常人工无法进入的极恶劣工况下的深水洋底去采集数据，同时，还可根据 TROV 的摄像和接收到的数据，通过虚拟现实系统生成一个实时的"海底作业环境"，让操作者得以沉浸式高效作业。

二、物联网与数字孪生：伸向现实的计算之手

（一）物联网：虚拟世界伸向现实世界的一双大手

1982 年，一群卡内基梅隆大学的学生为了远程查看可口可乐自动售卖机中是否有库存以及是否已制冷的情况，将一台自动售卖机连接到阿帕网（ARPANET）上，这就是第一台智能设备诞生的缘起。

这种将传感器嵌入实体物件中从而获取物理信息并实时在网络上同步的思路，开启了物联网的历史。物联网是基于互联网或其他通信网络，使物理设备实现互联互通的网络。如果说互联网实现的是人与人的信息交换，那么物联网实现的就是物与物之间的信息交换。被称为"物联网之父"的凯文·阿什顿（Kevin Ashton）于 1999 年提出，可以基于计算机互联网与射频识别技术（RFID）、无线数据通信技术构建出一个全球物品信息实时共享的"物的互联网"。

2005 年，国际电信联盟（ITU）发布的报告是物联网发展的一座里程碑。报告系统阐述了物联网对人类社会的意义："RFID 和智能计算等新技术预示着一个由网络和互连设备组成的世界，无论用户身在何处，都可以提供相关的内容和信息。从轮胎到牙刷，世间万物都将在通信范围内。这预示着一个新时代的到来，今天的互联网（数据和人）让位于明天的物联网。"[①] 的确，在此后的十余年中，

---

① International Telecommunication Union. TO BUY IT NOW, CLICK HERE! [EB/OL]. （2005-11-17）[2022-03-10]. https://www.itu.int/osg/spu/publications/internetofthings/

随着芯片、传感器价格的下降，以及通信网络、云计算和智能处理技术的革新和进步，物联网得到了快速发展，形成了 IPSO（Internet Protocol for Smart Objects）联盟等相关的行业标准，并打开了一片巨大的新兴市场。Cisco IBSG 咨询公司认为，物联网是在 2008—2009 年问世的，因为这期间，全球互联网所连接的设备数超过了所连接的人数。也正是在 2009 年，各国物联网技术的竞争进入白热化，IBM 提出物联网战略"智慧地球"，印度总理纳伦德拉·达摩达尔达斯·莫迪（Narendra Damodardas Modi）提出数字印度计划，中国时任总理温家宝提出"感知中国"战略，将物联网列为国家五大新兴战略性产业之一，并于 2010 年写入政府工作报告。如今，我国已形成较为完整的物联网产业链与国际认可的物联网技术标准体系，且开发了多种物联网操作系统。

如果说互联网的本质是连接，那么物联网就是对连接的广度和深度的一次极大拓展，因此也被称为"信息技术的第三次浪潮"。在连接广度上，过去的互联网独立于物理环境而存在，物理环境对互联网来说只是基础设施；而在物联网中，物理环境中纷繁的信息数据全部上网、实时同步、自动化响应，连接的设备量与产生的信息量都是前所未有的。在连接深度上，物联网上的一个个设备不仅是简单地接收信息，还可以相互对话、与人交互、自动化控制，并通过人工智能数据分析来提升对物理世界与人类经济社会活动的洞察力。

总之，物联网像是从虚拟世界伸向现实世界的一双大手，它使得信息技术的应用和创新迅速扩展到医疗卫生、物流交通、建筑业、制造业、农业、能源管理、环境监测等诸多领域，极大地改变了人类社会运作方式以及人类的生活方式。

现今，人类的电网、铁路、桥梁、隧道、公路、建筑、供水系统、大坝、油气管道等各种基础设施中均嵌入了传感器，无时无刻不在捕捉着方位、温度、压力、振动、亮度、湿度等物理信息，并将大数据反馈到各个物联网平台。目前，这一网络正在向地球上的动物植物、山川河流、人体内甚至地球之外的太空中扩张。因此可以说，物联网是我们的身体和环境的数据化以及数据层面的再连接。

近年来，物联网正在从商业领域下沉至生活领域，尤其是家庭自动化，即"智能家居"。Amazon、Google、Apple、小米等互联网厂商均在这一领域做了长期布局，准备打造从计算机硬件、移动终端、可穿戴设备到各类室内家具的实时信息同步的远程控制系统。

（二）数字孪生：现实世界的虚拟双胞胎

物联网是数字孪生的基础。如果说物联网实现的是对现实世界物理信息的感知，那么数字孪生就是基于物联网的数据，通过人工智能和大数据分析来建立现实物体全面、动态的虚拟镜像。数字孪生技术主要应用在工业生产领域。工程师可以在数字孪生体上进行实验、测试，模拟设备在各种参数下的运转状况，从而避免产品设计和维护对真实设备的影响，可以提高效率、节约成本，还可以发现产品潜在的问题，降低产品研发风险。本体和数字孪生体的映射关系是实时的、双向的，且可以贯穿产品的设计、制造、服务、维护乃至报废回收的全生命周期，不仅极大优化了产品的生产流程，也使开发者了解产品是如何被使用的，从而进一步改善设计。

数字孪生技术最早诞生于航空航天领域。早在"冷战"时期，美国国家航空航天局（National Aeronautics and Space Administration，NASA）的工程师由于无法在太空中对航天设备进行检修，只好利用传感器来远程操作、监控、维修和改进他们的机器，这就是数字孪生技术的雏形，虽然当时还没有这个概念。进入 21 世纪，随着物联网技术的普及，嵌入式传感器、低功耗无线通信和高效信号处理技术均得到快速发展，这使得数字孪生技术从军用进入到工业领域。2010 年，NASA 专家约翰·维克斯（John Vickers）提出了"数字孪生"的概念,"数字孪生的最终愿景是在虚拟环境中创建、测试和建造设备,只有当它达到我们的要求时,我们才会实际制造它。然后,我们希望该设备通过传感器连接它的数字孪生体,以便我们获得所需的信息。"[1] 2011 年,美国空军研究部门在一次关于战斗机维护的演讲中也提到了"数字孪生"的概念。2013 年德国提出的"工业 4.0"战略主张利用信息物理系统(Cyber-Physical System,CPS)实现制造业的智能化转型,其核心技术就是物联网与数字孪生。近年来,通用电气、西门子等制造业巨头以及 IBM、微软等 IT 企业均积极布局数字孪生。全球最大 IT 咨询公司之一加特纳(Gartner)在 2016 年 10 月发布的 "2017 的十大战略趋势" 报告中,将数字孪生排在第五位。

数字孪生主要提供四大功能:监控、可视化、诊断和预测。首先,基于海量动态信息构建的孪生模型使开发者可以全方位实时监控设备的制造流程与使用情况。其次,结合 VR、AR 技术,可以实现模型的 3D 可视化、可交互。再次,数字孪生可以模拟现实中存在甚至不存在的各种条件,从而在产品研发过程中发现潜在的改进点与风险点。最后,孪生体可以推演出本体的下一步发展趋势,从而预测设备在何时可能需要维护,或预测城市在何时可能堵车——以便在发生前进行人为干预。

这些功能在现今的诸多产业领域均有应用。在制造业,通过数字孪生构建的孪生厂房可以对实体工厂的每个车间、每条流水线、每台设备、每个人员,甚至每个动作都进行模拟,从而全方位掌握生产过程,及时发现生产瓶颈,优化管理模式。汽车设计中利用大量真实数据建立的数字孪生模型进行开发、测试,以分析特定汽车

---

[1] https://www.forbes.com/sites/bernardmarr/2017/03/06/what-is-digital-twin-technology-and-why-is-it-so-important/

的驾驶方式以及在汽车中加入的新功能，从而减少车祸。车身上嵌入的传感器通过分析周围环境，可以实现自动驾驶。此外，数字孪生在设计协作中也得到大量应用。在医疗健康领域，利用疾病数据库与穿戴式传感器构建患者的数字模型，可以提前发现疾病迹象，比较不同治疗方案的效果，帮助医护人员实时了解患者身体状况，预测可能会发生的紧急情况，还可以部分取代真人进行药物临床试验，降低药物研发成本。在面对新冠肺炎这类大规模传染病时，可以大大缩短疫苗的研发周期，拯救更多生命。此外，基于数字人体的 VR 可视化技术也正被大量应用在手术预演和医疗协作上。在城市管理领域，基于海量传感器获取的多元信息，可以将人、物、事件和资源、气候等所有要素进行数字化建模，从而对城市要素进行全景可视化和动态智能管理，实现对复杂状况的实时监控、智能分析与模拟预测，从而降低城市管理中的随机性，对城市管理进行宏观统筹。近年来，我国雄安新区、贵州贵阳等城市都做出了数字孪生城市的规划。在农业领域，传感器可以获取土壤、气候与农作物的信息，从而把握作物生长规律、监控作物健康状态，以预防虫害、天气等不确定因素对农业生产的影响。

当下，具有高速率、低时延和广连接特点的 5G 通信网络正在迅速铺开，将人类周遭环境的可连接度提升到前所未有的高度，使构建更大、更精细的数字孪生成为可能。

（三）数字孪生与元宇宙

物联网像一张由数百亿个传感器织成的皮肤，覆盖在与人类相关的一切事物上，而数字孪生则基于这张皮肤建立起物理世界和虚拟世界之间的实时、动态、全面的联系。正如英伟达 CEO 黄仁勋所说，"未来数字世界或虚拟世界将比物理世界大上数千倍，工厂和建筑都将有一个数字孪生体模拟和跟踪它们的实体版本。"物联网和数字孪生的最终愿景，是对整个星球的智慧感知与动态拟真，而这与元宇宙"虚实融合"的主张不谋而合。元宇宙要实现现实世界的全面数字化，物联网和数字孪生必然是最重要的基础设施，并且承担起构建元宇宙世界蓝图的任务。未来人类生存的环境无疑将是人造数字环境、人造物理环境与自然物理环境相互叠加交织而成的一种"综合环境"，而物联网与数字孪生则处于三者的交界处，成为三种环境之间信息感知、数据流通、智能控制的基本渠道，通过人、机、物三者的多向互联，铺就走向虚实融合的生产与生活之路。

基于物联网和数字孪生的产业元宇宙，对产业和整个人类社会带来的变革是深刻的。现今，全球疫情、能源危机、气候变化等全人类共同面对的重大问题在物联网与数字孪生的发展下，都有了改善的希望。由于地球是一个牵一发而动全身的复杂系统，因此，各个领域对各自问题"单打独斗"的应对总是举步维艰。而物联网与数字孪生广连接、大数据、高智能的特征，使我们得以从全领域和跨领域的高度、以系统学和生态学的视野，从整体上把握现象、制定规划、调动要素、提高效率、驱动创新。以往效率低下、管理失败、成本高昂、资源浪费等种种困境，在数据、智能和连接的技术改造下，将迎来洞察力的飞跃、生产力的解放与决策力的提升。

三、区块链：元宇宙的认证机制

（一）区块链发展简史：从密码到货币

1. 溯源：非对称加密

1976年，一篇名为《密码学的新方向》论文的发表，开启了密码研究的新纪元。在此之前，人们普遍认为密码研究专属于政府、军队、安全部门或情报机构，一般企业或机构难以触碰这个神秘的领域，普通民众对密码学感到既陌生又漠不关心，高深莫测的密码技术在民用领域似乎也找不到大范围可铺展应用的空间。

《密码学的新方向》一文的发表，不仅深刻影响了此后密码学研究的方向，更重要的是，人们从中看到了密码由公用向民用的发展，由垄断向普惠发展的潜力，这激发了学界与业界对民用密码研究的热情，密码学得到了空前发展。

密码研究的核心在于编码与解码技术，如同一枚硬币的两面，二者相互依存，相互支持。传统意义上的加密主要是指"对称加密"，即同一密钥可以同时用作加密与解密，家用防盗门就体现了这一理念——同一把钥匙既能打开门锁，也能将门反锁。而《密码学的新方向》的开创性在于，首次提出了"非对称加密"的理念，开门与锁门不再使用同一把钥匙，而是分为"公开密钥"与"私有密钥"，简称"公钥"与"私钥"。

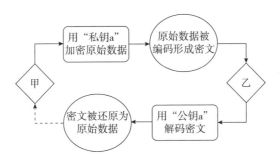

图 1.7 用"公钥"加密，"私钥"解密

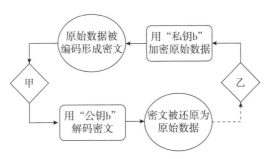

图 1.8 用"私钥"加密，"公钥"解密

在非对称加密系统中,"公钥"与"私钥"成对存在,"公钥"向公众开放使用,而"私钥"由解密人自己掌控。如果用特定"公钥"对原始数据加密,只有用对应的"私钥"才能解密。反之,如果用特定"私钥"对原始数据加密,必须用对应的"公钥"进行解密。

非对称加密技术解决了陌生人之间通信、谈话、交易等私密行为的信任问题,也为区块链与比特币的诞生奠定了基础。

2. 货币之辩与比特币诞生

(1) 数字造币运动

货币作为商品交换的媒介,能够简化交易流程、降低交易成本,从而大幅提升社会交换活动的效率,推动商品经济的繁荣发展。过去人们把金属块、金属条当作货币,以成色、重量作为衡量其价值的尺度。但在流通过程中,携带不便、磨损、鉴定标准不统一、"劣币驱逐良币"等是金属货币的内生性问题,且不存在一个统一的信誉实体为货币的价值做担保。由此,铸造货币的权利便顺理成章地转交给了国家。由国家统一铸造的货币,受到国家信誉和法律制度的双重担保,货币在现代社会由国家中央银行统一发行。

由国家控制货币发行在相当长的一段时间内被视为理所当然的,直到弗里德里希·冯·哈耶克(Friedrich August von Hayek)向这一根深蒂固的制度发出声讨。哈耶克在晚年写的《货币的非国家化》一书中,颠覆了正统的货币制度观念:既然在一般商品、服务市场上自由竞争最有效率,那为什么不能在货币领域引入自由竞争?他给出的方案极具革命色彩:废除中央银行制度,允许私人发行货币,让其自由竞争,在竞争过程中会发现最好的货币[1]。

---

[1] [英]弗里德里希·冯·哈耶克.货币的非国家化[M].姚中秋,译.北京:新星出版社,2007

哈耶克的思想引发强烈反响，吸引了大批无政府主义追随者，废除国家垄断货币的呼声此起彼伏。与此同时，一批数字极客纷纷入局这场"货币领域的自由竞争"，开启各自的造币运动。例如，大卫·乔姆（David Chaum）在 1983 年最早提出把加密技术运用于现金的想法，为把自己的想法商业化，他于 1989 年创立数字现金公司（DigiCash）——第一家致力于解决线上支付问题的公司；戴伟（Wei Dai）在 1998 年提出 B 币（b-money），并宣称任何人都可以通过特定的系统创造虚拟货币；尼克·萨博（Nick Szabo）则标榜他早在 1998 年就有了创建比特黄金（Bitgold）的想法[1]。

将 20 世纪末所诞生的一批虚拟货币视为比特币的雏形，随着计算机软硬件的进步，新的网络协议被确立，更先进的算法被开发，孕育中的比特币呼之欲出。

（2）比特币诞生

2008 年 11 月，中本聪（Satoshi Nakamoto）的论文《比特币：一种点对点的电子现金系统》（*Bitcoin: A Peer-to-Peer Electronic Cash System*）发表，正式宣告了比特币的诞生。2009 年 1 月，中本聪用第一版软件挖掘出创世区块，并将《泰晤士报》当天的头版标题"Chancellor on brink of second bailout for banks"，写入该区块。至此，像魔咒一样开启了比特币的时代[2]。

中本聪所设想的比特币是为对等网络（peer-to-peer，P2P）电子现金支付服务的，汇款不必经由第三方金融机构，直接在交易双方之间递送。交易信息会被系统印上"时间戳"，打包成数据块——区

---

[1] ［美］阿尔文德·纳拉亚南，约什·贝努.区块链：技术驱动金融［M］.林华，译.北京：中信出版社，2016

[2] https://pcaaron.github.io/pages/fe/block/history.html#E6%AF%94%E7%89%B9%E5%B8%81%E7%9A%84%E8%AF%9E%E7%94%9F%EF%BC%9A%E5%8C%BA%E5%9D%97%E9%93%BE1-0

块后上传，其他用户基于共识机制对区块进行认证，通过认证的区块会按照时间顺序链接在其他区块之后，形成链状结构，这条持续运行的数据长链即所谓的"区块链"（Blockchain）。货币作为一般等价物，就必须保证其稀缺性，而建立在区块链基础上的比特币具有原生的稀缺性——总量仅2 100万个。

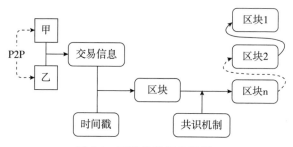

图1.9 区块链的运作逻辑

比特币采用分布式记账架空了货币，分布式账本精确且不可篡改地记录了每位用户的资产信息，交易不再需要"钱"的流动，通过账本数目的变更即可完成资产的转移。此外，比特币还通过哈希（Hash）算法、工作量证明（Proof of Work，PoW）、非对称加密等一系列前沿技术最大限度地维持了数据网络的真实性、安全性与稳定性。

当前，比特币的内涵早已突破了电子现金、分布式记账或是数字货币这些概念范畴，它象征了自由主义精神——从物理束缚与监视中解脱的渴望，它创造了"资产完全从属于用户自己"的神话。区块链建立了一种基于技术理性的制度，在这种制度里，分布式计算与共识机制前所未有地解决了陌生人之间的信任问题。这种特质将推动区块链与更多领域融合，智能合约、数字政务、数据服务等更多新的应用场景将不断被发掘。更令人兴奋的是，区块链与人工智能一样，极具"脑洞"色彩，延伸了人们的想象力，使人们对未来世界与智能生活的畅想变得丰富起来。

（二）区块链与元宇宙：技术与想象力的碰撞

19世纪60年代，一项旨在"创建容错与计算机网络通信"的研究项目受美国联邦政府的委托开始如火如荼地进行，该项目成为互联网诞生的引爆点，互联网时代由此拉开序幕。在此后的半个多世纪中，网络传输速度不断加快，网络通信基础设施搭建逐渐完备，网络服务覆盖范围遍及世界各个角落，互联网将地球连接成一个村落，使信息得以在全球范围内传播。互联网及其硬件设备已经高度介入人类社会生活的方方面面，人类进入了数字新纪元。

然而，互联网的许多缺陷却困扰着人类社会，例如，黑客攻击与网络安全问题、数字身份任意切换与社会信任缺失问题、互联网公司数据垄断与个人隐私泄露问题、社交媒体谣言扩散与网络暴力问题、知识产权保护问题等，不一而足。这些问题内植于互联网的底层架构中，难以通过技术迭代来解决。

区块链技术有针对性地弥补了互联网的缺陷：分布式计算赋予网络稳定性、数字身份认定且防篡改；去中心化架构消解了互联网"独角兽"的垄断地位，使得信息传播与版权归属可溯源。因此，从数字技术演进的角度来看，互联网与区块链实际上是一种上下衔接的关系，区块链的产生是符合技术发展逻辑的。

从社会现实来看，数字世界正在逐步"去虚拟化"，成为越来越"现实"的社会，我们可以从一些网络现象中洞察这一趋势。如今，越来越多的网络服务需要实名验证才能接入，当你需要发布一条微博，参与一次评论，或是进行一次网购时，都必须先实名登录；当网络舆情事件爆发时，现实世界会感受到同样强烈的震动；一些国家或政治组织的领导人开始通过社交媒体平台施政；网络暴力会致人抑郁甚至引发自杀；网络隐私泄露会引发一系列现实危机；等等。

互联网已经变得足够现实，人类不再满足于虚拟带来的满足感，而是需要一个更加安全、更加可信、更可交互的网络世界，元宇宙正是在这种现实需求下孕育而生的。可以说，元宇宙是虚拟世界复归现实的产物。

因此，区块链与元宇宙的碰撞是技术逻辑与社会现实双重作用的结果。

1. 去中心化与分布式架构

马克·扎克伯格是元宇宙的忠实拥趸，他曾向员工坦言他的雄心壮志，即Facebook的未来远不止开发一些社交应用程序和配置一些硬件设施，Facebook会尽一切努力打造一个最大限度地连接各方的元宇宙。为了实现扎克伯格的愿景，涉及社区、创新者、数字商业、VR方面的产品成为Facebook各部门关注的焦点[①]。

2020年1月，风险投资家马修·鲍尔发表了一篇影响广泛的专栏文章，指出了元宇宙的关键特征，具体包括：永久持续；同步进行；对用户没有限制并提供在场感；拥有功能完备的经济体系；横跨数字世界与物理世界；提供前所未有的交互性；由各方参与者所创建并运营的"内容"或"体验"[②]。在运营方面，扎克伯格认为，元宇宙不应由一家公司掌控，而是通过一种去中心化的方式，由元宇宙的参与者们共同维护。

以上观点充分体现出元宇宙的去中心化特质。元宇宙不应设置准入门槛，不应受到政治或商业势力的掌控，要能够承载具有不同社会特征的人，让所有用户平等参与、共同建设。分布式理念应植入相关的软件开发与硬件配置中，让元宇宙体系以分布式计算的方式运行。

分布式计算正是区块链技术的关键特征，可以说，有关元宇宙的设想必须在区块链的加持下才有落地的可能性。

---

① https://www.theverge.com/22588022/mark-zuckerberg-facebook-ceo-metaverse-interview
② https://www.matthewball.vc/all/themetaverse

2. 以算法为中介的信任机制

元宇宙既然以现实世界为参照，就必须纳入人类社会运转的逻辑与规则。在互联网时代，由于用户的匿名机制，信任是普遍缺乏的，在人们的认知中，网络世界是虚拟的、不可信的。随着互联网技术的迭代与应用的铺展，社会的负面效应逐渐引起国际社会的普遍警觉，在各国监管的推动下，实名制被引入网络世界。即便如此，用户之间的互信关系仍需捆绑在一系列的"信誉背书"之上，如公司信誉、机构信誉、个人信用与社会影响力等。

信任关系的建立往往会消耗大量的社会资源，不仅互联网世界如此，现实世界同样如此。因此，若要在元宇宙中建立完备的经济体系，促进用户之间的互信合作，激发用户建设元宇宙世界的热情，就必须将信任机制纳入元宇宙的工程蓝图中。此外，元宇宙中的各项活动都会产生大量数据，这些种类各异的数据是有价值的，并且数据的体量越大，就越有价值，信任与安全问题的重要性就越发凸显[①]。

区块链对解决元宇宙中的信任问题提供了建设性方案。占据区块链技术核心地位的哈希算法，能为每一个数据块计算出相应的哈希值——一段长度固定的乱码，数据块与哈希值一一对应。一旦数据发生变动，哈希值会被重新计算，原有的区块链条会断裂，以此来防止数据被篡改。同时，数据的打包与上传需要由用户集体认证，共识机制能够帮助用户判断信息是否真实可靠。

3. 数据传输与时间戳

在现实世界中，人类通过实践活动，从物质层面改造自然，从财富与心理层面改造社会，这种改造是连续的、永不间断的，改造的结果也是实在的（原子排列组合的改变、社会资源的分配与再分配、社会结构的重组、人际关系网络的收缩与扩张）。这种可编辑

---

① https://www.intechopen.com/online-first/77823

性同样也被嵌入元宇宙世界，其可编辑性体现为：用户可以根据自己的意愿与需求对元宇宙进行改造，而元宇宙系统需要在"物理"尺度上刻录用户数字实践引发的各种变化，这种刻录通过改变比特（bit）来实现。

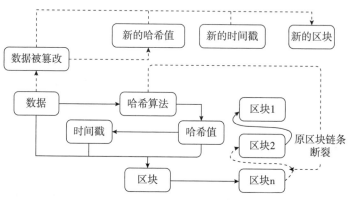

图 1.10 哈希算法的"防篡改"机制

与现实社会一样，在元宇宙中，用户可以狩猎、采集与耕种土地，可以租赁或置办田产，可以大兴土木建造、装修房屋或修缮基础设施，甚至能够改变地形地貌、开拓疆域版图。并且，元宇宙中同样存在历史沿革与社会变迁，用户行为需要在单向、统一的时间维度上被记录，即在元宇宙中引入"时间戳"——对数据产生的时间进行验证，给数据打上时间标签。

从技术层面来讲，无论是刻录变化，还是给数据添加时间戳，都是区块链的技术特性所在。具体而言，每个区块都是一个数据包，元宇宙中的一切变化都会存入数据集并被打包成区块等待上传，用户为区块申请到时间戳后进行上传，区块会按照时间戳序列链接其他区块，形成数据链条，变化即可按照时间顺序被刻录进元宇宙中。

此处简述时间戳的申请流程：先用哈希算法计算数据的哈希值，再将哈希值发送给算法随机挑选的签发者。签发者将收到数据的时间添加到哈希值后面,对哈希值和时间整体进行签名,将签名结果反馈给用户,用户再把签名作为时间戳证书存储在区块上[①]。

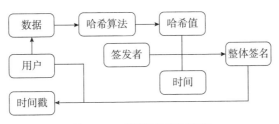

图 1.11　时间戳的申请流程

(三)区块链赋能产业元宇宙:正在浮现的新鲜事物

1. 智能合约与 DAO

在产业元宇宙中,区块链对企业协作、公司管理方面的意义在于"基于智能合约的确定性"。

智能合约(Smart Contract)是一种以代码形式签订的计算机合同,允许在没有第三方监督的情况下进行交易。相较传统纸质合约,智能合约更加安全,由代码自动强制执行,能大大减少与合同相关的交易成本,并且理论上所有节点都能看到这份合约的执行情况,从而形成一种监督机制。

以太坊是最早的有智能合约功能的公共区块链平台,从设计层面解决了比特币网络扩展性不足的问题——只有比特币一种符号。以太坊宣告了区块链 2.0 时代的到来,平台不仅提供脚本语言供用户构建任何可以明确的交易或合约,还提供各种功能模块让用户搭建自己所需的应用。简言之,以太坊是加密领域的基础设施,不设任何限制,对各种基于区块链的业务提供支持。

---

① 张帅.一种基于身份认证的可信时间戳服务体系研究[D].北京:中国科学院研究生院 2016

去中心化自治组织（Decentralized Autonomous Organization, DAO）是以太坊具有代表性的应用之一，作为一组驻留在以太坊区块链上的智能合约存在[①]。DAO的核心理念在于，将决策权交给代码自动处理和众包投票机制，由此消除人为错误或对资金的私自操纵[②]。DAO的具体运作模式如下：参与者向DAO资金池中投入以太币，相应地，DAO向各参与者提供代币（类似于股权），作为其投票权和分红权的证明，当使用资金池中的以太币进行集体投资决策和回报分成时，系统自动按照代币比例分配参与者的相关权益。

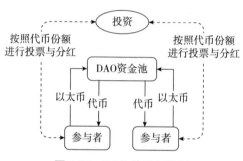

图1.12 DAO的运行机制

以太坊所开创的智能合约对产业元宇宙的重大意义主要有以下三个方面。第一，它让合作双方能够在彼此不甚了解，尚未建立深度互信关系，且没有第三方参与的前提下开展合作。基于代码的强制执行力能够打消双方对不确定性的顾虑，从而让合作可以在更多领域、更广泛的企业或个人间开展，前所未有地提升了人类社会协调与合作的效率。第二，向所有人开放的智能合约，理论上保护任何参与方的正当权益，对保障社会公平正义而言，是一种推动。在经济纠纷中处于弱势方的中小企业主或个人，不必再花高昂的代理

---

① https://en.wikipedia.org/wiki/The_DAO_（organization）
② https://www.investopedia.com/tech/what-dao/

费聘请律师,也不必经由复杂而漫长的诉讼程序,而是以极低的成本就能维权。第三,智能合约广阔的应用前景对管理理念、管理架构与管理方式的颠覆正逐步显现。未来,会有更多优化社会治理、企业管理的合约与应用被开发出来,从而不断压缩社会的组织架构,使其更趋扁平化;会有更多基于"自组织"(自发组织、自我管理)的社会团体出现,从而大大减少因治理与管理而消耗的人力物力资源,惠及更多产业发展。

基于智能合约的这些特点与可能性,一些关于打造产业联盟链的设想已经提上议程。联盟链是区块链的一种应用方式,与公有链和私有链相区别,它是由多个私有链组成的集群,面向联盟成员开放,由多个机构共同参与管理,参与的每个组织或机构管理一个或多个节点,其数据只允许系统内不同的机构进行读写和发送[①]。

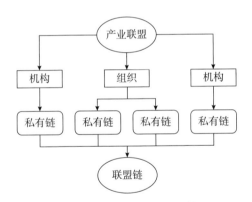

图 1.13 联盟链的组织架构

在对产业联盟链的开创性尝试中,比较有代表性的一例是非营利性组织"企业以太坊联盟"(Enterprise Ethereum Alliance,EEA)的成立。2017 年 2 月,EEA 宣布正式启动,该联盟汇聚了一批代

---

① https://zhuanlan.zhihu.com/p/366413593

表着能源行业（英国石油公司）、金融行业（摩根大通）、咨询行业（埃森哲）、硬软件开发公司（英特尔、微软）的全球性企业，以及各种初创企业、技术供应商、学者和以太坊专家，密切关注企业规模级部署以太坊的现实挑战，致力于将以太坊开发成企业级区块链，构建、推广和支持以太坊区块链技术的最佳实践与标准[1]。

2. 金融行业新现象

作为"信任密集型"产业的金融行业，不可避免地会受到去中心化与加密理念的冲击，区块链重新定义了互联网金融。

去中心化金融（Decentralized Finance，DeFi），是一种基于区块链体系的金融。P2P 机制的存在，让深度依赖券商、交易所、银行等金融机构的传统金融业面临冲击，基于以太坊的智能合约取代了金融机构提供的金融工具，从而使金融活动得以去中心化。

DeFi 相较于传统金融的进步在于以下几个方面。首先，用户不必再将自己的资产托付给金融机构管理，而是自己控制资金的去向和使用方式，从而避免了机构资金管理不善或金融腐败的风险。其次，DeFi 中的金融活动非常高效，一方面，资金的转移与兑付在几分钟之内就可以完成，繁冗复杂的人为操作与执行流程被废除，金融活动也不再受制于市场开发时间或机构营业时间；另一方面，在 DeFi 中基于算法与 P2P 信息传输网络的供需匹配十分便捷、精准，智能化程序将降低用户信息发布与获取的成本，智能合约也会为规范 P2P 金融提供保障。再次，无论是传统金融还是互联网金融服务都存在高溢价性，金融红利很大程度上被机构割占，金融的知识性、专业性壁垒与准入门槛也让该领域被精英所主导，形成"赢家通吃"的局面，金融普惠式发展的前景并不明朗。而在 DeFi 生态中，开放的信息环境与透明的市场操作会消解处于传统金融网络中心的机构的垄断地位，用

---

[1] https://www.investopedia.com/terms/e/ethereum-enterprise-alliance-eea.asp

户将掌握主动权，避免沦为"等待被割的韭菜"。最后，DeFi 社区用 Dai——一种加密的稳态货币（Stable Coin），为普遍存在于数字货币中的高波动性风险提供了解决方案。具体而言，Dai 作为一种数字资产，其价值与美元捆绑——1Dai 的币值等于 1 美元，美元由美国政府担保且具有高流动性，因此 Dai 的价值与比特币或以太币等数字资产相比更具有共识性，这也奠定了 DeFi 被广泛认可与应用的基础。

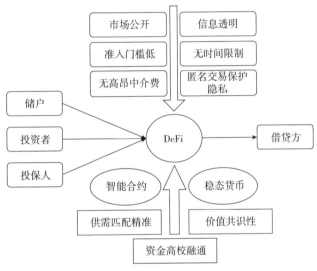

图 1.14　DeFi 的 P2P 架构

DeFi 市场的影响力逐步凸显。Defipulse 数据显示，2020 年 6 月，DeFi 市场规模为 18.5 亿美元。到 2020 年底，这一数字跃升至 160 亿美元。经过 2020 年全年的大幅增长，DeFi 市场在 2021 年迎来爆发式增长，2 月份达到了 460 亿美元。在接下来的两个月里，DeFi 市场激增至 640 亿美元，较年初增长了 300%。2021 年 5 月，DeFi 市场创下历史新高，5 月 12 日飙升至 870 亿美元[①]。而到了 2021 年

---

① https://thepaypers.com/cryptocurrencies/defi-market-size-stays-below-usd-48-bln--1250086

8月底,这一数字已达1 570亿①。

3. 文娱产业新革命

(1)被加密的数字音乐

2012年,歌曲的数字销售(如iTunes)首次超过实体销售,然而,数字内容创作领域的不公平现象却愈发严重。《维基经济学》的作者唐·泰普斯科特(Don Tapscott)在一次演讲中直言:"有很多内容的创作者没有得到公平的补偿,因为知识产权制度被打破了,它被互联网的第一个时代打破了。"他打了一个比方:"25年前,如果你是词曲作者,你写了一首热门歌曲,你可以获得大约4.5万美元的版税。而今天,你作为词曲作者,写了一首热门歌曲,它获得了百万流量,你得到的不是4.5万美元,而是36美元,只够买一个不错的比萨。"②

尽管Spotify、iTunes和YouTube提出了将音乐货币化的方法,为购买音乐版权支付了数十亿美元,并将盗版者变成付费用户,但平台作为中间商仍能从中攫取大量利润,割占音乐人的收入。这些音乐艺术家则成为"乙方",处境被动,无法真正掌控自己的作品。不仅如此,艺人往往会与唱片公司签订冗长复杂的协议,在他们和乐迷之间,可能有唱片公司的母公司、分销商和数百家音乐服务公司,每家公司都会从中分一杯羹③。

歌手伊莫金·希普(Imogen Heap)为打破这种不平等局面做出了大胆的尝试,她是一位屡获殊荣的词曲作者和表演者,发行了四张个人专辑,得过格莱美奖。更重要的是,Heap发起了一场音乐产业革命:她不仅将自己的单曲置于区块链体系中,还构建了全新的

---

① https://cointelegraph.com/news/defi-tvl-hits-a-record-157b-as-ethereum-competitors-attract-investors
② https://www.youtube.com/watch?v=Pl8OlkkwRpc
③ https://www.theguardian.com/music/2015/sep/06/imogen-heap-saviour-of-music-industry

音乐生态系统，该生态系统名为"菌丝体"（Mycelia），不同音乐围绕该系统建立一个智能合约，加密算法以信息化方式验证付费资质、传播音乐内容或执行相关合同，从而全方位保护音乐人的知识产权。此外，通过区块链的 P2P 传输机制，付费用户能更快、更直接地向艺人付款购买音乐，保护了创作者的正当收益。

（2）万物皆可 NFT？

2021 年 4 月 30 日，1 万只"猴子"引爆了 NFT 市场。NFT 是区块链的一种应用，是一种源于以太坊智能合约的"非同质化通证"，其作为独特的数字资产，具有不可分割、不可篡改、不可替代、独一无二等特性。简而言之，NFT 是一种独特且唯一的标识，是一种对稀缺性的声明，内容创作者可将作品登记在以太坊上，证明其作品的存在性和所有权，赋予艺术作品交易和收藏的价值。

这 1 万只"猴子"是一系列拥有不同特征的猿猴图片，这些图像 NFT 可用于社交媒体头像，被称为"无聊猿猴游艇俱乐部"（Bored Ape Yacht Club，BAYC），总发行量为 1 万枚，起售价为 0.08ETH（以太币），约 200 美元。5 月 1 日，BAYC NFT 上线的一天内，全部售罄。据 Bitcoin.com 报道，截至 2021 年 10 月 9 日，BAYC 总销售额为 5.42 亿美元，共有 21 481 笔交易达成。另据沙丘分析（Dune-Analytics）的统计数据，目前 5 586 个独立的用户地址至少持有一个 BAYC NFT，其中一位业主拥有大约 103 个 BAYC NFT，他收藏的一枚编号为 #3749 的 NFT 是目前最昂贵的 BAYC[①]。

NFT 大热的另一则新闻发生于 2021 年 3 月 11 日，艺术家 Beeple 的一幅 NFT 数字艺术品《每一天：前 5 000 天》（*Everydays: The First 5,000 Days*）在纽约佳士得经过 14 天的网络拍卖、竞价，最终

---

① https://news.bitcoin.com/bored-ape-yacht-club-records-542-million-in-lifetime-sales-bayc-creators-to-launch-token-in-q1-2022/

拍出6 930万美元（约4.5亿人民币）的成交价。币圈内知名人士孙宇晨也参与了此次竞拍，出价6 025万美元，但仍与这套作品失之交臂。NFT的成功破圈再次将虚拟资产推向市场前沿，NFT成为新一轮投资风口，引发圈外个人投资者与机构投资者的关注。

NFT的应用不局限于图片，还表现为其他的媒体形式，例如，视频、音乐、画作、门票等都可以"NFT化"。国外最大的NFT交易平台OpenSea共收录了包括艺术、音乐、域名在内的八类NFT，并为用户提供了将自己作品转化为NFT的渠道：上传作品并缴纳Gas Fee（手续费）后，平台对作品进行NFT化处理，加密完成后，所有者即可将作品发布售卖。

NFT的创收逻辑是艺术家可以在NFT拍卖平台上出售自己创作的加密数字艺术品，通过转让NFT的所属权而获得收入，还可以在每次NFT交易流通中赚取版权税[1]，即NFT的每次转手都会给艺术家带来收益；与传统收藏行业类似，数字艺术品的购买者往往会挑选有市场潜力的创作者，投资收藏其NFT作品，当创作者在艺术圈或收藏圈有了知名度之后，收藏者再以高溢价转手收藏品获利。

目前，在商业炒作与加密崇拜的双重驱使下，NFT的应用有过度泛化之嫌，可以说，在NFT的包装下，万物皆可拍卖。推特创始人杰克·多尔西（Jack Dorsey）以超290万美元的拍卖价，卖了自己的第一条推文NFT；波兰网红玛尔塔·伦特尔（Marta Rentel）将她的"数字爱情"（注：拥有玛尔塔全部虚拟爱情的权利）以NFT的形式在网络上出售，开价25万美元并成功售出；波兰女星多达（Doda）甚至将自己的身体经3D扫描后，制作成406张独立的NFT图像发布拍卖。

---

[1] https://www.chainnews.com/articles/407214176644.htm

（四）网络游戏新模式

人们对元宇宙的联想往往与网络游戏相关，网络游戏也的确是元宇宙理念早期落地的领域之一。

加密猫（CryptoKitties）是新型宠物类游戏的代表之一，由加拿大游戏工作室 Dapper Labs 开发，是一款"链游"（区块链游戏），在以太坊的底层区块链网络上运行。在这款游戏中，开发者引入了购买、收集、繁殖、出售数字猫的游戏机制，每一只宠物都需通过区块链验证，是独一无二的，由用户独占，即便是游戏开发者也不能在未经用户许可的情况下对它进行转移[①]。加密猫不仅是用户的宠物，能与用户互动，还可作为数字资产为用户"造血"——繁殖新的小加密猫出售给其他用户。

加密猫以"世代"（Generation）为尺度划分其辈分。每一只加密猫都有独特的编号和 256 个不同的基因组，带有 DNA 和可传递给后代的"性状"，可追溯其父母——上一代加密猫，游戏中所有的加密猫都是由"0 代"加密猫（由开发者设计）一代一代"孵化"出来的。

2018 年 5 月 12 日，有玩家用 14 万美元购买了一只加密猫，被《纽约时报》所报道[②]。同年 5 月，加密猫厂商与 NBA 球星斯蒂芬·库里（Stephen Curry）合作，共同推出第一款名人品牌 CryptoKitty。到 2018 年 10 月，游戏中已有 100 万只加密猫被饲养，交易数量达 320 万笔[③]。

同样，作为区块链游戏的 Decentraland 则为用户打造了一个拥有完美图形界面的 3D 虚拟世界，游戏场景纳入了建筑、风景、游

---

① https://en.wikipedia.org/wiki/CryptoKitties
② https://www.nytimes.com/2018/05/18/style/cryptokitty-auction.html
③ https://venturebeat.com/2018/10/06/cryptokitties-explained-why-players-have-bred-over-a-million-blockchain-felines/

戏、数字艺术品、大型活动等多种元素，游戏体验极为丰富。用户在游戏中以数字化身的形式存在，可以购买精美的服装、配饰，购置并开发自己的土地，四处闲逛探索其他用户创建的内容，还可以通过文本或动作与其他玩家或游戏场景实时交互。

值得注意的是，Decentraland 中的每块虚拟土地都是加密后作为 NTF 存在的，是有产权的，即游戏中实际上存在一个虚拟地产市场，用户可以在其中买卖土地。例如，一批该游戏的早期玩家已经将他们的虚拟土地挂牌出售，就像现实中的房地产交易一样，用户之间可以通过签订房产合约、转让土地 NFT 等方式达成交易。

2021 年 6 月 18 日，总部位于纽约的虚拟房地产开发商 Republic Realm，以超 90 万美元的价格在 Decentraland 中购入一片由 259 个地块（约 66 304 虚拟平方米）组成的土地，创下该游戏平台的购买记录[1]。它计划将该块土地开发成虚拟购物区，建筑风格将参照东京原宿区[2]。

在游戏中接入加密技术正成为游戏行业的一种潮流，越来越多的游戏工作室将自己开发的游戏置于以太坊区块链网络中运行。加密技术不仅让原本作为"玩工"的用户摆脱了为游戏平台无偿打工、劳动产出被厂商占有的命运，还可以让他们将游戏中积聚的虚拟资产或游戏成果划归己有，实现了老一辈游戏极客"边玩边赚"（Play-to-Earn）的梦想：有开放的、独立的交易市场（Market Place）供用户将游戏中的 NFT 变现。这些新模式的出现，从上下游延伸了传统游戏产业链。

---

[1] https://www.reuters.com/technology/virtual-real-estate-plot-sells-close-1-mln-2021-06-18/
[2] https://wwd.com/business-news/business-features/metajuku-shopping-center-to-play-up-digital-wearables-1234866618/

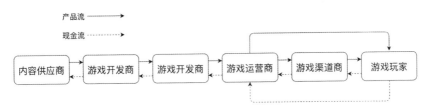

图 1.15 传统游戏产业链

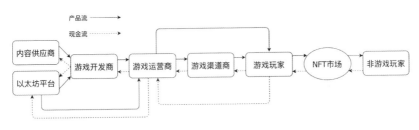

图 1.16 加密游戏产业链

四、技术聚变使元宇宙成为可能

2021年,"元宇宙"概念的兴起为计算机和互联网行业带来了久违的活力,从资本圈到舆论圈无不竞相讨论。讨论的最根本的问题是元宇宙是虚假的泡沫,还是真实存在且有可能实现的发展方向。对于这个问题,我们不应做非黑即白的回答,因为大多数新兴技术或概念在起始阶段往往都伴随着一定程度的资本投机与舆论过热的现象,回看前些年的 VR、物联网、智能手机,无不如此。但投机与过热并不一定意味着发展方向本身是虚假的。相反,在舆论热度消退、投机者退出之后,技术可能回落到公众的期待上,开始寻求长期、可持续的发展模式。从这个意义上来说,仅仅因为当下的一部分投机活动就否认整个元宇宙的前景是不可取的。要回答元宇宙是泡沫还是真实的发展趋势,还要看它是否符合生产力发展的总体趋势。

最近十余年来,XR、物联网、数字孪生、区块链等技术均取得了长足发展，但是这些技术的应用一直局限在各自领域内的"单打独斗"，而元宇宙则将这一系列技术捆绑成一个整体，提供了对这些新兴技术的一种具有统摄性的未来想象。因此，元宇宙的本质不是开创任何一种新技术，而是在已有的技术之间创造连接，产生"聚变"，从而结束已有技术各自"单打独斗"的局面。正如 2007 年 iPhone 通过串联浏览器、电话、随身听等技术，开启了移动互联网时代，元宇宙对现有技术的重新捆绑，有望打开下一个互联网时代的大门，通过技术的聚变释放单一技术的应用潜力，使多种技术在相互交融和碰撞中产生无数新型的应用场景，甚至打开第四次工业革命的大门，从重构人类的认知方式到重塑现有的组织管理模式，改变人类的生活和生产。除了上文所提及的一个个具体产业，元宇宙时代还将汇聚更多的自由职业者，使拥有技能和自由时间的人们成为生产者，充分发挥自身的创造潜能，孵化一个个新型行业与新型价值形态，产生巨大的社会效应。出于这些原因，我们认为，元宇宙的产业应用展现出了人类社会发展和计算机技术进步的深层的、不可阻挡的趋势，代表了先进生产力的发展方向，而不是昙花一现的泡沫。

02

第二章

产业元宇宙：技术架构及产业图谱

第一节　产业元宇宙的技术架构与框架

产业界经历过个人计算机、互联网、移动互联网三次信息技术的洗礼和升级后，世界范围内的第四次数字化迁移正在推动着产业元宇宙的概念和实践不断发展。产业元宇宙的技术内涵是非常丰富的，涵盖企业研发、生产、交易、流通和融资等各个环节的整条产业链，所涉及的技术很广泛，包括无线通信、云计算、工业互联网、人工智能、机器感知与认知、数字孪生、区块链、虚拟现实和增强现实等。各项技术决定了产业元宇宙在虚实映射与虚实交互中的实用性、完整性，并为达到提升产业生产和服务效率、优化资源配置的预期目标提供助力。

一、产业元宇宙四层技术框架

在以智能制造为核心，自动化和信息化融合的工业互联网浪潮下，产业元宇宙正在日新月异的信息技术环境、海量数据基础和持续演进的产业目标引领下，依托于无线通信、云计算、大数据平台、人工智能、工业互联网等基础设施，在综合标准体系的支撑下，以虚拟现实和增强现实及区块链等通用技术为导向，持续搭建和完善技术框架体系，深刻变革人类的生产和生活。

下文将从基础设施、标准体系、工具集和行业应用这四个从底向上的层次，来阐述产业元宇宙的技术框架。

产业元宇宙全产业价值链图谱

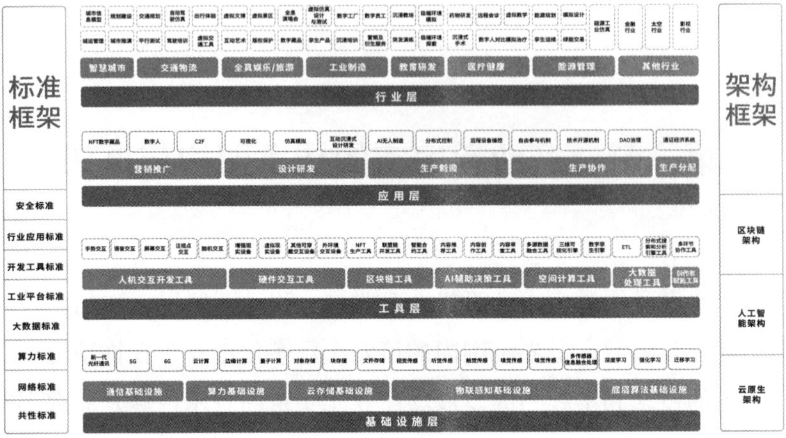

制图：51WORLD《产业元宇宙》撰写团队

图 2.1　产业元宇宙全产业价值链图谱

（一）基础设施

新型基础设施是面向高质量发展需要，提供数字转型、智能升级、融合创新等服务的基础设施体系。结合产业发展需求和规律，产业元宇宙基础设施包括通信基础设施、算力基础设施、大数据基础设施、人工智能基础设施、工业互联网基础设施等。

产业元宇宙通信基础设施方面，5G 的高速率、低时延、大规模设备连接等特性为产业元宇宙环境中的各种应用创新提供了通信基础条件。反过来，产业元宇宙也提供了 5G 大规模应用的场景，从而不断提升 5G 网络覆盖率。5G 在电力、港口、矿山、制造等垂直行业的探索，可赋能现有生产环节，促进企业数字化转型。当前，5G 结合生产制造、质量检测、故障运维、物流运输、安全管理等工业环节，已经形成了远程设备操控、机器视觉质检、厂区智能物流、无人智能巡检等多个典型应用场景，前景无限。

产业元宇宙算力基础设施方面，云计算依托于资源共享，可实现规模经济，是算力基础设施中重要的组成部分。云计算可以划分为基础设施即服务（IaaS）、平台即服务（PaaS）、软件即服务（SaaS）等三种类型。IaaS指用户可以直接在远程硬件设备和相关软件环境中构建平台和应用；PaaS是为用户提供应用软件的开发、测试、部署和运行环境的服务；SaaS是以互联网为载体，以浏览器为交互方式，把服务器端的程序提供给用户来使用的应用模式。云计算是各个科技巨头争夺的焦点。除了云计算，边缘计算也是算力基础设施中重要的组成部分。工业生产线上的传感器、工件、机器人、虚拟现实和增强现实等应用都要求快速响应。在产业元宇宙环境中，可以利用边缘计算实现本地缓存和过滤数据，完成计算，减少时延的同时减轻云计算的带宽和处理能力的压力。随着算力技术的不断提升，通过云计算和边缘计算结合，降低了对终端设备性能的门槛要求，行业应用有实现更高渗透率的潜力。

产业元宇宙大数据基础设施方面，为了应对数据巨量化、多样化和服务化带来的挑战，大数据基础设施通过汇聚结构化数据、非结构化数据、日志数据等，提高各行业在数字化时代的数据能力，释放数据潜力，实现产业智能。数字化转型日益深入，数据量呈现爆炸式增长，新技术不仅带来数据量激增，同时还带来数据多样化。一是数据来源多样化[1]，例如，来自不同终端设备的数据、生产数据、设备日志、办公数据、文件系统等；二是数据类型多样化，不但有结构化数据、非结构化数据，还有日志数据。数据的多样化使数据的存储和分析变得更加复杂。数据不但需要存储和备份，还需要最大限度地被利用。把数据从成本变成服务，才能释放数据潜能，创造价值。例如，如何利用设备日志数据，分析系统存在的隐患及故

---

[1] 中桥调研咨询. 面对奔涌而来的海量数据，你需要一个大数据基础设施［R/OL］.（2019-09-18）［2022-03-10］. https://blog.csdn.net/monkey8025/article/details/100988416

障，提高运维管理水平；如何充分利用闲置的备份数据进行应用研发和测试等。大数据基础设施具备汇聚及处理数据的能力，也能利用分析技术，挖掘数据，提炼并形成知识。

产业元宇宙人工智能基础设施方面，以高质量网络为关键支撑，以数据资源、算法框架、算力资源为核心能力要素，人工智能基础设施能够长期提供智能化服务[1]。在前文已经谈过的算力和大数据基础设施上，算法框架走过了发展初期、稳定期和热点期三个发展阶段。在发展初期，主要提供 K-Means 聚类、支持向量机、贝叶斯分类、决策树等传统统计学习算法，极大降低了机器学习算法的应用门槛；在稳定期，主要提供卷积神经网络、循环神经网络等深度学习算法，提高了算法智能的水平；在热点期，主要提供强化学习、迁移学习等全新算法能力。现阶段，人工智能基础设施从认知心理学、脑科学及人类社会历史中汲取灵感，并结合跨领域知识图谱、因果推理、持续学习等技术，实现沟通、表达、整合、规划、推理和决策能力等，以达到胜任人类所有工作的目标。

产业元宇宙工业互联网基础设施方面，作为制造业资源共享的载体，工业互联网基础设施下连万物，上接行业应用，万物连接的是设备、系统、软件工具、车间工厂等，应连尽连，汇聚全部生产要素，盘活企业数据，能帮助企业降本增效。从订单、物流、批发、经营到终端零售，信息技术解决了制造业的后端问题。在前端，比如研发设计、原料采购、加工制造等，前端的生产要素正在形成规模集聚，发挥数据最大的赋能价值以带动全生命周期能力水平的提升。加强工业互联网基础设施建设，帮助解决核心零部件和元器件、先进基础工艺、关键基础材料、产业技术基础等制造业中前端环节

---

[1] 中国通信学会. 全球人工智能基础设施战略与政策观察［R/OL］.（2020-12-05）［2022-03-10］. http://www.caict.ac.cn/kxyj/qwfb/ztbg/202012/P020201205385238204135.pdf

所面对的问题，是实现大范围智能制造目标的可行途径。

（二）标准体系

不断夯实产业元宇宙基础设施的今天，结合发展需求，产业界需加快研究制定亟须的标准，实现标准与产业元宇宙发展的同步推进，提供具备先进性、适用性和有效性的标准体系。标准体系可划分为共性标准、网络标准、算力标准、大数据标准、工业平台标准、开发工具标准、行业应用标准和安全标准等。

共性标准主要包括产业元宇宙的通用性、指导性标准，包括术语定义、架构、测试与评估、供应链与产业链等标准。

网络标准主要包括企业内网与外网、产业园区网络、网络设备、网络资源和管理、互联互通互操作等标准。规范时间敏感网络、软件定义网络、组网技术、运营维护、多源异构数据互通的架构要求等技术标准。

算力标准主要包括集群系统、边缘平台、边云协同等标准。规范计算资源管理、可伸缩性、容错性、算力度量与可信、资源协同、服务协同等标准。

大数据标准主要包括数据交换、管理、建模、服务等标准。规范不同系统之间数据交换体系架构、互操作、性能等要求。规范数据的存储结构、数据字典、元数据、数据生命周期管理、数据质量要求等。规范物理实体（设备、产线、产品等）在虚拟空间中的映像及相互关系，包括静态属性数据描述，运行状态等动态数据描述。规范大数据存储、分析、可视化服务、数据共享等标准。

工业平台标准主要包括服务管理、应用管理、数字孪生等标准[1]。规范工业平台的体系架构、选型指南、监测分析、解决方案，

---

[1] 国脉电子政务网. 工业互联网综合标准化体系建设指南（2021版）[R/OL].（2021-07-08）[2022-03-10]. https://www.163.com/dy/article/GECOVI330518KCLG.html

不同平台之间的数据流转、业务衔接与迁移，基于平台的个性化定制，工业数字孪生开发、构建和运维等相关要求。

开发工具标准主要包括开发语言、环境、方法、过程、接口集成和组件封装等相关标准。规范服务发布和管理、运行资源管理、开发语言和建模语言、开发环境和工具、应用接口与集成等相关要求。

行业应用标准主要包括应用需求、业务模型、应用模式、应用评价、质量保证、安全防护等的标准。规范面向产品设计、仿真验证、工艺设计、生产制造、个性化和差异化客户需求等场景的行业应用相关要求。

安全标准主要包括安全管理、安全应用与服务、数据安全等标准。规范应急响应、运维管理、风险评估、检测评估、安全能力评价、密码应用、安全技术及产品应用、数据分类与分级等的相关要求。

（三）工具集

依托于产业元宇宙基础设施，在综合标准体系的支撑下，在人机交互、去中心化、空间计算、创作者经济和探索发现等层面，已经和必将涌现越来越多的创新硬件与软件工具，为开发各类行业服务和应用提供完整、便利的方法和途径，从人机交互层面、去中心化层面、空间计算层面、创作者经济层面和探索发现层面等角度依次提供工具。

在人机交互层面上，需要有可穿戴设备、虚拟现实与增强现实、手势控制、语音控制等方面的工具。智能可穿戴设备目前主要应用于健康领域，但先进的交互技术不断发展，使可穿戴设备持续扩展在产业界等其他方面的应用领域，以更加贴近用户习惯的方式，最终实现一种以人为本、自然互动、适合个体的交互。虚拟现实与增强现实工具是接通元宇宙和现实世界的桥梁，是实现产业元宇宙沉浸感系统的关键。工具上的屏幕将会逐渐消失，未来的显示设备将轻量化、智能化，甚至到最后实现脑机芯片，因此元宇宙的到来将全面影响人们的生产和生活方式。面向计算机视觉、语音处理等领域，人工智能应用算法工具是依托基础算法框架的算法工具库，为产业应用开发提供专业技术服务。

在去中心化层面上，需要有边缘计算，需要有区块链等工具来解决所有经济共享及分润等相关问题。边缘计算软件开发工具包可作为边缘应用运行在边缘节点，用户可根据边缘节点的硬件形态，灵活支持协议报文的接收处理，配合边缘节点的基础功能，可以将硬件接收的数据发送给诸如函数计算等边缘应用进行处理，也可管理接入设备的注册认证等功能。区块链技术提供了去中心化的清结算平台和价值传递机制，能够保障元宇宙的价值归属与流转，从而保障经济系统的稳定、高效，保障规则的透明和执行的确定性。NFT，中文译为"非同质化代币"，是区块链框架下代表数字资产的唯一加密货币令牌。NFT可与实体资产一样被用来买卖，保证了元宇宙中基础资产的有效确权。

在空间计算层面上，需要有三维可视化引擎等方面的工具。三维可视化引擎负责对数据进行算法驱动，实现在虚拟世界中呈现物理世界的各种要素和关系。例如，51WORLD公司为包括东方明珠电视塔和上海中心大厦在内的多个地标性建筑分别建立了模型，并使用来自卫星、无人机和传感器等多源数据，通过算法生成了无数其他建筑、道路、河道和绿地的数字资产，最终转变为以近乎实时速度持续更新的数字孪生场景。

在创作者经济层面上，需要有设计软件和未来的数字资产市场，以支持元宇宙新的工作流和新的商业经济等方面的工具集。软件开发工具包为开发者提供平面设计、建模、动画、音视频以及交互工具。运用人工智能可以对生成内容进行审查，保证安全与合法。产业数字化催生各类资产数字化。为达成市场上数字资产的交易，数字资产的确权必须先进行。基于数字水印技术和区块链技术,新的数字资产确权方案被提出,具有确权的公平性、完整性和不可欺骗性。

在探索发现层面上,需要有推荐算法、广告网络等,而在更上层,则是社交购物、生产实践体验等方面的工具。未来随着智能化的发展,各种场景中的应用需要借助推荐技术来进行信息的分发。推荐系统不能只想到获得商业价值,在用户体验、人文关怀、生态繁荣、弘扬正向价值观等维度也需要有突破,这些多维度的价值越来越重要,会成为推荐系统的核心竞争力。在经历过文字、图片和视频等不同方式社交的阶段后,我们将在元宇宙环境中展开全新的社交活动,将以前所未有的途径进行对话交流、思想碰撞等,还能化身产业技术人员体验企业生产实践,比如,通过5G网络实时传输车间现场及设备内部状态的三维模型至佩戴的显示设备中,人员无须到车间现场就能进行可视化监控和操作设备等。

(四)行业应用

有了产业元宇宙基础设施、标准体系和工具集的坚实基础、方向引导和赋能加持,无论是在电子设备制造、装备制造、钢铁、采矿、电力等重点行业[1],医疗保健、食品饮料、文化旅游等民生产业,还是在各类型中小企业,各种原创和集成创新应用层出不穷,以解决人们所面临的经济发展、社会民生、全球生态等方面的问题。

在产业元宇宙环境中,开发行业应用可从设计、生产、运输和服务等流程中任一环节切入,决定切入点的是产业相关方痛点而且能够获得数据支撑。例如,为进行新产品设计和推演,或寻找影响

---

[1] 经济日报.工业互联网迎来快速发展期[EB/OL].(2021-08-18)[2022-03-10]. http://www.xinhuanet.com/fortune/2021/08/18/c_1127770484.htm

产品质量的关键因素，就可在通信、算力、大数据、人工智能和工业互联网基础设施上，在标准体系的规范下，使用工具集开发各类解决企业和客户痛点的行业应用。

比如在电力行业，康奈尔大学在一个模拟电力系统中验证了一种准确发现电力系统中问题的新型混合解决方案[①]，此混合方案解决了电网中人类难以注意到的各种疑难杂症，并在几秒内就能给出排除故障的方法。通过在模拟电力系统中的测试，该框架的适用性得到了验证。

比如在医疗保健行业，数据本身具有不可忽视的价值。然而，产生海量数据只是第一步，只有继续发展新的计算技术与方法、挖掘这些宝贵的数据，才能发现新的生物学现象与规律，并进一步将其运用于生物医学的实践中。

比如在食品饮料行业，粮食与食品安全等重大挑战已成为重塑世界格局、创造人类美好未来的关键因素。而二氧化碳的转化利用与淀粉类粮食的工业合成，正是应对挑战的重大科技成果之一。无须进行光合作用将二氧化碳转化为淀粉既是一项创新型的科技成果，又是一项影响全球性的颠覆性技术。中国科学院天津工业生物技术研究所在人工合成途径构建方面实现了跨越式突破[②]。该研究所在分子对接实验中，借助计算机模拟，还原物质的三维空间结构、存在环境和相互作用，跨越了从虚拟到现实的鸿沟，设计并筛选出符合条件的路径来实现人工淀粉合成。

比如在各类型中小企业中，产业元宇宙首先为其提供共性服务，

---

① DeepTech 深科技.人工智能与量子计算促成一个更智能电网"诞生"，可减小断电风险［EB/OL］.（2021-10-09）［2022-03-10］.https://www.163.com/dy/article/GLTCA1F805119734.html

② 中科院之声.从二氧化碳到淀粉人工合成研究取得原创性突破［EB/OL］.（2021-09-24）［2022-03-10］.https://www.sohu.com/a/491736950_166433

包括数字化采购平台、资源对接平台等，打通人、设备、信息系统等环节[①]，不仅能够根据订单情况精准生产，还可以对产品进行全流程质量跟踪，有效提升公司的管理水平和生产效率，让中小企业以较低成本逐步完成数字化改造。

二、产业元宇宙技术特征与优势

在社会需求的牵引下，产业元宇宙包含无线通信、云计算、工业互联网、人工智能、机器感知与认知、数字孪生、区块链、虚拟现实和增强现实等高新技术的集成和应用，其技术特性为超高并发、规模庞大、循序渐进和开放共建，其技术优势为兼容并蓄所带来的丰富性和先进性，多元服务所带来的灵活性和实用性，去中心化所带来的公平性和健壮性。

超高并发特性。产业元宇宙需要超高并发、实时性的基础设施。在产业应用场景中，监测数据都是带有时间戳并按顺序产生的数据，也形成了对实时数据的分析处理需求。这些来源于传感器或监控系统的数据被实时地采集并反映出系统或作业的状态，采集频率高、数据量大。当数据过于庞大，集中化的处理方式就满足不了实时的数据分析需求，这就带来了数据计算向边缘发展的情况，边缘设备及时的、分布式并发的处理方式能够有效地提升时效性数据的价值。

规模庞大特性。产业元宇宙是规模庞大的系统。当现实生产生活被镜像到一个可以共创共建的虚拟世界中，整个链条产生的价值将远超过现在的互联网。这就是为什么产业元宇宙如此重要，以及为什么当前的科技巨头都对元宇宙如此重视的原因。

[①] 人民邮电报. 推进工业互联网新基建发展［EB/OL］.（2020-06-12）[2022-03-10].
http://www.xinhuanet.com/tech/2020-06/12/c_1126104474.htm

循序渐进特性。产业元宇宙建设是一个循序渐进的过程。人类历史上的每一次创新都为人类社会注入一股新的能量，提升社会生产力，使社会焕发活力，促进整个社会的繁荣。然而从能源、公共卫生、交通、食品、通信与计算等多个领域来看，创新其实是一个跌跌撞撞缓慢变化的过程。虽然创新不易，但产业元宇宙每做一个专题模块，都能产生对应的价值，这就决定了产业元宇宙技术演进是一个持续上升的过程。

开放共建特性。产业元宇宙需要一个开放共建生态。元宇宙未来将围绕一个去中心化的技术平台共建共享来展开，技术平台并非一家或几家公司把持。产业元宇宙建立在共同制定的标准和协议上，在实践的过程中，需要各方参与者从最底层进行各类标准和协议的匹配、打通。

技术丰富性和先进性。产业界在经历过个人计算机、互联网、移动互联网等三次信息技术洗礼和升级后，正悄然发生第四次数字化迁移。在社会需求的带动下，产业元宇宙兼容并蓄，外向特征明显，积极吸收科学研究、工程制造等领域的先进技术，为企业和客户提供丰富易用的完整解决方案。

技术灵活性和实用性。产业元宇宙无论在重点行业、民生产业，还是在各类型中小企业中，既有提升自动控制水平、降能耗、降人工成本等方面的共性需求，也有数据采集和智能分析等方面的个性化需求，由此带来提供服务多元化的问题。灵活采用在不同切入点的应用技术，既能供应共性服务，也能提供个性化定制服务，解决产业痛点和难点。

技术公平性和健壮性。中心化可能导致互联网不再开放，封闭系统制造了信息的孤岛，阻碍了信息的流动。产业元宇宙是去中心化的，节点、数据、开发者是分散的，每个人都有参与共识的自由，每个人都有参与和退出的权力。在开源生态蓬勃发展的趋势下，开发者有选择开发工具、语言、架构和组件等方面的权利。技术不再被大公司所垄断和封闭，合适、实用的工具集和行业应用将脱颖而出。同时，由于产业元宇宙的处理和控制功能是分布的，任何站点发生的故障都不会给整个系统造成太大的影响。当系统中的设备出现故障时，可以通过容错技术实现系统的重构，保证系统的正常运行，这体现了产业元宇宙具有较强健壮性。

第二节　产业元宇宙的产业链和价值链

通过上文对产业元宇宙技术框架的解析，我们明确了产业元宇宙构成发展所需要的技术要素及其架构体系。接下来，我们将探讨产业元宇宙的产业价值链及生态构成，如何塑造产业元宇宙的未来产业格局，以及它将会呈现什么样的形态。

一、产业元宇宙产业价值链分析

由于元宇宙尚且在"骑马圈地"的发展初期，一切皆未定型，因此对于元宇宙产业价值链和产业生态构成的框架梳理和表述，目前在业内尚未达成共识，各家研究机构从不同视角提出许多不错的建议性框架，对于我们理解这个鸿蒙初开的产业及其未来发展格局十分有帮助。

其中，美国风险投资人马修·鲍尔提出的元宇宙产业构成框架，以及美国互联网创业家乔恩·雷道夫（Jon Radoff）提出的元宇宙七层价值链模型在业内影响较大，也获得较多认可。

马修·鲍尔是全球最大的游戏风险基金 Makers Fund 的合伙人，也是 Ball Metaverse Research Partners 的联合创始人，他在《元宇宙框架》(*Framework for the Metaverse*)一文中对元宇宙提出了一个系统性的思考架构。他认为应该从硬件、算力、网络、虚拟平台、互联互通工具和标准、支付服务、内容服务和资产、用户行为等八个维度系统性地思考元宇宙的发展。①

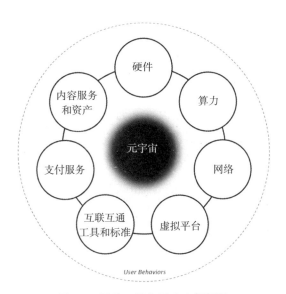

图 2.2 马修·鲍尔元宇宙框架图

资料来源：Framework for the Metaverse，By Matthew Ball，https://www.matthewball.vc/all/forwardtothemetaverseprimer.

在马修·鲍尔的元宇宙产业框架中，硬件被定义为"用于访问、实现交互或开发元宇宙的物理技术和设备"，其中包括面向消费者的硬件，比如 VR 头盔、手机和触觉手套等，以及面向企业的硬件，比如用于操作或创建虚拟或基于增强现实环境的硬件，如工业相机、投影和跟踪系统以及扫描传感器等；网络被定义为"由核心供货商、网

---

① Framework for the Metaverse, by Matthew Ball, https://www.matthewball.vc/all/forwardtothemetaverseprimer

络、交换中心、路由服务,以及入户运营商所共同保障的永续实时连接、高带宽、去中心化数据传输";算力被定义为"支持元宇宙创建和运转的计算能力供应",支持诸如物理计算、渲染、数据协调和同步、人工智能、投影、动作捕捉和翻译等多样化与高要求的功能;虚拟平台被定义为"开发和运营沉浸式数字的、通常是三维模拟的环境和世界,用户和企业可以在其中探索、创造、社交和参与各种体验活动及经济活动",这些活动比如赛车、画画、听课、听音乐,与传统的在线活动和游戏有一定差别,而且开发者和内容创作者可以从创作生产活动中获取大部分收入;互联互通工具和标准被定义为"作为实际或事实上的交换操作标准的工具、协议、格式、服务和引擎,并使元宇宙的创建、运行和持续改进成为可能",这些标准支持诸如渲染、物理和人工智能等活动,以及资产格式及其在体验间的导入导出、前向兼容性管理和更新、工具和创作活动、以及信息管理等;支付服务被定义为"对数字支付流程、平台和操作的支持",其中包括法币与数字货币的兑换,诸如比特币和以太坊在内的币币交易金融服务,以及其他区块链技术;内容服务和资产被定义为"与用户数据和身份连接、以虚拟物品和货币为代表的数字资产,及其设计/创造、销售、二次流通、存储、安全保护和财务管理";用户行为被定义为"消费者及其商业行为",包括消费和投资、时间和注意力、决策和能力的显著变化。[①]

在此框架下,马修·鲍尔认为,微软拥有全球数亿用户的数据,同时作为全球第二大云计算平台,拥有广泛的工作软件和服务套件,以及 PC、平板、Xbox + Xbox Live 和 HoloLens 等多样化的终端设备,将会在硬件、网络、算力、虚拟平台、互联互动工具和标准等各个层

---

① Framework for the Metaverse, by Matthew Ball, https://www.matthewball.vc/all/forwardtothemetaverseprimer

面全面参与并领导元宇宙建设。Meta 则拥有全球规模最大的用户群和海量的用户数据，积累了大量半导体和脑机计算接口的专利，以及数十亿现金、数千名世界级工程师，代表一个新的计算平台，在硬件、网络和算力方面发力，通过参与元宇宙建设有机会成为下一个 Android 或 iOS（因此是 Oculus）。亚马逊作为全球最大的云计算平台，则可以作为网络和算力基础设施，重构互联互通标准和协议，深度参与并影响元宇宙的未来形态。谷歌作为全球最大的互联网数据平台和操作系统平台，且拥有多样化可穿戴计算设备，可以从数据开放及消费计算维度参与元宇宙部署。苹果则由于其系统和产品形态的封闭性，不太可能从底层驱动元宇宙，但可以发挥其在消费者终端方面的优势，通过 AR 设备或可穿戴设备成为元宇宙的参与者之一。①

其他如 Epic Games 旗下的图形计算引擎 Unreal 和独立的 Unitiy 引擎将作为基础工具在元宇宙构建的虚拟现实世界渲染模拟方面发挥基础性作用。Epic Games 旗下的 Fortnite、Valve 旗下的 Steam 以及 Minecraft、Roblox、Ubiquity、Singularity 等将作为虚拟平台，为数以亿计的用户提供内容创造、虚拟体验和资产货币化的通道，成为元宇宙产业的重要参与者。Magic Leap 和 Snapchat 则正在通过开发混合现实硬件和基于位置的数字化身及体验，在元宇宙中发挥重要作用。②

当然，马修·鲍尔也谦虚地表示，他这一框架只是个人思考的梳理总结，并不代表产业本身的发展路径和终极形态。"在通往元宇宙的道路上，不要让任何特定的路径或理想化想法先入为主。互联网曾经被设想为'信息高速公路'或'万维网'，然而这两种描述对于规划 2010 年或 2020 年没有任何帮助，也无法帮助我们理解每个

---

①② The Metaverse: What It Is, Where to Find it, and Who Will Build It, by Matthew Ball, https://www.matthewball.vc/all/themetaverse

行业如何被互联网重塑。即使更具体的论述是正确的，正确的结果也不一定从中得出。"①

除了上述马修·鲍尔的元宇宙产业框架之外，乔恩·雷道夫提出的元宇宙七层价值链模型也在业内引起了广泛关注。

乔恩·雷道夫是硅谷连续创业家，曾任美国社交媒体公司 GamerDNA 的创始人，目前担任社交游戏发行公司 Disruptor Beam 的首席执行官。他在其提出的元宇宙价值链模型中，认为我们可以从体验（Experience）、发现（Discovery）、创作者经济（Creator Economy）、空间计算（Spatial Computing）、去中心化（Decentralization）、人机界面（Human Interface）、基础设施（Infrastructure）等七个层面把握元宇宙的价值及生态构成。②

在乔恩·雷道夫的元宇宙价值链模型中，他将体验定义为是一种"内容社区复合体"，这里的体验不仅是视觉上的三维虚拟体验，甚至并不一定是图形化的沉浸感体验，而是在用户参与内容创造、融入社区对话过程中，由内容、事件和社交互动循环往复形成的一种综合性的沉浸感；他将发现层定义为是一个将用户引入元宇宙体验的推（push）、拉（pull）过程中的一个庞大的生态系统，包括用户积极寻求体验信息的入境（inbound）发现系统，如用户的实时状态、社区驱动的内容、活动列表、搜索引擎等，或者是用户被动选择参与的出境（outbound）发现系统，如展示广告、通知等；他将创作者经济层定义为是一个能够通过去中心化和开放式方式为创作者赋能，为人们创造内容提供设计工具、动画系统、资产管理、社交互动、资产变现的货币化技术的综合技术平台；他将空间计算（Spatial

---

① Framework for the Metaverse, by Matthew Ball, https://www.matthewball.vc/all/forwardtothemetaverseprimer

② The Metaverse Value-Chain, by Jon Radoff. https://medium.com/building-the-metaverse/the-metaverse-value-chain-afcf9e09e3a7

Computing）定义为是可以使人们进入虚拟世界并操纵三维空间的技术堆栈，包括 3D 图形引擎、VR/AR/XR 技术、多任务人机交互界面、地理空间映射、语音和手势识别等；他将去中心化定义为对内容创作最大化、系统可操作性、创作者数据资产所有权有推动作用的一系列技术创新和实验，包括分布式计算、边缘计算、区块链、AI 代理等；他将人机界面定义为使人们接入元宇宙，获得元宇宙体验的一系列应用程序和设备，包括智能手机、智能眼镜、可穿戴设备、嵌入式微型传感器、语音和姿势控制设备、脑机接口等；他将基础设施层定义为支持设备及设备联网、并提供内容的一系列技术，包括 5G、Wifi、云计算、7-1.4 纳米级芯片、GPU、支持微型传感器的微机电系统以及小型化耐用电池等。①

总之，乔恩·雷道夫认为，元宇宙不是一个单一的元宇宙平台，而是下一代互联网，它由多个平台构成。②

在其七层价值链模型下，乔恩·雷道夫对目前参与元宇宙建设的一些重要厂商的产业链位置分布也做了系统性的梳理，给出了一份全景式的元宇宙市场格局图。③

乔恩·雷道夫认为，Unity 作为当前主流 3D 图形引擎，在游戏开发、AR/VR/XR 和元宇宙开发中具有重要作用，其 Unity Ads 广告平台是与 Facebook 和 Google 并驾齐驱的三大互联网广告平台，因此 Unitiy 在发现层、创作者经济层和空间计算层都处于十分关键的地位；Epic Games 则因为拥有领先的 Fortnite 元宇宙平台、The Epic Games Launcher 游戏分发平台，以及在游戏开发、设计市场拥有巨大影响力的 Unreal 引擎，因此在体验层、发现层、创作者经济层和

---

①② The Metaverse Value-Chain, by Jon Radoff. https://medium.com/building-the-metaverse/the-metaverse-value-chain-afcf9e09e3a7

③ Market Map of the Metaverse, by Jon Radoff .https://medium.com/building-the-metaverse/market-map-of-the-metaverse-8ae0cde89696

图2.3 乔恩·雷道夫的元宇宙产业链模型

资料来源：Market Map of the Metaverse, by Jon Radoff. https://medium.com/building-the-metaverse/market-map-of-the-metaverse-8ae0cde89696.

空间计算层均占有重要地位；Roblox 则因为成为一个开放式的创作者平台、社交平台和广告平台，同样在体验层、创作者经济层和空间计算层，占有十分重要的地位。①

除了上述元宇宙平台之外，乔恩·雷道夫认为，微软和 Meta 在整个元宇宙产业链中也占有重要地位。

微软因为规模庞大的云计算基础设施 Azure、3D 图形 API DirectX、混合现实平台 Hololens、游戏平台 Xbox，以及元宇宙创作者平台 Minecraft，所以在基础设施层、空间计算层、人机界面层、创作者经济层、发现层、体验层均拥有强大影响力，是元宇宙一个最主要的推动者；Meta 则因为拥有庞大的社交平台 Facebook 和 Instagram、协作平台 Workrooms、VR 虚拟现实平台 Oculus，及其在用户界面、数字全息图、用于手势识别的人工智能、超级计算、半导体等领域的技术部署，在体验层、发现层、创作者经济层、空间计算层、人机界面层、基础设施层，均有十分强大的产业影响力。②

此外，乔恩·雷道夫认为，像苹果、英伟达、谷歌这类产业巨头，也将在元宇宙价值链上展开相应部署，影响力同样不可忽视。③

通过马修·鲍尔和乔恩·雷道夫的上述分析，对于元宇宙的价值链构成及市场格局，我们可以初步确立一个完整的系统框架，形成一个宏观产业视野，这对我们进行产业元宇宙价值链分析有十分重要的参考意义。

但是，同时需要注意的是，马修·鲍尔和乔恩·雷道夫二人的分析视角是站在整个元宇宙的角度，或者更多是从体验元宇宙视角

---

① Market Map of the Metaverse, by Jon Radoff. https://medium.com/building-the-metaverse/market-map-of-the-metaverse-8ae0cde89696

②③ Clash of the Metaverse Titans: Microsoft, Meta and Apple, by Jon Radoff. https://medium.com/building-the-metaverse/clash-of-the-metaverse-titans-microsoft-meta-and-apple-ce505b010376

上展开的宏观产业透视，其主要逻辑也更偏重游戏、社交、娱乐等体验元宇宙这条主线，其援引的案例也更侧重于像 Meta、Epic Games、Roblox 这类游戏化、社交化的体验元宇宙平台。当我们梳理产业元宇宙价值链及市场格局构成的时候，可能需要在兼顾现有框架体系下，根据产业元宇宙针对的行业应用场景及属性，进行适当的逻辑重构和价值链节点调整。

结合前文对产业元宇宙的基础定义及技术体系架构梳理，我们认为产业元宇宙价值链的构成应该包括以下四个层次：

基础设施层：基础设施层包括构建产业元宇宙所需要的通信、联网、存储、IoT、算法、区块链等底层技术堆栈及系统，如通信基础设施（如 5G、6G、WiFi 等）、算力基础设施（如云计算、边缘计算、量子计算等）、存储基础设施（云存储、分布式存储）、物联感知基础设施、底层算法基础设施、区块链基础设施（公链）等。

基础开发平台和工具层：我们将基础开发平台和工具层定义为创建产业元宇宙、元宇宙运营及对其后续进行改进所需的基础开发环境和必要开发运维工具集，包括空间计算、人机交互、硬件交互、人工智能、区块链、大数据开发平台及开发工具等。在这方面如英伟达的 Ominiverse 元宇宙开发平台、图形计算引擎 Unreal 与 Unity，微软的混合现实开发平台 Mesh、Meta 的虚拟现实开发平台 Oculus，以及区块链 DApp 开发平台与 Dao 开发平台等。

场景及功能应用层：我们将场景及功能应用层定义为基于产业元宇宙的基础开发平台和工具，针对设计研发、生产制造、生产协作、生产分配、营销推广等特定产业作业流程和业务场景展开的二次开发形成的技术堆栈及解决方案，如数字孪生、工业仿真、AI 无人制造、数字人、去中心化金融、NFT 等。

行业解决方案层：行业解决方案层则是基于基础开发平台

和场景功能开发，将部分功能或应用进行开发整合或系统集成，针对智慧城市、交通出行、旅游、教育、医疗、能源管理等行业提供的特定行业元宇宙方案，比如城市元宇宙中的智慧城市方案、教育元宇宙中的内容创作和教学解决方案、医疗元宇宙中的虚拟手术室或远程协同方案等。

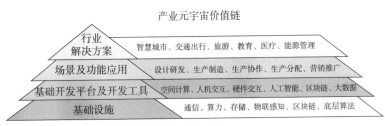

图2.4 产业元宇宙四层价值链模型

产业元宇宙四层价值链模型不仅对价值链分层做了简化，而且针对产业元宇宙的特殊属性，对产业链价值要素做了重新归类和划分。

尽管这一模型未必对产业元宇宙的实际发展路径做出百分百准确的预测，但在目前情况下，基本可以对我们理解产业元宇宙的产业逻辑及产业要素提供了一个较为清晰的分析参考框架，权当抛砖引玉，为后续产业元宇宙发展研究提供一个基础。

二、产业元宇宙产业链地图及关键节点代表厂商

在上述产业元宇宙价值链分析框架基础上，我们也可以初步对目前起步阶段的产业元宇宙产业链格局进行轮廓性的描述，并且也可以从各个产业链节点上的代表性玩家的产业部署动作上去把握产业格局的未来走势。

我们的产业元宇宙地图与乔恩·雷道夫的产业地图有着较为明

显的差异，考虑到产业元宇宙 To B（对企业的市场）的产业属性，我们首先将体验元宇宙中 To C（对个人的市场）的游戏、社交、娱乐平台排除在外，更多将产业链构成放在 To B 的场景中来描述，把握各个重要厂商价值输出与输入之间的上下游协同关系。

我们认为，在产业链条上游构成环节是基础设施技术供应商，其中包括诸如高通、华为、AT&T 等 5G、6G、Wi-Fi7 等通信网络技术研发服务企业，以及包括亚马逊、微软 Azure、阿里云、腾讯云等云计算服务厂商，还包括像 Google、特斯拉、商汤等人工智能底层算法研发企业，还有像英特尔、AMD、英伟达等芯片研发企业，甚至包括像以太坊、Polkadot、Cardano 等区块链公链基础设施，这些机构提供的通信、联网、存储、IoT、算法、区块链等底层技术堆栈及系统，是构建产业元宇宙的基本前提。

图 2.5　产业元宇宙产业链格局

资料来源：51WORLD & 区动投研。

在产业元宇宙产业链中上游的环节是基础开发平台与工具供应商，其中包括空间计算开发平台服务提供者英伟达的 Ominiverse 开发平台、Epic Games 的 Unreal 开发引擎、Unity 开发引擎，人工智能开发平台 Google AI、OpenAI 等，以及微软的 Mesh 人机交互平台、混合现实开发平台 OpenAR，Meta 的 Oculus 虚拟现实开发平台，以及诸如 Dapper、Theta、Polkadot 等区块链开发平台，这些企业和平台为元宇宙建设开发、内容创造、运营维护、资产货币化提供了基础开发环境和必备工具。

在产业元宇宙产业链中下游的环节是场景及功能应用开发服务的提供者，其中包括诸如虚拟世界广告服务平台 Unitiy Ads、三维虚拟动画开发服务平台 Nexus studios、数字孪生技术服务平台 51World，以及设计可视化、数字营销、展览展示服务平台丝路视觉等服务机构，这些企业提供的技术开发服务可以为企业在产品设计研发、生产制造、生产协作、生产分配、营销推广等特定业务场景提供基础应用和功能组件，形成行业解决方案的构成要素。

在产业元宇宙产业链下游的环节是行业解决方案服务供应商，包括诸如教育服务平台 Minecraft Education，医疗服务平台 Stryker、DeHealth、XRHealth，以及智慧城市平台腾讯 CityBase 等，这些企业提供的服务为教育、医疗、智慧城市等特定行业的元宇宙化运营作业提供了系统的解决方案，可以为相应行业的企业客户提供产业元宇宙服务。

三、上游基础设施代表厂商：高通、亚马逊

在产业元宇宙产业链的上游，高通、亚马逊等巨头在元宇宙基础设施领域的部署值得关注。

高通公司成立于 1985 年，总部设在美国的加利福尼亚，是目前世界上 3G、4G、5G 技术研发的领先企业，其提供的通讯技术服务覆盖了全球多个制造商。高通在移动通信基带芯片市场竞争中占据了绝对优势，根据 Strategy Analytics 研究报告，2021 年 Q2 高通以 52% 的收入份额领先基带芯片市场，其次是联发科（30%）与三

星（10%）。高通甚至曾经一度占据 4 GLTE 系带芯片市场高达 95% 以上的份额。在 Soc 芯片市场，高通也占据领先地位，根据 Omdia 数据，2019 年和 2020 年搭载高通骁龙芯片的智能手机出货量分别为 3.86 亿台和 3.19 亿台，高通骁龙芯片在这两年的市场份额分别为 28% 和 25%，是行业头部的手机芯片供应商。[1] 在 5G 市场被华为猛追不舍一度反超之后，现在高通正在参与主导美国联邦通信委员会（FCC）发起的 6G 及人工智能研究计划。

除了在基础通信技术方面持续布局之外，高通现在也在加大对元宇宙基础设施技术的研发，比如高通于 2022 年 2 月 12 日宣布在欧洲新建设一座扩展现实实验室。据官方介绍，该实验室将分设在欧洲的六个城市，这个数量将不断增加，未来专注于 XR 技术和产品研发，探索方向涵盖先进手部追踪和手势控制、3D 映射和 SLAM/ 定位服务、多用户体验和图像识别等。高通表示，高通的技术将开启新的空间计算时代，将通过在欧洲加大对 XR 技术的投资，进一步强化其作为"元宇宙入场券"的地位。[2]

高通设立欧洲扩展现实实验室的首要目标是强化其骁龙 Spaces XR 开发者平台，进而帮助厂商设计轻巧时尚的头戴式眼镜，将产品应用到日常消费、工厂生产、企业运作、教育和医疗保健等场景。

在目前的元宇宙发展中，XR 即扩展现实，被视为"下一代计算平台"，更被认为是实现元宇宙的关键，而高通在这个领域已经有了相当明显的技术优势。目前 VR 处理器分为手机芯片及专用芯片，

---

[1] 安信证券. 科技巨头布局元宇宙系列报告：深度布局 XR 生态，展望元宇宙世界之"芯"［R/OL］.（2021-11-26）［2022-03-10］. https://pdf.dfcfw.com/pdf/H3_AP202111291531784295_1.pdf?1638181575000.pdf=

[2] Qualcomm Expands Investment in XR and the Metaverse with the Formation of XR Labs Europe–an XR R&D hub in Europe.https://www.qualcomm.com/news/releases/2022/02/09/qualcomm-expands-investment-xr-and-metaverse-formation-xr-labs-europe-xr-rd

以骁龙 820、MTK、三星、麒麟等为代表的手机芯片性能优越，但其功耗与散热问题难以解决且成本较高；以高通骁龙 865 为基础的 XR 专用芯片是目前 VR 一体机的绝对主力芯片。据安信证券统计，近期的 VR/AR 新品中，七成产品采用了高通骁龙芯片/处理器。

其次，除硬件外，高通还提供包括平台 API 在内的软件与技术套装以及关键组件选择，产品、硬件设计资料的参考设计，汇总成高通的 XR 开发平台。其中，骁龙 XR2 平台已有超过 50 款基于该平台的 VR、AR 设备发布，高通 CEO 克里斯蒂亚诺·阿蒙（Cristiano Amon）透露，运行在骁龙 XR 2 平台上 Oculus Quest 2 已售出 1 000 万台，是当下最热销的 VR 设备，骁龙 Spaces XR 平台主要面向 AR 应用开发者，联想、Motorola、OPPO 和小米等是其首批合作伙伴。[①]

在 XR 显示技术基础上，元宇宙建设还少不了大量的数据传输与数据交换，这就需要性能卓越的物联网络和射频前端提供支持。在射频前端和物联网络方面高通都有丰富的技术储备及明显优势，特别是在射频前端领域中。近年来高通将手机芯片领域的优势地位向射频前端领域拓展，比计划提前一年实现了在智能手机射频前端市场营收第一的目标，已经成为手机端的第一。与此同时，高通将自己的射频前端技术扩展到其他领域。2021 年，高通射频前端单元累计出货量达 80 亿个，其中单个组件出货量均超过 3 亿个。根据公司财务报告，2021 年智能手机、射频前端、物联网、汽车四大领域收入分别为 168.3 亿美元、41.58 亿美元、50.56 亿美元、9.75 亿美元。在智能手机之外，物联网已经发展成为高通第二大创收来源。[②]

元宇宙的完全成型离不开足够快的网速和物联网支持。在 2021 年 10 月中旬的高通 2021 投资者大会中，高通 CEO 克斯蒂亚诺·阿

---

①② 安信证券. 科技巨头布局元宇宙系列报告之 12：阿里巴巴 & 亚马逊，云计算巨头布局元宇宙的同与异［R/OL］.（2021-12-19）[2022-03-10］. https://pdf.dfcfw.com/pdf/H3_AP202112201535652602_1.pdf?1640004510000.pdf=

蒙高调表态："高通将成为物联网的新前沿，是通往元宇宙的钥匙。"

高通在固定无线接入（FWA）、Wi-Fi 接入点演进和 5G RAN 基础设施等方面具有领先优势。其中，Wi-Fi 7 可以进一步推进产品的无线化，促进元宇宙成型，而高通在向 Wi-Fi 7 演进的过程中独具优势。同时在物联网方面，全球超过 30 家终端厂商正在使用高通 5G FWA 解决方案，高通的 5G RAN 平台可使能效提升 50%、总体拥有成本降低 50%，在物联网的发展中占据着关键位置。

高通产品管理副总裁 Ziad Asghar 曾经表示："高通具备发展元宇宙的关键技术，无论元宇宙以何种形式发展，我们的技术都能够支持厂商来实现这一愿景。"可见，在产业元宇宙产业链上游的基础设施环节，高通绝对是一个令人无法忽视的领导者角色。

除了高通之外，亚马逊也是产业元宇宙上游基础设施，特别是云计算及云存储领域最重要的一个构建者和推动者。2021 年亚马逊云科技 re:Invent 全球大会上，亚马逊全球副总裁、亚马逊云科技大中华区执行董事张文翊表示："我们认为元宇宙一定是云计算可以大量赋能的一个领域。元宇宙本身需要的就是计算、存储、机器学习等，这些都离不开云计算。"[①]

目前亚马逊以云为核心，已形成丰富的元宇宙开发工具矩阵：比如可以支持开发者轻松创建 3D 场景并将其嵌入网页的 VR/AR 开发平台 Amazon Sumerian，可以服务工业 4.0 场景、支持企业部署专有 5G 网络的 Amazon Private 5G，可以支持对现实环境进行数字化仿真模拟的数字孪生技术服务 Amazon IoT TwinMaker，可以支持实时渲染、光线追踪、动态捕捉、粒子特效的图形化开发引擎 Amazon Lumberyard，以及无代码及其学习平台无代码机器学习平台 Amazon

---

① 安信证券.科技巨头布局元宇宙系列报告之 12：阿里巴巴 & 亚马逊，云计算巨头布局元宇宙的同与异［R/OL］.（2021-12-19）[2022-03-10]. https://pdf.dfcfw.com/pdf/H3_AP202112201535652602_1.pdf?1640004510000.pdf=

SageMaker Canvas。①

亚马逊已经与Meta、Epic Games等公司展开深度合作，为其提供云计算服务支持。Epic Games旗下的元宇宙游戏平台《堡垒之夜》，在全球拥有3.5亿用户，其工作负载几乎全部都在亚马逊云科技上。亚马逊还与Meta合作，为其Meta AI部门人工智能项目的研发工作提供算力支持。②

可以预见，亚马逊目前最主要的云计算、云存储基础设施，以及丰富的元宇宙开发工具矩阵，将会在产业元宇宙产业链上游发挥重要作用，为整个产业链提供基础计算、算力、存储及底层开发技术的支持。

除了高通、亚马逊之外，微软、华为、阿里巴巴、腾讯、百度等企业也在基础设施领域具有雄厚的技术储备，并且也在不同程度上开始元宇宙布局，将会在不同方向上扩充产业元宇宙基础设施版图，发挥各自的价值和影响力。

四、中上游基础开发平台及工具厂商：微软、英伟达、Unity

对于在产业元宇宙产业链中上游环节的基础开发平台与工具供应商，我们需要关注的是微软、英伟达、Unitiy。

微软CEO萨提亚·纳德拉在2020年4月举办的Microsoft Inspire演讲中提出了微软的元宇宙布局方向是"企业元宇宙"，具体指"随着数字和物理世界的融合而产生的基础设施堆栈的集合体"，是数字孪生、物联网与混合现实的结合。

萨提亚·纳德拉认为，随着真实物理世界和虚拟数字化世界的

---

①② 安信证券.科技巨头布局元宇宙系列报告之12：阿里巴巴&亚马逊，云计算巨头布局元宇宙的同与异［R/OL］.（2021-12-19）［2022-03-10］. http://www.huiyunyan.com/doc-e73f3bbaca35fdbf72926b13e44561dc.html

不断融合，企业元宇宙将成为每个企业必备的一种新型基础设施。微软将通过 HoloLens、Mesh、Azure 云、Azure Digital Twins 等一系列工具 / 平台帮助企业客户将数字世界与现实世界融为一体。

微软先后推出 HoloLens、HoloLens 2，通过全息体验重新定义个人计算。HoloLens 融合了切削边缘光纤和传感器，可提供附加到现实世界各处物理对象之上的 3D 全息影像。HoloLens 从诞生起，就被定义为生产力设备，可以作为制造、建筑、医疗、汽车、军事等垂直行业的生产力工具。比如，工业场景中常见的维修需求，工人在维修前戴上 HoloLens，就可以看到维修服务请求以及将要维修的设备的三维图像，图像任一部分都可以放大研究，甚至还可以使用 HoloLens 内置的 Skype 呼叫专家远程支持。[①]

除了提供 HoloLens 混合现实技术平台和基础开发环境之外，微软还将 Mesh 融入 Teams，构建企业元宇宙技术堆栈，通过数字孪生、混合现实和元宇宙应用程序（数字技术基础设施的新层次）实现物理和数字的真实融合。微软的企业元宇宙技术堆栈具体包括 Azure IoT、Azure 数字孪生、Azure 地图、Azure Synapse 分析、Azure 人工智能 & 自动化系统、Microsoft Power 平台、Microsoft Mesh & 全息镜头。同时，微软还计划通过 Mesh、Azure 云、Dynamics 365、Windows Holographic、MRTK 开发工具等一系列工具 / 平台帮助企业客户将数字世界与现实世界融为一体。[②]

Mesh 是微软于 2021 年 3 月推出的一个具有 3D 化身和其他 XR 功能的虚拟平台，可利用 Azure 云平台来促进远程参与者通过 HoloLens 2 和其他设备共享协作体验，用户无须使用 VR/AR 头显，即能以虚拟人物或动画卡通的形式出现在视频会议中，且通过

---

①② 安信证券. 科技巨头布局元宇宙系列报告之 2：元宇宙加持，微软市值超越苹果——微软最先提出并专注于企业元宇宙［R/OL］.（2021-11-03）［2022-03-10］. https://pdf.dfcfw.com/pdf/H3_AP202111041526981643_1.pdf?1636024224000.pdf=

第二章 产业元宇宙：技术架构及产业图谱

人工智能解读声音。在 11 月 2 日的 Ignite 大会上，微软提出计划将混合现实会议平台 Microsoft Mesh 融入 Microsoft Teams 中。微软允许不同位置的用户，通过生产力工具 Teams 加入协作以召开会议、发送信息、处理共享文档等全息体验。Windows Holographic 平台（Holographic 现已更名为 Mixed Reality）提供全息影像框架、交互模型、感知 API 和 XboxLive 服务。这意味着所有应用在三维的世界中都将像真实存在的物体一般。

此外，值得一提的是微软与 Unity 合作推出了 MRTK 开发工具，这是一款面向混合现实应用程序的开源跨平台开发工具包。它提供了一系列组件和功能来加速 Unity 中的跨平台 MR 应用开发。其功能包括：为空间交互和 UI 提供跨平台输入系统和构建基块；通过编辑器内模拟实现快速原型制作等。MRTK 旨在加快面向 Microsoft HoloLens、Windows Mixed Reality 沉浸式（VR）头戴显示设备和 OpenVR 平台的应用程序开发。①

可见，微软的企业元宇宙技术堆栈为中下游产业元宇宙开发提供了一个基础开发环境和开发工具集，支持开发者基于微软的平台进行二次开发，开发针对不同行业和不同企业特定业务场景下的特定应用和解决方案。微软的平台实力决定了其位于产业链中上游的话语权和技术定义权。

英伟达在元宇宙基础开发平台这一环节也同样占据领先地位。在 2021 年 4 月举行的 GTC 大会上，其创始人黄仁勋介绍了当时正在公测的 Omniverse。黄仁勋特别表示，这是一个面向企业的设计协作和模拟平台，是全球第一个可以让处于世界各地的 3D 设计团队跨多个软件套件工作，并在同一共享虚拟空间中进行实时协作的技术

---

① 安信证券.科技巨头布局元宇宙系列报告之 2：元宇宙加持，微软市值超越苹果——微软最先提出并专注于企业元宇宙［R/OL］.（2021-11-03）［2022-03-10］. https://pdf.dfcfw.com/pdf/H3_AP202111041526981643_1.pdf?1636024224000.pdf=

平台。"Omniverse 旨在创建共享虚拟 3D 世界,就像尼尔·斯蒂芬森在 20 世纪 90 年代早期的小说《雪崩》中所描述的科幻虚拟空间。"著名作家、顾问兼 Jon Peddie Research 创始人 Jon Peddie 认为,许多公司一直在谈论元宇宙这个话题,但英伟达是少数几家真正实现其承诺的公司之一。

英伟达的 Omniverse 平台能让设计师、艺术家和审核人员在任何地方通过领先的软件应用在同一个共享的虚拟世界中进行实时合作。这是一个专为虚拟协作和实时逼真模拟打造的开放式平台。可以让创作者通过云在软件之间、在本地或世界各地无缝地实时工作。Omniverse 是由五个组件组成的完整生态系统:Nucleus、Connect、套件、仿真和 RTX。①

Omniverse 有三个明显特点:一是可以实现用户和应用软件之间的实时协作;二是给用户带来实时的速度,离线工作的质量;三是可以在任意 NVIDIA RTX GPU 上运行,从而可以 RTX 技术助力模拟现实情景。只需构建模型一次,即可在任意地方渲染,在任何设备上实现 NVIDIA RTX 渲染的逼真度。

Omniverse 平台首次在一个共同的虚拟空间中实现了真正的协作式创新,这可能会改变几乎所有的行业。此外,Omniverse 平台另一大优势是实现了与其他开发设计工具的无缝集成,比如 Adobe、Autodesk、Bentley Systems、Blender、Clo Virtual Fashion、Epic Games、Esri、Golaem、Graphisoft、Lightmap、Maxon、McNeel & Associates、PTC 的 Onshape、Reallusion、Trimble 和 Wrnch 等,均已集成到 Omniverse。举例来说,如全球领先的开源 3D 动画工具 Blender,加入 Omniverse 平台通用场景描述(USD)支持,能够使艺术家访问 Omniverse 制作流程;图形设计工具 Adobe 将为 Omniverse 提

---

① NVIDIA OMNIVERSE, https://www.nvidia.com/en-us/omniverse/

供 Substance Material 支持的 Substance 3D 插件，为 Omniverse 和 Substance 3D 用户提供全新素材编辑功能。①

在英伟达 Omniverse 的构想中，虚拟世界的模拟会加速现实世界的生产和创造，基于 USD 的 Omniverse 可以让设计师在共享空间中协作，一名设计师在一个世界中所做的更改会实时更新给所有相关联的设计人员，本质上就像 3D 设计的云共享文档。

由此可见，英伟达 Omniverse 为设计师、开发者提供了一个基础计算平台和开发工具集成支持，基于 Omniverse 开发者可以针对智能制造、通信、教育、影视传媒等不同行业的作业场景展开二次开发，提供更具有场景针对性的特定应用和相应的行业解决方案。

Omniverse 将彻底改变全球 4 000 万 3D 设计师的协同合作方式，公司可以在 Omniverse 中建造虚拟工厂并使用虚拟机器人进行运营，虚拟工厂和机器人则是其物理复制品的数字孪生。宝马是第一家使用 NVIDIA Omniverse 来设计整个工厂端到数字孪生端的汽车制造商。

Unity 也是一个目前主流的 3D 互动内容创作和运营平台，它最先应用于游戏开发领域，一度占据了游戏开发引擎的半壁河山。但如今 Unity 已经不仅仅是一款游戏开发引擎，而是一款建筑可视化、实时三维动画等类型互动内容的综合型创作工具。②

比如在汽车领域中，Unity 可以帮助设计师实时设计，加速设计开发的效率，也可以实时观察产品效果，不用花更多时间在传统的渲染上。例如，沃尔沃借助 Unity 的实时 3D 技术，将交互式的虚拟体验引入整车开发流程和营销环节来提高生产效率和销量。针对智

---

① NVIDIA OMNIVERSE, https://www.nvidia.com/en-us/omniverse/
② 安信证券.科技巨头布局元宇宙系列报告之 8：Metaverse，游戏先行—Roblox、Unity、网易、Sea［R/OL］.（2021-12-02）［2022-03-10］. https://pdf.dfcfw.com/pdf/H3_AP202112021532458097_1.pdf?1638479569000.pdf=

能驾驶和新能源车，Unity 也提供了 HMI 人机交互解决方案，用户可基于 Unity 开发实时车载系统，使仪表盘更智能化。在后端市场宣传环节，也可通过实时渲染方式在汽车上线后做实时宣传片，方便用户进行查看等。在建筑领域，Unity 做到了虚实结合——通过虚拟环境实时观察建筑状态，如设备运行的温度、性能等，实现实时预警功能。Unity 还尝试将"智慧城市""数字孪生"的概念落地，如上海国际汽车城、香港机场等都与 Unity 进行了合作，打造了集感知、分析、服务、指挥、监察等为一体的综合管理服务平台。

从平台特性视角来看，Unity 本身是一个跨平台引擎，支持包括手机、PC、Switch、PS、Xbox、VR、AR 等几乎所有主流平台，甚至支持不同的端与端之间的同步互联。Unity 作为虚拟世界的通用创作工具，为打破平台边界、覆盖更多人群、构建社群化链接等多个层面提供助力。Unity 跨端解决方案一方面提供了更多的开发工具来帮助开发者解决这个问题，另一方面还准备了专业的平台移植团队，带领开发者一起完成移植工作。①

与 Unity 类似的还有 Epic Games 旗下的虚幻引擎 Unreal，也从最初的游戏开发引擎向通用虚拟世界创作平台演进。据官方披露，虚幻引擎 5 将会从三个维度来做尝试：一是提升引擎的表现效果，让实时渲染细节能够媲美 CG 电影和真实世界的画面表现力；二是改善迭代效果，让制作者得以将编辑工具中做的任何改变轻松迭代到各种目标设备组织平台上，基本做到"所见即所得"；第三则是降低门槛，通过提供更丰富、更完善的工具来帮助小团队甚至个人去

---

① 安信证券.科技巨头布局元宇宙系列报告之 8：Metaverse，游戏先行—Roblox、Unity、网易、Sea［R/OL］.（2021-12-02）［2022-03-10］.https://pdf.dfcfw.com/pdf/H3_AP202112021532458097_1.pdf?1638479569000.pdf=

完成高品质的内容。①

微软、英伟达、Unity、Ureal等基础开发平台和工具集，将会为中下游的企业和开发者提供一个基础的元宇宙开发环境并为其提供工具支持和技术赋能。

五、中下游场景及功能应用开发服务厂商：Soul Machines、Nexus Studios、丝路视觉

由于产业元宇宙尚在发展的萌芽时期，而且这次技术变革主要是由一批传统的通信、云计算、互联网巨头发起，这些机构的技术积累及产业优势主要是在产业链上游，其元宇宙部署也主要在产业链上游及中上游的价值链高价值环节，产业元宇宙产业链中下游和下游环节还不是其发力重点。

因此，中下游场景及功能应用开发就主要是由一些创新型企业来发起并主导，这些企业无论从技术储备还是市场规模上都无法与产业链上游及中上游的巨头们相提并论，而且这一环节目前的影响力看起来并不是那么明显，产业集群效应也不是那么饱满。然而，这也正是元宇宙创新型企业可以充分发力，参与价值链创新的机会区域。

这一产业链节点的价值和机遇，我们可以通过灵魂机器公司（Soul Machines）、Nexus Studios、丝路视觉等几家公司的创新服务窥一斑。

Soul Machines是一家总部位于新西兰的初创公司，该公司的主要产品是一个人工智能驱动的数字人动画平台，通过该平台创建的

---

① 安信证券.科技巨头布局元宇宙系列报告之11：以Epic Games的虚幻引擎为代表的游戏引擎对比，以Valve的SteamVR为代表的VR社交平台对比.［EB/OL］.（2021-12-13）［2022-03-10］. https://m.sohu.com/a/533108246_121238562/

人工智能数字人可以用于智能客服、品牌宣传和教育培训等领域。

Soul Machines 由奥斯卡金像奖得主马克·萨加尔（Mark Sagar）和连续创业家 Greg Cross 于 2016 年创立，从奥克兰大学剥离独立运作。CG 技术先驱 Sagar 和 Cross 携手将 AI、计算人脑模型和体验式学习融合在一起，创造出极其逼真并能做出情感回应的数字人 Digital Heroes，它们具有能使机器与我们面对面交谈的个性和特点，从而将技术变成现实。①

Soul Machines 的技术创造了一种新型的客户体验和整体参与方式。众多品牌现在有机会创建数字版本的代言人或完全数字化的员工（类似于服务接待员），从而更有效地与其粉丝和客户互动。

Soul Machines 联合创始人 Greg Cross 在接受媒体采访时表示，Soul Machines 计划为潜在的元宇宙创建"数字劳动力"。Soul Machines 现正与银行业和金融、软件、汽车、医疗保健、能源、教育行业中的国际大品牌合作，部署世界上第一批数字人。

Soul Machines 的数字人在一个被称为"Humans OS 2.0"的系统上运行。Soul Machines 已经部署了其 HumanOS™ 平台，并为零售、汽车、银行和金融领域中多个全球最大的品牌创建了 Digital Heroes，客户包括宝洁（Procter & Gamble）、ABC 银行、苏格拉皇家银行等。②

数字人能够增加企业电子商务销售额，推动品牌参与，扩展客户支持，增加当前的劳动力，以指数方式改善消费者数据，提供知识和学习素材，提供支持和陪伴，更关键的是，它能投资于元宇宙的未来。比如 Soul Machines 和雀巢合作，为雀巢创建了 Cookie Coach 助理 Ruth，用户可以和数字人 Ruth 互动，还可以通过 Ruth 下单。在数字医疗保健领域，患者可以和医院的数字人助理进行沟

---

① https://www.soulmachines.com/

② https://www.soulmachines.com/case-studies/

通，反馈病情，并得到专业的诊治意见。

Soul Machines 数字人客服已经应用到包括消费品、娱乐、金融服务、卫生保健、教育、公共部门、房地产、零售和电子商务、科技与媒体、电信和呼叫中心的多个领域，成为企业在元宇宙时代与客户沟通互动的重要手段。

Nexus Studios 是一家位于伦敦和洛杉矶的动画、电影和互动工作室。它由 Charlotte Bavasso 和 Christopher O'Reilly 于 2000 年创立。

Nexus Studios 精通 AR 内容开发，其此前针对谷歌 Pixel 系列手机发布了寻路应用 Hot Stepper、Gruffalo Spotter、Childish Gambino Playmoji。在 2018 年，它与谷歌 Spotlight Stories 工作室合作开发了其首款 Google Doodle 式 VR 内容 Back to the Moon，受到用户高度欢迎。

近期 Nexus Studios 还与漫威合作，为史诗级电影《永恒族》开发了增强现实体验版本。这个体验版本可以让用户探索永恒族的世界，与角色会面，并参与剧情活动。Nexus Studios 使用体感捕捉系统，用摄像机从 100 多个角度记录女演员莉亚·麦克休（Lia McHugh）的表演，为其创建了数字化身，还开发了全新的制作程序，以便在移动设备上实时显示电影级 VFX。Nexus Studios 展示了增强现实在新媒体中的叙事能力和高保真视觉效果的潜力。[①]

除了影视领域之外，Nexus Studios 还将增强现实技术应用到旅游领域，他们同 SK 电讯、谷歌一起与韩国文化遗产管理局合作，制作了韩国首尔著名文化旅游景点昌德宫的虚拟导游程序，通过 AR 增强型旅游体验，以数字方式绘制整个文化遗址，让人更容易了解昌德宫的历史。

应用这款 AR 增强程序，在神秘的神话生物獬豸的引导下，游客可以发现 12 种独特的互动活动。他们可以从应用程序中的交互式地图

---

① https://nexusstudios.com/immersive/

中选择他们自己的参观路线。游客还可以通过AR程序虚拟体验朝鲜王朝真实的风俗和活动，可以与朝鲜王子一起练习射箭，学习古代王朝的舞蹈，探索新文鼓的作用，揭秘隐藏的历史。游客还可以在院子里更随意地与虚拟的国王和王后互动，合影留念并即时分享照片。①

Nexus Studios还在品牌营销领域做AR内容开发，为包括三星、梅西百货、大众汽车、考克斯通信、索尼、优衣库、爱彼迎、OPPO等客户开发了互动应用，帮助这些品牌通过AR增强现实内容与客户互动，增强品牌营销体验。②

丝路视觉是国内最早从事数字视觉服务的企业之一，也是国内主要的数字视觉服务供应商之一，提供以CG技术为基础的数字视觉综合服务，主要分为CG静态视觉服务、CG动态视觉服务、CG视觉场景综合服务和其他CG相关业务四种业务模块，服务于建筑设计、房地产行业等具有中国特色的传统应用领域，工业/广告、会展行业等新形态商业和展览展示应用领域，以及动漫、游戏、影视等文化创意娱乐产业。公司目前主要面向建筑、地产、政府、企业和游戏等客户提供CG服务，而在影视特效领域主要提供云渲染服务。③

海外主要CG公司包括专注影视特效CG领域的Dexter、Industrial Light & Magic、Weta Digital、Cinesite，以及提供CG综合服务的Pixomondo、VHO、A52等。④

在产业元宇宙产业形成过程中，像Soul Machines的数字人、Nexus Studios的AR内容开发、丝路视觉的CG服务和VR培训等

---

① https://nexusstudios.com/work/changdeok/
② https://nexusstudios.com/branded-content/
③ 安信证券.专业化CG视觉服务提供商，受益于影视特效迅速发展［R/OL］.（2017-02-07）［2022-03-10］.https://pdf.dfcfw.com/pdf/H3_AP201702080327546920_1.pdf?1601214126000.pdf=
④ 中泰证券研报.A股稀缺CG标的，出海及产业链延伸潜力大［EB/OL］（2017-03-10）［2022-03-10］.https://xueqiu.com/S/SZ300556/82409313

服务，均与企业客户在品牌营销、客户服务、企业培训等业务场景相结合，提出创新的应用解决方案，成为产业链中的重要构成部分，体现出独特的价值。

六、下游行业解决方案案例：联想数字孪生工厂，微软 Minecraft 教育版，XRHealth 远程医疗

在产业元宇宙产业链下游的行业解决方案供应商，主要依据产业链上游基础设施及中上游基础开发平台，并整合中下游部分业务功能应用，面向城市管理、交通、工业制造、旅游、医疗、能源管理等行业提供专业化的行业业务解决方案。

在工业制造领域，联想将数字孪生技术应用于产品设计研发及生产制造环节是一个显著的案例。

在生产制造过程中，产品验证周期长、依赖实物、工艺灵活度不够一直是联想这类制造企业面临的痛点。几年前，联想开始智能化转型，将数字孪生技术应用于从销售、计划、采购、生产、交付、服务的各个场景。

在传统的产品设计流程中，由于产品设计团队多、跨专业，试制品整合需要大量的时间和精力。而数字孪生技术可以充分利用信息系统的优势，将相应的单学科设计软件工具的设计图样，集成至 PTC 的 Winchill PLM，形成 3D 数字化样机。3D 数字化样机具有可视化的特点，可以让设计团队在完整的视图中评审产品，排除问题。这一应用大幅提高了设计团队的效率和设计品质。

在传统的生产运营流程中，研发设计与制造工艺数据独立管理运行，这就很容易造成信息不对称，导致停线、重工、上市推迟等损失。联想打破了从研发到制造的"数据孤岛"，通过建立物理产品的数字映射，将产品使用过程中产生的数据形成闭环反馈和优化，打造了数字化工艺解决方案。

利用这一方案，研发人员可以实时查看产品在工厂生产线的工序工艺等制造信息，且一目了然。工厂工艺或制造工程师可以实时查看产品的研发图档、设计要求等信息。根据订单配置不同，实时生成对应的最佳工艺序列，以可视化的方式呈现给生产线员工。工厂可以实时收到变更信息，自动更新生产线的可视化工艺。

联想还有一个产品工程化仿真方案。产品工程化仿真是指物理产品在虚拟空间的数字模型，这个数字模型不仅和现实世界的物理产品形似，能模拟产品的实际运行，还能通过产品在包装过程中反馈的数据，反映产品运行状况，乃至改变产品形态。在该方案中，处于产品工程验证阶段的制造工程人员可以通过仿真设计图纸提前发现设计问题并进行研发优化，制造工艺人员能够提前规划产能及设备的布置，在整个产品的生命周期内，制造工程人员还可以通过仿真工具分析问题并找到解决方案。

对数字孪生仿真工具的使用构建了一个从产品设计到生产规划、生产工程、生产执行、服务支持的全价值链数字化体系，带来了从研发量产周期到生产效率再到产品质量的全方位提升。比如，缩短10%—20%的上市时间，制造效率提升10%—20%，制造成本降低10%—20%，质量提升15%—20%等。

在医疗领域，美国医疗技术公司XRHealth也在2022年1月5日宣布进军医疗元宇宙，将与虚拟现实技术公司HTC VIVE合作，创建一个虚拟治疗中心，为患者提供远程治疗服务。XRHealth将沉浸式XR技术、临床医生和高级数据分析工具集成在一个平台上，为患者提供全面的治疗护理解决方案。通过这个虚拟诊疗平台，临床医生可以用装有XRHealth应用程序的VIVE Focus 3来创建一个虚拟治疗中心，进行远程诊疗；患者则可以使用VIVE Flow，在家中进入虚拟诊疗室，舒适问诊。总部位于美国印第安纳州的医疗设备公司Zimmer Biomet最近推出了OptiVu混合现实解决方案平台，使用微软的 HoloLens 来创造一种混合现实诊疗环境,通过数据互联模拟现实提供问诊咨询、个性化护理、治疗和诊断服务。Meta 近期也与 Nexus Studios 通过世界卫生组织(World Health Organization,WHO)合作,推出虚拟医疗培训项目。Meta 开发了一款程序,培训医护人员掌握新冠肺炎病毒抗疫信息,对类似模拟穿戴和脱下个人防护设备等技能展开培训。

在教育领域,微软则推出 Minecraft 教育版,成为新冠肺炎疫情期间最主要的远程教学平台。谷歌也于 2021 年 12 月 5 日发布了一个新的人工智能导师平台,为学生提供个性化的阅读理解和写作指导,并根据他们的知识水平、职业目标和兴趣为他们提供学习计划建议。

包括谷歌、微软、联想在内的传统 IT 产业巨头,以及像 Nexus Studios、XRHealth、Zimmer Biomet 这样在各自领域具有创新优势的产业科技公司,虽然在产业元宇宙行业解决方案方面的创新只是刚刚起步,但也已经充分证明了产业元宇宙拥有庞大的企业客户需求和光明的产业前景。我们有理由相信,这一距离行业和企业客户最近的环节,也正是最有商业机会、最值得展开创业尝试的领域。

通过上述对产业元宇宙价值链条的梳理,我们可以对产业元宇宙上下游产业链的构成和产业格局轮廓有一个初步的把握。虽然内容描述稍显粗略,对于产业格局的把握也未必全面、准确,但我们相信,从这一尝试出发,产业元宇宙必定是一个值得我们长期关注并为之投入巨大精力的创业蓝海,其中的价值远景值得我们为之认真付出,久久期待。

03
第三章

元宇宙的潜力和价值

第一节　重新思考工作的定义

新冠肺炎疫情席卷全球，世界各地的社交隔离政策让许多人失去了工作，生活在底层的人们雪上加霜。疫情隔离在家，没有收入，就只能受穷挨饿。如何找到一份不出门又能赚到生活费的工作，是摆在很多人面前的严峻问题。

菲律宾卡巴纳图安市的一群人在虚拟世界中找到了出路。

这些菲律宾人发现，一款名为 Axie Infinity 的区块链游戏，不仅可以用来在隔离时期打发无聊的时光，每月还可以从中赚到几百美元，用来支付生活费，这让他们体会到原来玩游戏也可以养家糊口。

发现这个机会之后，为了能在疫情之下获得一份收入，越来越多的人加入这款游戏赚取生活费。如今菲律宾已经有超过 30 万人在玩这款游戏。财富效应致使 Axie Infinity 迅速风靡东南亚，越南、印度尼西亚等国家也掀起了 Axie Infinity 热潮，迄今为止 Axie Infinity 全球玩家已经超过 200 万人。

菲律宾甚至有人专门组建了游戏社区，培训人们在游戏中赚钱。游戏社区 Yield Guild 的联合创始人 Gabby Dizon 认为，"游戏中赚的钱虽然不是很多，能赚到三四百美元，但对这里的人来说基本就是救命钱了。"

Kookoo 是 Yield Guild 社区的一名 KOL，他经常在 YouTube 上发表游戏攻略。疫情发生前，Kookoo 在菲律宾宿务岛的一家旅行社工作，业绩一直很好。疫情来临之后，当地的旅游业受到了重创，他不得不另谋出路。于是 Kookoo 和许多菲律宾人一样也加入了 Axie Infinity 的玩赚大军。Kookoo 说："现在，Axie Infinity 是我们主要的生活来源。"①

大部分菲律宾人的薪资水平是每月 10 000 比绍（约 200 美元），玩 Axie Infinity 这款游戏赚的钱已经超过这个水平，基本能够负担生活开支，有的玩家甚至能获得更高的收益。

CoinDesk 专栏女作家莉亚（Leah）用一部名为《玩到赚：菲律宾的 NFT 游戏》的纪录片，记录了在菲律宾发生的这一切：有人在 Axie Infinity 中赚到奶粉钱，有人赚钱购买生活用品，有人买了摩托车，还有人通过玩游戏赚钱买了房子。②

在不玩游戏的人看来，这件事情太不可思议了。

Yield Guild 为了证明这一点，甚至在 Meta 上发起了一个活动，号召玩家们通过发文带上"#salamataxie# 话题"，来展示他们玩 Axie Infinity 获得的收入，"Salamat"在是菲律宾语里是"谢谢你"的意思。玩家们通过发帖晒图来分享游戏给生活带来的改变。

Axie Infinity 在全球的火爆，也开创并引领了 Play-to-Earn 模式的产业潮流，颠覆了过往传统的 Free-to-Play（免费玩）的商业模式。

但是，显然 Axie Infinity 引导的 Play-to-Earn 潮流的深远影响，已经溢出了游戏领域，促使我们重新思考工作与游戏的边界，以及元宇宙下的工作形态。

在我们通常的理解中，玩与赚钱是彼此独立的两件事情。大多数人工作并不是因为好玩，而是为了赚取生存所必需的金钱和资源，是

---

① How Axie Infinity became a living for some players, by Ian Enanoria, https://trustwallet.com/blog/how-axie-became-living-for-some-players
② The NFT Game That Makes Cents for Filipinos During COVID, by Leah Callon-Butler, https://www.coindesk.com/markets/2020/08/26/the-nft-game-that-makes-cents-for-filipinos-during-covid/

不得不为之的一件事情；除非一项工作在满足生存的基本需求之外，能够为个人带来更多发展机会和职业成就感，而大部分工作本身就是单调、枯燥、无聊的，很少能够令人满意。大多数娱乐项目则是需要投入金钱、时间和精力的，除了能够给人带来精神愉悦和心理解脱，很少能够带来实际的回报。但是，Axie Infinity 引导的 Play-to-Earn 模式让我们看到了将工作和娱乐统一的机会。

可以预见，在不远的将来，"工作的游戏化和游戏的工作化"趋势将越来越明显。尤其是当产业元宇宙实现了对交通、旅游、教育、医疗等行业的重塑之后，工作本身将越来越具有"可玩性"，工作体验本身也将变得越来越好玩，工作即是玩，玩即是工作，这将会成为人们的新常态，而且工作本身即可产生经济价值，可以获得即时回报，可以满足人们现实世界的生存需求。

其实，在元宇宙探索早期，虚拟世界 Secondlife 中就已经出现了这一态势。早在 2006 年，钟安社（Anshe Chung）就在 Secondlife 中通过虚拟地产交易赚到了 100 万美元，成为第一个完全依靠虚拟世界赚取财富的百万富翁，并且被美国《商业周刊》选为封面人物。

在其他电子游戏和社交媒体中，我们也看到过不少类似的事例，而元宇宙世界将会带来更多类似的机会。

第二节　工作的未来

两年间，持续不断的新冠肺炎疫情改变了很多事情，但其中最重要的改变莫过于人们工作方式的改变，即越来越多的公司和自由职业者将工作、沟通和协作的方式从线下转到线上，断断续续的社交隔离使得人们更多选择居家远程办公，以在线沟通来完成工作和团队间的协作。

疫情期间 Zoom 和 Slack 等在线协作平台的突然崛起令人瞩目，这些工具实现了远距离和跨时差的协作，并被证明是在社会困难时期提高人们参与度和生产力的关键。

而这也是"元宇宙"概念再度流行的社会大背景，人们希望在语音电话、视频会议之外，找到更直观、更有趣、更高效的方式来解决社交隔离为工作沟通和团队协作带来的难题。

在 2021 年 10 月 28 日 Facebook 举行的公司年度 Connect 会议上，马克·扎克伯格宣布将公司名字改为 Meta，并用一部名为《在元宇宙中工作》的视频短片形象地展示了元宇宙在工作领域的潜力和价值。[1]

当作为设计师的你从清晨醒来，通过一杯咖啡消除困意之后，你可以在元宇宙中展开一天的工作——带上一副 XR 眼镜，你就可以在一个虚拟空间打开交互界面，播放一首自己喜欢的音乐，然后打开工作文件夹，查看建筑设计模型，对设计方案发表意见，还可以与远方的同事，通过虚拟化身近距离交流对设计方案的看法。甚至还可以选择在海滩上对设计模型进行实景展示，在虚拟空间中与团队一起开会，对设计模型进行讨论评议。

2021 年 8 月，Meta 发布了 Horizon Workrooms，这是一个虚拟会议空间，同事们可以在其中以虚拟现实身份加入会议，或用手机、计算机通过视频通话接入虚拟房间。Horizon Workrooms 将允许用户创建化身，在白板上与他人协作、传输工作文件、做笔记以及与在虚拟房间内进行视频会议的同事们进行互动。

如果说 Meta 在宣传短片中描述的还只是一种充满想象力的未来主义技术愿景，那么微软的混合现实平台 Mesh 和英伟达的 Ominiverse，则从某种程度上正在将这种想象变成现实。

---

[1] Work in the Metaverse, https://youtu.be/uVEALvpoiMQ

微软的 Mesh 是一个新的混合现实平台，它允许分布在不同地域的团队成员在共享的混合现实虚拟空间中会面和协作，在其中举办共享会议，进行虚拟设计讨论，举办虚拟社交聚会，共同完成工作任务等。[1]

在微软发布的 Mesh 介绍视频中，我们可以看到：建筑师和工程师可以亲自走过正在建设中的工厂车间的全息模型，查看所有设备如何在三维空间组合在一起，从而避免可能付出高昂代价的错误；电动汽车发动机研发工程师则可以通过虚拟化身聚集在发动机全息模型周围，详细地查看发动机的构造，移动改造其中的零部件；学习人体解剖的学生，则可以在虚拟空间里共同观察人体器官构造；企业可以通过 Mesh 平台汇集世界各地的员工召开虚拟会议或进行培训，同事们可以在共享的虚拟空间中一起聊天。[2]

微软的 Mesh 平台提供了一整套由人工智能驱动的工具集，支持开发人员在此基础上构建混合现实协作解决方案，该数据集不仅可以进行数字化身创建、会话管理、空间渲染、多用户同步和全息传输，还可以基于开放标准支持通过 HoloLens 2、虚拟现实耳机、智能手机、智能平板和 PC 等多种设备接入虚拟空间展开协作。[3]

海洋探索非营利组织 OceanX 已经宣布与微软合作，将在最先进的深海勘探船 OceanXplore 上用 Mesh 创建一个全息实验室，将 OceanXplore 正在探索的深海区域数据转化成 3D 全息图像，供世界各地的科学家通过虚拟平台实时查看。深海探测船上的摄像头和探

---

[1] "You can actually feel like you're in the same place": Microsoft Mesh powers shared experiences in mixed reality, https://news.microsoft.com/innovation-stories/microsoft-mesh/

[2] Introducing Microsoft Mesh, by Microsoft, https://www.youtube.com/watch?v=Jd2GK0qDtRg

[3] "You can actually feel like you're in the same place": Microsoft Mesh powers shared experiences in mixed reality, by Jennifer Langston Mar 2, 2021. https://news.microsoft.com/innovation-stories/microsoft-mesh/

测仪器收集到的关于珊瑚礁、盐水池、深海热液喷口周围的海洋生物以及水下火山周围的矿物质等图像数据,都可以通过这个混合现实平台逼真地共享给世界各地的科学家们来查看。①

OceanX副主席文森特·皮里博恩(Vincent Pieribone)说:"我们的想法是将我们正在收集的所有这些惊人的科学数据带入全息环境,并将其用作实时指导科学任务的一种方式。"

通过OceanX全息实验平台,研究抹香鲸在何处捕猎的人员可以看到深海峡谷的全息图,还可以看到鲸鱼身上标记的有关盐度、温度、海洋化学变化等信息,以及鲸鱼和猎物可能位于何处的探测数据。②

我们会看到类似的应用将在越来越多领域得到推广,微软和《哈佛商业评论》发布的一份名为《混合现实:工作的新维度》研究报告指出,包括制造、工程、建筑、零售、医疗、国防和教育等行业对混合现实都有强烈需求。该报告调查显示,68%的企业认为,混合现实对实现公司战略目标很重要,近90%的企业目前正在探索、试验或部署混合现实。③

英伟达的Omniverse是另外一个支持虚拟协作和实时物理精确仿真的开放平台,创作者、设计师、研究人员和工程师可以通过Omniverse连接主要的设计工具、创造数字资产和项目,在共享的虚拟空间中进行协作。英伟达将其定位为一个通用的产业元宇宙平台。Omniverse使得3D制作团队能够在复杂项目上实现无缝协作,无须面对面会谈或交换和迭代大量文件,就是可以在任何地方通过虚拟

---

①② "You can actually feel like you're in the same place": Microsoft Mesh powers shared experiences in mixed reality, by Jennifer Langston Mar 2, 2021. https://news.microsoft.com/innovation-stories/microsoft-mesh/

③ Mixed Reality: A New Dimension of work, Harvard Business Review & Microsoft, https://hbr.org/resources/pdfs/comm/microsoft/MixedRealityNewDimensionOfWork.pdf

世界同时工作。①

目前已经有 500 多家公司 7 万人次装载了 Omniverse，将其用于运行实验、测试产品和技术以及证明或反驳理论等任务。其中包括宝马、沃尔沃、洛克希德马丁、爱立信和 Bentley 系统公司。②

基于 Omniverse 的数字孪生技术，西门子能源创建了一个数字孪生平台来准确预测热回收蒸汽发生器的腐蚀情况，这将有助于减少 70% 的计划外停机时间，并每年为行业节省近 20 亿美元；汽车制造商宝马正在建造四家工厂的数字孪生体，在总面积达 1 000 万平方米的厂区内，训练机器人学习新技能；爱立信正在构建整个城市的数字孪生体，用于 5G 天线和无线电设备的部署及运营。通过数字孪生体，爱立信可以指导电信公司更好地部署每台基站，以获得最佳的覆盖范围和网络性能。在这个数字孪生体中，爱立信可以获得建筑材料、植被和树叶等精确信息，然后将通信设备放置在精确的位置。③

显然，微软 Mesh 和英伟达的 Omniverse 等元宇宙平台在改变工作方式、优化工作体验、提升沟通协作效率方面具有极大的优势。在 UCToday 专栏作家安维莎·罗伊（Anwesha Roy）看来，元宇宙为工作带来如下四点优势。④

（1）克服远程工作的挑战。在远程办公时，员工们经常抱怨他们无法阅读肢体语言进行有效沟通，经理们希望实时观测团队生产力。而且，长期缺乏面对面的互动将存在团队脱节的风险。Mesh 和

---

① NVIDIA OMNIVERSE, https://www.nvidia.com/en-us/omniverse/
② The Key To Unlocking The Metaverse Is Nvidia's Omniverse, Beth Kindig, Forbes Sep2, 2021. https://www.forbes.com/sites/bethkindig/2021/09/02/the-key-to-unlocking-the-metaverse-is-nvidias-omniverse/?sh=4e3967b45e17
③ Omniverse: Nvidia's Ambitious Platform for the Virtual World, by Jeffrey Burt,16 Nov 2021, https://thenewstack.io/omniverse-nvidias-ambitious-platform-for-the-virtual-world/
④ Can We Work in the Metaverse?, by Anwesha Roy, https://www.uctoday.com/collaboration/can-we-work-in-the-metaverse/

Omniverse 等元宇宙平台创建了一个身临其境的虚拟工作场所，员工通过 3D 化身可以像在现实世界中一样一起工作。

（2）以 3D 形式可视化并解决问题。通过三维仿真，在视觉上可以更好地解决某些工作任务和业务问题，但在现实世界中根本不可能。例如，建筑师可能希望在最终确定设计方案之前设计和绘制多个细节模型。但是，由于时间和成本限制，并且缺乏精确度，错误常常被忽略。元宇宙平台则为其提供了一个空间，设计师在其中几乎可以对任何东西进行 3D 建模，并且可以通过数字孪生技术复制现实世界规则。这些技术如果用在建筑、医疗、生命科学乃至汽车制造等行业，就能更智能地解决问题。

（3）从无限空间和互操作性中获益。在元宇宙中工作的明显优势是，可用空间或功能对所有人没有任何限制。当需要任何工具的时候，只要手指轻轻一碰即可获得。同事间可以在虚拟工作场所共享生产力工具，无论是工作文档还是设计文件，都可以在虚拟空间中无障碍地浏览、编辑、保存、分享，任何人都可以从功能丰富的协作体验中获益。

（4）消除对硬件的依赖。对大公司来说，在元宇宙中工作可能是重要的效率驱动因素。在虚拟工作场所中，员工配备了数字白板、数字工作站等，他们的 3D 化身无需任何复杂的会议设备即可面对面开会。用在现实世界中所需投资的一小部分，就可以在元宇宙内创建一个协作空间。

无论如何，可以预见的是，类似 Meta 的 Horizon Workrooms、微软的 Mesh、英伟达的 Omniverse 等元宇宙平台将会以更丰富的体验、更生动的交互方式、更高效的协作方式重塑我们的工作形态，将会为人们带来更多便利，为设计师、工程师带来更多创意和创造力，也将推动企业生产力和生产效率的进一步提升。

第三节 创作者经济的繁荣

在微软、英伟达通过 VR、AR、MR 等技术构建的元宇宙平台改变人们的工作方式的同时,作为元宇宙基础设施的区块链特别是近期的 NFT、DAO 的快速崛起也开始共同塑造工作的未来,为创作者经济的崛起和人类组织方式的转变带来更深远的影响。

2021 年 3 月 11 日,数字艺术家 Beeple 创作的由 5 000 张小图像组成的数字画作《每一天:最初的 5 000 天》(*Everyday: the First 5,000 Days*)的图片 NFT 在佳士得拍卖行以超过 6 900 万美元的竞拍价售出,震惊了全球。在此之前,Beeple 只是一个默默无闻的普通画家,作品最高只能卖出几百美元,但通过 NFT 拍卖,Beeple 一举成名,跻身世界艺术家作品拍卖价前三名。

Beeple 的成名掀起了全球 NFT 的狂潮。此后不久,Twitter 创始人杰克·多西(Jack Dorey)将自己发的第一条 Twitter 铸造成 NFT 公开拍卖,最后以 290 万美元成交;特斯拉 CEO 埃隆·马斯克(Elon Musk)将自己和女友合唱的歌曲做成 NFT,短短 20 分钟内即以 600 万美元的价格售出。自此之后,NFT 的受欢迎程度呈爆炸式增长。

NFT 利用区块链证明稀有数字物品的所有权和真实性,解决了数字资产所有权的确权问题。NFT 基于 ERC721 标准构建,将它们所代表的每件物品视为稀缺、独一无二和真实的。NFT 在公共分类账上充当由数学支持的真实性数字证书,无可争议地证明持有人拥有独一无二的数字资产(有时是实物)。

在风险投资人派奇·麦克考米克(Packy McCormick)看来,更重要的是,NFT 不只是证明数字资产的真实性和所有权,它们还使稀有数字资产具有互操作性和可移植性,允许其所有者通过开放网络将

NFT 支持的数字资产带到任何地方。他认为，NFT 是人们进入元宇宙的桥梁。NFT 可能通过在系统中构建结缔组织和互操作性来掌握将元宇宙后端缝合在一起的关键。在一个开放的元宇宙基础架构上，玩家可以在其中从 Fortnite 到 Roblox，再到 Oculus，无缝地携带他们所有的数据、皮肤、NFT 和数字货币。而这将形成一条新 Direct-to-Avatar 的价值链，消除了波特价值链中制造、物流和支持环节，整合了研发、零售和营销环节，创造者将获得利润，拥有稀缺数字资产的所有者也将获得利润，为更多的个人留下了空间，让他们"躺着赚钱"，通过创作来工作、赚钱，推动创作者经济的繁荣。[①]

麦克考米克就此畅想，"可以想象这样一个世界，在这个世界中，整个经济的创作者为 DIGITALAX 的数字时尚制作图案和新素材，并且他们设计的新皮肤每次销卖出时，他们都会获得报酬。或者，因为真正拥有自己的数据，人们可以通过观看广告、将数据提交给医学研究等获得报酬……通过将用户变成所有者的机制，人们也许能够使用他们感兴趣的产品来创造真正的财富。"[②]

正如俄勒冈大学金融学教授斯蒂芬·麦克恩（Stephen McKeon）所指出的，"NFT 对数字资产产权的影响对创作者来说是历史性的。就通过创造性劳动赚取收入的能力而言，我们已经进入了一个复兴时期。"NFT 将我们玩耍、学习、组织、社交和创造的方式与所有权和创收权益相结合。从这个意义上说，目前正在发生的事情远不止改变工作方式这么简单。[③]

NFT 除了在艺术品交易和游戏中大显身手，也将出现在音乐、摄影、散文和许多其他类型的创意数字作品中。用斯蒂芬·麦克恩的话来说，"毫无疑问，如果你能创造出令人满意的数字内容，那么

[①②] The Value Chain of the Open Metaverse, by Packy McCormick, https://www.notboring.co/p/the-value-chain-of-the-open-metaverse

[③] The Future of Work, https://medium.com/collab-currency/the-future-of-work-5d7b47cff308

你就可以在元宇宙和加密经济中谋生。"[1]

第四节 DAO 的兴起与公司的消亡

如果说 NFT 在开放元宇宙平台上为数字创作货币化带来了历史性影响的话，那么 DAO 则在人类组织方式转变上产生了更为深远的影响。

对于 DAO，Scalar Capital 的投资人谢琳达（Linda Xie）在《DAO 的初学者指南》(*A Beginner's Guide to DAO*) 一文中给出了一个很好的定义："去中心化自治组织（DAO）是围绕一项任务组织的团体，该任务通过在区块链上实施的一组共享规则进行协调。"

谢琳达认为，DAO 的好处之一是它们比传统公司更透明。由于 DAO 的资产负债表存在于公共区块链上，每笔交易在链上都可查，因此是完全透明的，任何人在任何时候都可以查看 DAO 中的所有活动和资金，这大大降低了腐败的风险。[2]

DAO 不是由一组人实际交互并通过法律系统控制财产的分层结构，而是由一组人根据代码中指定的协议相互交互，并在区块链上强制执行。DAO 是"去中心化的"，因为它在区块链上运行，并将决策权授予利益相关者，而不是高管或董事会成员；它是"自主"的，因为它使用智能合约，这些合约的本质是在公共平台上运行的应用程序或程序可访问区块链，并在满足某些条件时触发操作，无须人工干预。[3]

---

[1] The Future of Work, https://medium.com/collab-currency/the-future-of-work-5d7b47cff308
[2] A beginner's guide to DAOs, by Linda Xie, https://linda.mirror.xyz/Vh8K4leCGEO06_qSGx-vS5lvgUqhqkCz9ut81WwCP2o
[3] The Dao of DAOs, by Packy McCormick, https://www.notboring.co/p/the-dao-of-daos

DAO 的基本特征是它们的操作规则是经过编程的，所以当软件中指定的条件得到满足时，它们会自动应用和执行。这使它们与传统组织区别开来，因为传统组织必须由人来解释和执行组织游戏规则。①

从某种程度上说，从比特币到以太坊，再到如今 GameFi 火极一时的 YGG（Yield Guild Games），DAO 是这些加密经济体的原生公司结构。DAO 没有被纳入特拉华州或开曼群岛，而是被纳入 Discord 服务器和区块链。DAO 提供了一种汇集资金、做出集体决策和获取价值的互联网原生方式。

在 Rabbithole 的联合创始人布里安·弗林（Brian Flynn）与媒体高管投资人加洛德·迪克尔（Jarrod Dicker）看来，DAO 提出了另一种组织结构，试图在各种利益相关者之间采取长期激励措施。这种关系涉及从创造者和消费者转变为作为共同创造者的每个人。创意组织看起来更像扁平的点对点网络，而不是等级制度。DAO 的组织结构将由创作者、运营者和消费者自己全权拥有，它将属于公众及其生产者共同拥有，不会将参与者限制在一家公司中。DAO 允许其创建者、支持者、贡献者和受众成为集体中的所有者。这意味着每一个操作的参与者，现在都是这个组织的股东。②

菲律宾链游公会 YGG 就是一个典型的 DAO，通过购买 Axie Infinity、王国联盟和沙盒等游戏中的 NFT，将游戏玩家转变为投资者；MetaFactory 是一个专注于时尚和服装设计的设计师自有品牌众筹社区，通过 DAO 的方式，解决时装设计师、品牌以及客户三方之间的激励失衡问题。

---

① https://hackernoon.com/what-is-a-dao-c7e84aa1bd69
② NFTs, DAOs and the New Creator Economy, by Jarrod Dicker, Brian Flynn, Patrick Rivera, CoinDesk Insights Mar 5, 2021, https://www.coindesk.com/business/2021/03/04/nfts-daos-and-the-new-creator-economy/

MetaFactory 会为每一个设计师品牌部署一个专属的 DAO，每个 DAO 将拥有对应品牌的知识产权，而该品牌的拍卖参与者实际上是购买了该 DAO 的一部分有表决权的 Share（Share 是 DAO 赋予成员的一种权益证明）并依此比例获得利润。通过这种方式，该品牌的顾客还可以参与品牌管理，并对该品牌的未来发展方向进行投票，包括新产品发布、附加设计和潜在许可机会（具体细节由每个品牌自行决定）等方面。更早参与拍卖的买家将获得 DAO 更大比例的 Share 和投票权，以及该品牌 IP 更多的权益份额。

当产业元宇宙进一步解放了创造力、推动创作者经济繁荣之后，DAO 将成为元宇宙时代的主要组织方式。DaoHaus 项目负责人斯宾塞·格拉汉姆（Spencer Graham）便认为，DAO"代表了人类协调方式的根本转变"，未来许多公司和组织将被组织为 DAO。[1]

俄勒冈大学金融学教授斯蒂芬·麦克恩指出，"大多数组织只是作为个人之间一系列契约关系纽带的法律虚构实体。"无论是公司、非营利组织还是政府，都需要契约来协作，以实现人与人之间资源的流动。但是区块链和加密经济的发展，特别是智能合约使得资源移动由代码而不是法律中介来执行，这意味着个人能够在没有法律实体作为协调者的情况下形成复杂的契约关系，这也是人类组织游戏规则的重大改变。"如果您也认为从公司到政府的大多数人类组织形式只是实现共同目标的协调机制的话，那么您可以看到我们正处于巨变的悬崖上。"斯蒂芬·麦克恩说。[2]

斯蒂芬·麦克恩更进一步指出，以太坊和 Solana 等智能合约平台创建了一个点对点的合约环境，简化了人类协调机制，利用这些

---

[1] What DAOs Can Do: Social Movement Or Playground? Rethinking 2021–Pt. I, by Julia Arvelaiz, https://www.newsbtc.com/all/what-daos-can-do-social-movement-or-playground-rethinking-2021-pt-i/

[2] The Future of Work, https://medium.com/collab-currency/the-future-of-work-5d7b47cff308

协调机制将人力投入转化为资本。这意味着更广泛的人群可以获得赚钱的机会，是前所未有的大规模的经济赋权民主化。[1]

在加密基金投资人尼克·托马诺（Nick Tomaino）看来，去中心化自治组织将通过以下方式影响数十亿人。

（1）为世界各地的人提供新的赚钱机会，且不偏袒任何特定司法管辖区的人，否则他们将不会拥有这些机会。

（2）在用户、员工和创始人之间建立明确的激励机制。在传统公司中，用户、员工和创始人之间的激励机制往往并不一致。当全球区块链上的代币成为商业模式时，激励措施不再被与用户最佳利益相冲突的法律实体、司法管辖区和商业模式所混淆。在未来世界中，用户拥有产品的所有权。

（3）创造出传统公司无法创造的新产品。比特币是迄今为止最好的例子。事实证明，传统公司根本无法制造出人们想要的一些产品。

在此基础上，尼克·托马诺对未来的两种趋势做出预判：首先，新的去中心化组织将会出现；其次，传统公司将过渡到去中心化组织。因此，他断定，伴随着 DAO 的兴起，公司这种持续了一百多年的组织方式将逐步消亡。托马诺说："我们已经看到这种情况正在缓慢发生。"[2]

可以预见，随着元宇宙在产业领域的部署和大规模应用，人类的工作方式、协作方式、生产与消费方式乃至组织方式，都将会发生翻天覆地的变化，这是继互联网之后，由技术驱动的一次意义更加深远的人类革命。

---

[1] https://medium.com/collab-currency/components-of-coordination-99d14a65c68e

[2] The Slow Death of the Firm, by Nick Tomaino, https://thecontrol.co/the-slow-death-of-the-firm-1bd6cc81286b

02

第二部分
产业元宇宙改变七大产业

商业价值是满足集体或个人需求的产物，推动产业和技术进步。在这一点上，TO B 和 TO G（对政府的市场）可能不如 TO C 的需求广泛和丰富。然而从需求的内容可见，共性多是为了更高的效率、更好的安全性、更低廉的成本，这是永恒的课题。

TO B 和 TO G 的飞轮效应异常明显，即预热慢、普及快。一般产业第一个阶段是从 0 到 1 的探索，常会孵化 6—24 个月。第二个阶段为打造最佳实践，这个阶段常伴随概念和理念的幻灭。经过了"最佳实践点"，产业才算真正启动。为了克服飞轮效应前期的阻力，产业的先天共识需要尽可能的广而深。这一般是由国标、行标、团标、产业协会、通用技术决定的。

而鲁棒性（Robust）是 TO B 和 TO G 比 TO C 更强的，也就不容易崩溃。这一部分决定于共识，另一部分决定于组织形式。在企业和政府侧的决策链是集体，而不是个人。TO C 市场鲁棒性的脆弱已有很多案例，比如诺基亚、摩托罗拉、Meta、微软、沃尔沃都经历过急剧衰退期。

我们在探寻哪些产业能最先有产业元宇宙的应用前景，首先要完成思想实验，可以确定但不完善的特性如下：

- 产业具有巨大而明晰的商业价值，最好能在新技术下获得新生；
- 产业具有明确而坚实的联合体维护共识，有尽可能多的标准、协会、技术同盟，并且是活跃的；
- 产业具有长周期性，即赛道足够长且参与者足够多。

按照以上三点特性推论，我们选择了部分产业进行研究：

- 城市管理。
- 交通出行。
- 能源管理。
- 工业制造。
- 教育。
- 医疗。
- 文旅。
- 游戏。

城市、交通、能源、工业偏向于基建，都满足以上三点特性。教育、医疗与大众生活息息相关，是一种软基建，也能满足三点特性。文旅和游戏主要与个人相关，适于各类人群参与，已经到了最佳实践阶段。

04
第四章

城市元宇宙：未来城市管理

第一节　城市元宇宙助力城市更加美好

城市变得日益重要，面临的挑战与日俱增。

2000年以来，城市病，特别是在全球城市人口不断增加的当下，人口聚集、资源消耗造成的热岛效应、交通拥堵、城市衰老、贫富悬殊扩大、犯罪率飙升等公共课题，让城市管理者、维护者、使用者头痛不已。

2021年10月开幕的迪拜世博会的主题"沟通思想，创造未来（Connecting Minds, Creating the Future）"，副主题为"可持续性""流动性""机遇"三大板块。三大板块汇聚到城市形成了"与全人类公共想象未来城市"的主旨[1]。在此之前，上海世博会的主题是"城市，让生活更美好（Better City, Better Life）"。

依据第七次全国人口普查[2]的结果，截至2020年11月，中国居住在城市的人口占总人口的63.89%，较2010年新增14.21%。按照世界银行公开数据[3]，全球的城市人口达到了56%。这一比例在2010年仅为51%。

城市的特性可以在"公共事务"上表现得淋漓尽致。围绕"公

---

[1] 迪拜世博会．[2021-10-31]．https://www.expo2020dubai.com/zh 2020
[2] 国家统计局．第七次全国人口普查[R/OL]．[2022-03-28] http://www.stats.gov.cn/tjsj/sjjd/202105/t20210512_1817336.html
[3] 世界银行．城市发展[EB/OL]．[2022-03-28]．https://data.worldbank.org.cn/topic/urban-development?view=chart

共事务"有三方参与——城市管理者（多为政府）、城市建设者（多为社会企业）、城市参与者（公民）。这些就是城市元宇宙的多方玩家了。

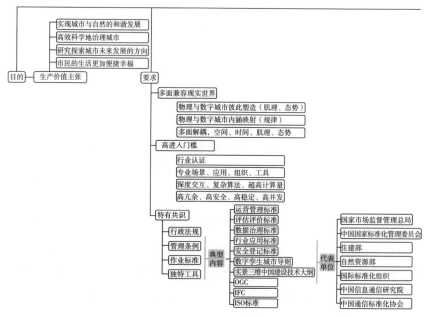

图 4.1　城市元宇宙行业图

依据产业元宇宙生产价值主张的特性，城市可以衍生为"一项价值主张，三个要求"。

生产价值主张分为四个翔实的目的，其中之一是助力城市与自然的和谐发展，这契合全球"碳达峰和碳综合"愿景。在中国国内，耕地红线保护则是极具特色的城市与自然交融的政策。接着是协助政府高效、科学地治理城市。从 2017 年开始，数字孪生城市概念席卷中国、日本、新加坡、挪威等国。人们希望数字孪生城市能够解决城市复杂巨系统造成的管理难题。在中国的"十四五"规划纲要①中明确提到了数字孪生城市和城市信息模型（City information model，CIM）。除此之外，探索城市未来发展方向一直是该行业的研究热点，通过模拟仿真、数据推演、海量数据模型计算、公众参与、多维度分析等，探索不同地域、不同文化、不同产业城市、不同体量的形态。当然，以上三点都是为了市民的生活更加便捷幸福。

接着，展开叙述第三项目的——探索城市未来的发展模式。数字孪生城市是指通过构建城市物理世界与网络空间一一对应、相互映射、协同交互的复杂系统，在网络空间再造一个与物理世界中的城市匹配、对应的孪生城市。数字孪生城市有利于实现城市全要素数字化、城市状态可视化、城市管理智能化，支撑城市规划建设，保障城市安全有序地运行。

城市信息模型是数字孪生在住建领域的尝试，国内首个数字孪生项目雄安新区建设CIM便是为了构建科学、高效的城市规划体系②。三个价值主张都围绕一个最终目的——公民的生活更加便捷幸福，这是城市公共性质的源泉。

如何实现四个价值主张呢？

城市和其他行业不一样，会牵扯到公权力与私权利的让渡，这是政府、企业、公民三方协作的焦点。从现实的探索进度看，它需要在产业元宇宙的多面兼容现实世界、高进入门槛、特有共识上展开。《数字孪生城市白皮书（2021）》③做了详细说明，我们认为可以

---

① 中华人民共和国国家发展和改革委员会规划司."十四五"规划《纲要》名词解释之95|数字孪生城市.[EB/OL].（2021-12-24）[2022-03-28].https://www.ndrc.gov.cn/fggz/fzzlgh/gjfzgh/202112/t20211224_1309351.html?code=&state=123

② 李晶，杨滔.浅述BIM+CIM技术在工程项目审批中的应用：以雄安实践为例，中国城市规划设计研究院.（2021-06-13）[202-03-28].https://chinacim.vip/newsinfo/1771374.html

③ 中国信通院.数字孪生城市白皮书.（2021-12）[2022-03-28].http://www.caict.ac.cn/kxyj/qwfb/bps/202112/t20211221_394370.htm

套用在城市产业元宇宙的路径上，毕竟技术发展规律都具有螺旋上升的特征。这里引用部分主要观点：

- 数字孪生加速推进智慧城市建设升级，需要政策、标准，业界积极协作与开放。
- 以标准为抓手规范数字孪生城市建设，技术、实施、标准是核心。
- 真正有价值的治理场景是数字孪生城市可持续发展的方向。

第二节　数字孪生城市是起点

2017年8月9日，在温度高达31℃的新加坡圣淘沙广场，在雷阵雨中，一位男子充满信心地重申2025年智慧国的目标。这是全球第一个智慧国家的蓝图，尽管它的国土面积仅有728.6平方千米。

到2025年，智慧国计划更加注重在数据采集的基础上，分析和预测民众的需求并提供相应的服务。这里不乏一些具体数字为计划实施开展成果评估，比如98%的在线公共服务[1]。

重申这一目标的是新加坡总理李显龙，他见证了新加坡智慧国40年的发展。这如同中国的"五年计划"，井井有条、循序渐进：

- 国家计算机计划（1980—1985年）。
- 国家信息技术计划（1986—1991年）。

---

[1] Bently. The Singapore Digital Twin Project Summary.[EB/OL].[2022-03-28]. https://www.bentley.com/en/project-profiles/2020/gps-lands_singapore-map

- 信息技术 IT2000—智慧岛计划（1992—1999 年）。
- 信息通信 21 世纪计划（2000—2006 年）。
- 智能国 2015 计划（2006—2015 年）。
- 智慧国 2025 计划（2015—2025 年）。

最经典的是 2015 年达索公司为新加坡搭建的价值 7 500 万美元的虚拟新加坡，这是与新加坡总理办公室国家研究基金会（NRF）合作开发的"虚拟新加坡"（Virtual Singapore）——一个包含语义及属性的实境整合 3D 的虚拟空间，可以看作是数字孪生城市的第一座里程碑，说到数字孪生城市必须提及新加坡。这类似谈及城市公共空间，必须说到罗马。

新加坡的城市数据种类丰富，数百平方公里的城建区带来了可观的数据体量。大概率，数据体量在 TB 甚至 PB 级别。为了解决数据孤岛和烟囱式系统导致的数据割裂、口径分散问题，新加坡政府需要一个刚性的、唯一的标准来接纳数据，寻找出数据背后的规律。这里用"接纳"也可以用"容纳"，更为准确地表明了数据会被填充到不同颗粒度的空间格子里。这一标准就是空间坐标和时间坐标。那如何应用呢？我们以城市规划和土地管理为蓝本[①]。

新加坡土地管理局负责全国的土地使用，尽可能以科学的、绿色的、高效的方法利用土地。这在寸土寸金的新加坡是很有必要的。容积率奇高的城市建筑物无论如何无法规避。随着地上和地下建筑物、城市基础设施的修建和维护，平面地图缺少一个维度，已经没有办法承载信息密度如此高的国家地理系统信息（Geographic Information System，GIS）。新加坡土地管理局选择构建新加坡数字孪生平台的解决方案，将全国的 3D 空间数据采集和处理，塞到了统

---

① https://www.bentley.com/en/project-profiles/2020/gps-lands_singapore-map

一的平台中。项目成功的关键在于对笨重、海量、多源、异构数据的轻量化和清洗。系统需要颗粒度很细的数据重现真实的地理环境、地理信息、人工建筑物、基础设施。常见的对象有海洋、海岸线、平原、山地、建筑、管廊、地下空间、地铁、连廊等。

在该项目里，建成年限在数十年的建筑物占比超过了80%，所以地理空间信息选择了倾斜摄影和高清路扫的方式。针对这部分有年代的建筑物，室外大面积采集模型可以通过大飞机、无人机进行扫描，采集那些具有较高精度的几何轮廓信息和外貌信息。在低视角或者遮挡严重的区域，比如道路、街边建筑、室内空间，多采用高清街扫、室内全景相机、激光点云的方式采集。针对一些2010年后甚至2000年后的建筑物，CAD转3D模型、BIM模型是主要的数据源。

这系统能做到多细呢？以道路为例，结构化的路网在数字场景上与现实道路一一映射，也指出了未来基建的方向。中观尺度上，道路的划线，类似双实线、单实现、虚线、待转车道、禁停区网格都要如实表达，后续可以用作智能网联汽车与交通的治理。再往下到微观尺度，路侧的道具，诸如红绿灯、减速带也能准确展现。另外，现成的二维地图、各种图层通过统一坐标叠加到一起。新加坡政府拥有了不同的模型、三维地图、图层，供各个政府部门、社会组织共享，保障数据的安全性和投资回报率。

数字孪生城市是城市元宇宙内核之一，是起点，也是分支之一。

数字孪生在智慧城市领域的应用便是城市信息模型，这也是当下中国智慧城市、数字生活的重要建设内容，已经出现在了"十四五"规划中，住建部、自然资源部、工信部、科技部四个部委已经开始部署有关工作。

与新加坡一样，中国也在致力于推动城市和国家的可持续发展。到2060年要实现碳中和目标，城市在其中扮演了举足轻重的角色，而诸如交通、照明、建筑、能源等都是城市的组成部分。

第四章 城市元宇宙：未来城市管理

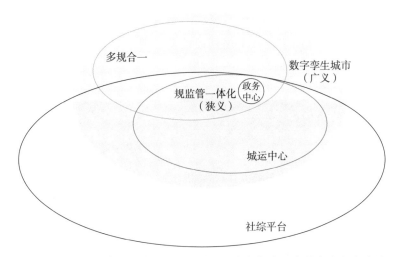

图 4.2 CIM、数字孪生城市、元宇宙（画面灰色轮廓以内的内容）大致关系

数字孪生城市是沙盒，是应对复杂巨系统城市的一种思路。这还对应了钱学森教授在 1990 年提出的概念，组成系统的元素大而多，彼此关系和内在关系复杂，又充满多种层次结构[①]。

第三节　城市规划是先落地的领域

"凡事豫则立，不豫则废。"《礼记·中庸》中的观点概括了城市规划的内涵。

沙盒的魅力在于能为人类提供多种仿真尝试，尽可能地预判城市发展规律。传统的沙盒模拟因数据样本量小、数据种类不齐全、

---

① 钱学森.一个科学新领域——开放的复杂巨系统及其方法论［J］.上海理工大学学报，2011, 33（6）.

数据及时性较低、算力较差、算法不完备等，总是让城市的模拟规划考虑得不够全面。在城市规划领域竟出现了"规划规划，墙上挂挂"的槽点。

图 4.3　巴塞罗那俯瞰图

资料来源：微软 Bing。

提到规划，巴塞罗那是很典型的案例，能帮我们更好地理解数字孪生城市对城市规划的帮助。

往前追溯到 19 世纪中期，巴塞罗那进入工业时代多年，很大程度上因为这里是欧洲的纺织业中心和地中海繁忙的港口。当时，和巴塞罗那同为大工业中心的城市还有伦敦、巴黎、柏林等。这些城市有历史悠久的城墙，和当时的中国城市类似。我们可以从清代南京看到，一共有外城、内城、宫城三道城墙。外郭城有三十余道城门。城墙在保护城市的同时也限制了人和物的流动。很多城市抛弃了数千年来的闭合围墙，为了让城市交通和空间更加开放，便于交易和物流。

巴塞罗那也在同期开启新一轮的规划。令人大跌眼镜的是，城市当局者反其道行之，不仅加固城墙，还加固隔离带。这让城市进一步迟滞。对比之下，城墙外的郊区鲜有建设迹象。此时，狭隘拥堵的老城承载了近 20 万居民，密度是巴黎的两倍。这极大地限制了城市工业的转型和居民生活质量的提高。

当然，这都是基于后世眼光做出的评论，毕竟现在的规划也有局限性。而在算力、算据、算法加持下的数字孪生城市能帮城市规划尽量缩小盲区。以雄安新区为例，雄安新区的城市数字孪生过程，可以看作是实体城市和数字城市的映射。首先，它由云边端的各类传感器、统计数据源组成，让城市管理者能实时了解城市的现状，比如人流、路况、环境、天气等。汇集的海量数据被储存、计算、调用，然后通过高速网络分发给各类终端。这样，在 5G、大数据、云计算、AI 等技术的支撑下，数字孪生城市框架建设完毕。

接下来，我们需要赋予其空间属性，这便是地理信息系统、建筑信息模型（Building Information Modeling，BIM）、物联网。对于数字孪生城市在城市全生命周期运行过程中的参与，一般认为是通过 BIM 的聚合，从规划到概念设计，到详细设计、分析、建设、运维，还会涉及后续的改造、拆除，完成现实城市映射数字城市的闭环。

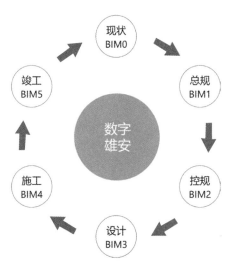

图 4.4 雄安规划建设 BIM 管理平台设计理念

来看看政府和关联单位的应用。雄安新区在数字孪生城市规划建设方面以"雄安新区规划建设BIM管理平台"为核心，建设了数字化、智能化规划建设应用体系，支撑智能规划和审批。数字孪生城市是中国信息通信研究院在建设河北雄安新区CIM平台项目（2019年立项时为BIM）时提出的概念，已于2020年7月报全国科学技术名词审定委员会批准。整个项目由阿里巴巴集团、雄安新区管委会规建局等单位共同完成。

经过四年的探索实践，雄安新区在数字孪生城市规划建设方面取得了一些成绩，尤其是构建了以"雄安新区规划建设BIM管理平台"为核心的数字化、智能化规划建设应用体系，率先在全国范围内实现了全专业、全阶段的工程建设项目三维模型智能化审查审批，为全国的数字孪生城市建设和工程建设项目审批制度改革提供了"雄安经验"。项目融合了GIS、BIM、政务系统、IoT系统，将城市的现状、规划、建设、管理、运营、政务服务整合，实现了政府产业的链接。

新区也探索公众开放的应用，这点颇有先见之明，恰好对应了产业元宇宙的性质。最贴合产业元宇宙的是广泛的大众参与度。2020年，雄安新区管委会联合众创联盟开启了"雄安天际线"活动。人们通过手机、IPAD等终端访问"雄安天际线"，在上面调用已有的或自建的模型库，创作千变万化的城市。然后，截图、录屏、分享、回传政府，让各方系统为优秀的方案打分和反馈。

游戏平台通过其丰富的信息链接、海量的流量导入、强大的资源聚集力、多元的内容创作方式推动更多的公民，特别是年轻人参与公共事务，这响应了"人民的城市人民建"的号召。同时，不排除未来还会参考互联网数据交易的模式，交易场景模型和数据在持续去中心化、沉浸交互、产业经济、代币制度等维度进行尝试。

我们在了解南京、广州等城市建设案例后，发现数字孪生城市

第四章 城市元宇宙：未来城市管理

在与城市规划的结合点方面有两个发展方向：

- 与 BIM 打通，即在宏观的 GIS 上增加城市微观规划和治理场景，拓展城市科学规划、工程建设智能审批的合理性。更加微观精细的模型能让规划算法无限接近准确值，帮助城市规划落在实处并能被计算、监控和反馈。
- 与 IoT 打通，这样城市实时的运行态势就能被捕捉，城市管理者和建设者就能分析全面的体征，诸如应急、市政、交通、公安等，为城市治理方案的决策提供依据。

可以预见城市化进程必有上限，这与人口的增加息息相关。人口出生率和城市化率成正相关。城市未来几十年的维护更新带来的问题比当下规划更难处理。因此，数字孪生城市能通过以下三点帮政府、企业共同面对城市扩展专项运维的趋势：

- 空间共享，强化城市规、建、管、运全生命周期管理。
- 空间治理，促进城市治理模式创新。
- 空间增值，推进城市空间数字资源向城市空间数字资产转型。

总结中国的数字孪生城市市场，我们能从中感受到产业的强大动能[1]。从 2019 年 1 月 1 日到 2021 年 9 月 9 日，涉及 CIM、城市信息模型内容的公开标的有 20.16 亿。IDC、Gartner、中国工信部等提供的资料预计，到 2023 年智慧城市市场规模将超过 1.3 万亿人民币。我们粗略地按照 1% 进行计算，数字孪生城市在政府侧的投入就有

---

[1] 城市信息模型 CIM 网 . 20.16 亿！全国 CIM 相关招标项目大汇总！. [EB/OL].（2021-09-10）[2022-03-28].https://chinacim.vip/newsinfo/1907140.html

130亿，还不算企业应用和个人应用。

第四节　城市治理和公民生活是未来

城市元宇宙的广阔发展空间不在于政府侧的城市规划，而在于公民的生活、企业的生产、城市的治理。秉持城市元宇宙不是一味脱实向虚的原则，我们为其填充一些应用场景：

- 组织身份，涉及身份注册、权限设定、身份验证。
- 协作关系，涉及在线文档与会议、在线工程、数据管理、交易支付。
- 专有连接，涉及数据标准、数据传输、数据集成、流程协同、安全管理、基础设施建设。
- 定向具身性，涉及设计仿真、体征监测、事件处置、方案推演、旅游购物、衣食住行。
- 线上线下闭环经济，城市规划、碳排放管理、施工造价、数字资产创作与收藏、无人驾驶训练、细分消费市场。

产业元宇宙的加入为未来城市带来更丰富的想象力。我们来看看目前对各种应用场景的探索成果。

除了土地管理，"虚拟新加坡"的用户还能打造丰富的可视化模型并模仿新加坡市内真实场景。用户能以数字化的方式探索城市化对国家的影响，并开发出相关解决方案优化与环境和灾难管理、基础设施、国土安全及社区服务有关的后勤、治理和运营。3DEXPERIENCity能通过虚拟现实、仿真协作功能模拟城市的建筑、基础设施、规划、资源和居民的生活状态。

作为全世界人口最多和城市化最快的国家，中国非常重视公共设施和安全，因为这与人民的幸福感息息相关。作为最重要的公共设施，地铁是海内外各大城市的重要基建。截至2020年底，中国在44个城市运营着233条城市轨道交通线路。国务院新闻办公室表示，中国将在2035年全面实现交通系统现代化。湖南长沙的交通站由于客流量巨大而受到了格外关注。在最近的一项调查中，长沙的100多个交通站的日均客流量在全国城市排名中位列第一。其日均客流量超过200万人次，约占全市人口数量的25%。长沙最繁忙的车站是五一广场站，有16条公交线路和两条地铁线路通过这一重要交通枢纽，平均每天有28万人次进出车站。就人口流动量而言，这相当于美国佛罗里达州奥兰多市的全部人口。为了维护和改善这个繁忙的交通枢纽，长沙市轨道交通运营有限公司最近与51WORLD及湖南信达通合作，为该站点制作相关的应用[①]。

五一广场站的数字孪生包含一项可在车站系统出现设备故障等任何异常时向管理人员发出警报的机制。管理人员能够通过数字孪生检查场景，并确定是否存在问题或问题的严重性，从而降低成本，减少因误报而产生的交通中断问题。为了指导车站未来的改进方向，数字孪生系统还包含了人群模拟器，可用于测试各种场景，例如，拥挤的站台或紧急疏散的情况。人群模拟器会生成各个年龄层的乘客和多种级别的人流量，然后让他们以真实的速度进出车站和上下车。通过调整乘客和机器的参数，数字孪生系统能够模拟各种情景下人群的行为和疏散情况。这样既优化了地铁站的运营措施，又从本质上优化了室内布局方案。

---

① Unreal Engine. 用数字孪生重新评估中国的早高峰状况.（2021-09-17）[2022-03-28］. https://www.unrealengine.com/zh-CN/spotlights/remapping-china-s-morning-commute-with-digital-twins

不止是中国，日本国土交通省在2020年发布了3D城市模型项目"Project PLATEAU"（高原项目，可能是日本神话中高天原的指向），目的是让政府、企业、高校、公民发挥想象力，利用城市信息模型辅助城市治理、数字经济、生活出行服务。国土交通省把城市分为静态和动态，将两种状态的三维模型放到了项目系统里。平台上的数据按照分级脱敏后向社会各界开放，申请者可以提供身份信息和申请理由来获取不同精度、面积、详尽度的模型数据。日本政府增进了三维模型和数据资产在全国和社会各界的普及度。按计划，在2021年元旦到来前，日本全国约50个城市的三维模型要制作完毕，并开展各种主题的应用功能开发和创客比赛。

从新加坡、雄安、日本的案例看，大众的应用是未来城市产业元宇宙的主流。衣食住行是公民和城市耦合点，在数字世界也是一样。现在的主流地图APP中，已经有提供有偿的VR和AR导览的应用。很典型的应用便是Nokia早在2009年的时任旗舰手机Memo上推出的实景地图。用户可以通过摄像头获取眼前的现实场景，并在上面叠加各类O2O的定位。用户可以脱离简单的平面图导航到自己的目的地。

这项技术在2015年左右被装配到了Google Glasses上。现今，我们在百度地图的实景导航就能见到类似的功能。这种技术用在传统卫星和基站导航难以施展手脚的室内，能达到所见即所得的效果。

虚拟购物是人们寄予期望的典型服务。2020年开始，新冠肺炎疫情横扫全球，线下实体店的交易举步维艰。商圈可以在网上打造仿真的购物体验。每位顾客有自己的虚拟形象，像在现实中一样逛街，能看到进出店铺的其他人，能到店里试穿衣物。虚拟形象的装饰跟着试穿改变。现实中的顾客可以通过配备摄像头和AR技术的全身镜或者手机查看效果。这在Nike和得物的APP上都有试点。

同样的，因为是把数字的信息搬到物理世界中来，城市元宇宙的立足点更多的是在虚实转化上。现在很流行的 AR 购物,比如得物 APP 或淘宝 APP 能模拟衣服鞋袜上身的效果,这得益于手机的相机和雷达传感器的功能。

消费者可以测量身处空间,将数据上传到系统中让系统推荐和判断哪一款商品是合适自己的。或者利用 AR 直接让货物和空间比对,看看效果。走得更靠前的,比如三维装修协作软件"打扮家"探索 F2C 的路线。消费者在协作软件上利用商城的家具、家电模型完成房屋布置,或发布任务给职业设计师。双方就装修方案达成共识后,将订单直接交给工厂,工厂通过物流将制成品送到消费者手中。

虽然这个应用范围很小,主要和装修有关,和城市没有太多关系。我们关注更多的是公民有了"把物理信息转变为数字信息"的能力,广泛的链接是城市元宇宙核心中的核心。

《我的世界》是当下最接近城市元宇宙的一款游戏。它的交互性、参与人数、情感共鸣、应用场景远在《模拟城市》(Simcity)游戏之上。在《我的世界》中,玩家能找到情感归宿。

元宇宙中的城市能成为公民的感情寄托。对物理城市的替代,是元宇宙立身的根本。旧石器时代以来,人类就在不断寻找可以逃避现实的世界,如神话、诗词、小说、影视、游戏。现实中的诸多不顺,让人们希望有更美好的去处。虽然我们反对避世的观念,但它确实存在。单说 2020 年疫情期间,全球有超过 200 所高校的毕业生(基本都是 1998—2002 年出生的)在《我的世界》中搭建自己的学校场景,并接入语音,召开虚拟但确实存在的、欢声笑语的毕业典礼。

从 2009 年被马库斯·佩尔松(Markus Persson)发明至今,已经有超过 6 亿玩家在《我的世界》中开始了自己的第二人生,并创造了数千万座城市、乡镇、工厂等。这种人与人之间的互动节点、关系量、交互场景近乎无限。它可以是单机的、私有服务器的、专有服务的、公开互联网的参与。它已经从最开始的游戏扩展到城市规划、建筑设计、游戏开发、心理治疗等各个行业。

共塑时代记忆和文化作品。民众的广泛互动是社交的源动力和土壤,并能推进知识成果的交易。知名的团体在创建一款地图时会投入大量的精力,用数年时间创造数百平方公里的城市。外界的玩家可以走进去观光,也可以加入他们,或花钱购买地图。这简直就是 Decentraland 中 Marketplace 的影子。人们不仅愿意为一些数据资产付出成本,也愿意投入心血。

第五节 城市元宇宙的原点和未来

城市元宇宙并非存在意义上的虚拟世界,也并非让我们消极地逃离现实。相反,它会走进现实,让城市布局变得更合理。更准确地说,元宇宙中的城市是客观存在的,不是我们主观臆想出来的。当然,这个"虚拟"世界只在基础要素层面,是物理世界的反面。前者是"bit",后者是原子。而"虚拟"世界的存在、发展,给物理世界带来的影响是切实的。

扎克伯格在社交平台发布了一段 12 分钟的公开视频,他认为元宇宙应该有以下的特性:

- 真实存在的(Presence)。
- 虚拟替身(Avatars)。
- 个人空间(Home space)。
- 瞬间传送(Teleporting)。
- 互通性(Interoperability)。
- 隐私安全(Privacy and safet)。

- 虚拟商品（Virtual goods）。
- 物理世界的连接（Natural interfaces）。

那么城市元宇宙是扎克伯格所说的样子么？不是，至少不完全是。我们认可对发展阶段的描述但不认为城市元宇宙全是个人和社交应用。

2018年，科幻作家刘慈欣在美国华盛顿被授予"克拉克想象力服务社会奖"（Clarke Award for Imagination in Service to Society），他在获奖致辞中明确道出了对元宇宙的担忧：

> 说好的星辰大海，你却只给了我Facebook。科幻的想象力由克拉克的广阔和深远，变成赛博朋克的狭窄和内向。从长远的时间尺度来看，在这无数可能的未来中，不管地球达到了怎样的繁荣，那些没有太空航行的未来都是暗淡的。

我们在城市元宇宙出发原点的理念上更倾向于刘慈欣的观点。扎克伯格的元宇宙颇有电子毒品的意味，为我们提供的是远离喧嚣物理世界的避难所。城市元宇宙显然是应该成为现实城市的组成部分，让物理城市克服大城市病。因此，完全的避世性不应该是城市元宇宙的特性。

同样的想法，2021年11月9日在英伟达的GTC大会上，其创始人黄仁勋也提到过。英伟达致力于通过Omniverse为无人驾驶训练、建筑装配模拟、工厂制造流程优化、城市5G信号部署等应用提供在线协作、模拟仿真、计算推演等服务，确保效能提升和更合理的决策。从城市治理来讲，元宇宙能带来的积极影响大多通过更科学的城市设计思路、更高效的城市治理理念、更便捷的生活体验传递。当然，争议的内容也是经久不衰的话题，诸如数据与隐私安全如何保障，公权与私权的边界如何平衡，物理世界的法律法规如何结合等。

这就意味着产业元宇宙阶段下的城市不仅受制于元宇宙理念，也有产业、城市两大关键词的特性。总之，现阶段城市元宇宙的尝试比不上以游戏为代表的娱乐元宇宙那么自由和开放。戴着镣铐跳舞的状况，需要持续一段时间。

总的来说，城市元宇宙是适度超前的、稍带前瞻性的、拥有现实基础的、受到某些规则制约的、有前提条件的、自由的。我们的讨论不能信马由缰，还是要从产业落地的角度出发。在通用元宇宙的基础上，应该包含但不限于以下的特点：

- 是现实城市的一部分，并非彼此冲突、矛盾甚至非此即彼。
- 个人、组织、政府是参与者，并非旁观者。
- 依然被法律、条例、道德、伦理约束。
- 数字世界可以走入物理世界，物理世界也可以走入数字世界。
- 是人、数字世界、物理世界彼此之间和各自内部的链接。
- 在空间、时间尺度上没有明确的界限。
- 参与门槛尽可能低。

一言以蔽之，城市的产业元宇宙内涵是以城市公共资源为核心的现金流、物流、数据流、意识流的流转。那么创造并推动现金流的经济和生活互动、需要物流的行为、产生和优化数据流的动作及其背后的动机都是产业元宇宙相关各方需倍加关注的。丰富的应用场景是未来城市灿烂前程上的群星。

在博多·舍费尔（Bodo Schaefer）的《财务自由之路》一书中，他提到，"人们总是高估了自己一年的成就，而低估了自己十年的成就。"比尔·盖茨也说过，"人们总是高估未来两年的变化，而低估未来十年的变化。"

我们认为,这可以作为警句悬在城市元宇宙头上,而且结合邓宁·克鲁格效应能使感悟更深。我们不能将城市元宇宙当成万能药,以为它能解决所有和城市相关的课题和难点,但也不能直接给它贴上"泡沫"的标签。评价城市元宇宙的发展阶段和成绩不需要太多复杂的体系,我们就用最接地气儿的应用场景。

那么城市元宇宙会走向何方?

我们尝试梳理城市元宇宙的应用集。理论上,它们应该按照发展阶段(已成熟、普及中、理论上)、需求发起方(个人、企业、政府)、发生地(数字世界、数字物理世界、物理世界)分为 $3 \times 3 \times 3$ 的 27 格立方体。

	个人	企业	政府
理论上	个人体验到比物理世界更多样的城市生活与工作	在数字世界中确立商业模式与推进业务	完全复刻物理城市并指导或不需要物理城市
普及中	VR/AR沉浸式购物(得物) 房屋测量(华为AR) 物品建模(Iphone scan) 城市全景图(众趣相机) VR/AR导览(居然之家)	实时协作设计(Autodesk) 交通路网仿真(市交规范) AI驾驶训练(51WORLD) 地下管廊AR巡检(超图) 园区两碳综合设计(微筑)	城市信息模型平台(奥格) 市民公共监督(天府通) 城市规划众创(雄安新区) 数据交易(数据交易平台) 公共社会应急推演(达索)
已成熟	出行旅游(高德) 实景导航(百度) 室内导览(贝壳) 历史变迁(谷歌街景) 娱乐游戏(Minecraft)	数字化设施设计(广联达) 工地施工管理(理正人) 佳通施工管理(浦东机场) 智慧园区与建筑(施耐德) 无人机路线选择(大疆)	城市规划审查(武大吉奥) 土地沉降监测(腾讯) 违章建筑统计(商汤) 城市规划展厅(风语筑) 智慧城市运营中心(阿里)

图 4.5　城市产业元宇宙预测应用墙

05
第五章

交通元宇宙：穿越虚实数字交通新动脉

元宇宙提出了一种改变出行方式的可能，从航空、水运、轨道、公路等交通出行的无缝链接，到飞行汽车、飞船等不同的极致体验。对用户来说，结合人机交互技术，交通元宇宙创建了虚拟仿真交通感知体验和数字交通工具，让参与者身临其境般地融入虚拟交通环境中。无数种出行可能也推动了相关新技术的发展和新产品的研发，为数字交通出行系统注入了活力。目前，车企纷纷推出元宇宙出行体验仓与出行社交游戏类软件。智慧交通行业厂商在面临互联网时代巨变的同时，也将迎接创世纪般的机遇与挑战。每个人心中的产业元宇宙都不同，我们可以尝试去描绘未来蓝图。在未来城市中，我们如何利用元宇宙的底层技术实现数字交通产业的发展，个体又如何在元宇宙中实现价值，制定合理的出行计划。同时，需要什么样的法律、规则、标准支撑来不断修正和完善这个彰显活力的时代。"互联网+"的发展变迁已经逐步改变了人们的出行生态，未来的我们是元宇宙子系统的主角，所有的行为都将影响系统去推演未来、预知未来，而相关产业的新业务流程、新经济要素和新产品也将相继诞生。

第一节　时空交错，万里变通途

一、中华上下五千年，坐看交通产业元宇宙的风云变迁

改革开放 40 年来，中国工业经济快速发展，交通产业已跻身世

界前列。我国成为名副其实的交通大国。交通运输是基础性、先导性、战略性产业，是社会经济发展的重要支撑和强大保障。而今，在加快建设数字中国，统筹"五位一体"的总体布局下，2019年交通运输部印发《数字交通发展规划纲要》，主要体现在：一是推动交通基础设施全要素、全周期数字化，二是布局重要节点的全方位交通感知网络，三是推动载运工具、作业装备智能化。以此为基础，元宇宙下的数字交通产业、行业交通基础设施会呈现出翻天覆地的变化，交通工作及作业装备也会日新月异。

曾几何时，我们的祖辈、父辈生活在山洞、平房，行走依靠双腿，后来驯服马当作交通工具。除了寻常的街道小巷，古代秦始皇的"驰道"、隋炀帝主持开凿的"京杭大运河"便是重要的交通基础设施。随着科技的不断创新发展，我们建造了高速公路、铁路，发明了两轮摩托车、三轮车、四轮蒸汽汽车、燃油车、新能源车，火车、轮船、潜水艇也应运而生，人们梦想着长出翅膀，像鸟一样在空中自由地飞翔，于是就发明了飞机、火箭，乃至宇宙飞船。

纵观古今，人类依靠智慧无所不能、无处不在。在历史的长河中，发明者经历不懈的努力和奋斗，一次又一次的发明、改良、创造，都在不断地进步。将来在陆、海、空领域基础设施和交通工具的发明创造中，还会出现什么样的奇迹？我们可以大胆畅想！经典影视作品也都出现了融合不同世界观概念的交通设施和交通工具，如《创：战纪》中的人物和车辆都紧贴着集成电路的荧光线路的人车一体化概念，《星球大战前传》《黑衣人》中速度快、体积小、平衡感强的独轮车，《银翼杀手》中赛博朋克风格陆空两用的小型回旋飞机汽车，《星际迷航》中的地球星舰探索船，《全面回忆》中悬浮在超导磁铁铸成的超高架公路上的汽车。未来，数字交通产业的演化和格局的变迁虽无法预计，但我们有充分的理由相信这些奇迹的出现，做好迎接的准备吧！

二、穿越时间的流量，这就是数字交通！

第四次工业革命已经到来，交通行业在加速进入产业数字化阶段，产业数字化的前十年是数字技术与消费领域结合，改变了人们衣食住行、消费娱乐的方方面面。那么下一个十年、二十年，会是数字技术与产业深度融合，从改变生活到改变社会、改变垂直行业。产业互联网将为交通行业注入新动能，推动传统行业数字化转型。数字交通是智慧交通的一部分，数字孪生交通的构建是基于交通仿真和交通大脑的，也是交通产业元宇宙的重要产业集群的组成部分。

（一）以数据驱动为核心的数字交通

什么是数字交通？数字交通是以数据为关键要素和核心驱动，促进物理和虚拟空间的交通运输活动不断融合、交互作用的现代交通运输体系。其本质是数据闭环赋能体系，通过数据全域标识、状态精准感知、数据实时分析、模型科学决策、智能精准执行，实现交通的模拟、监控、诊断、预测和控制，以解决交通规划、设计、建设、管理、服务闭环过程中的复杂性和不确定性问题，从而全面提高交通资源配置效率和安全运转状态，实现智慧交通的内生发展。

（二）平行宇宙下的"交通双胞胎兄弟"

交通数字孪生是指利用数字孪生的技术手段，解决交通相关工程项目中遇到的一系列现实存在的问题。它以数字化的形式创建出交通系统中的虚拟实体，包含交通参与者、交通环境、交通基础设施，通过导入历史或实时数据以及交通算法模型等，对各类交通物理实体的全生命周期和交通运行过程进行模拟、控制、分析、预测，最终做出科学的全局决策。交通数字孪生在具备交通场景全要素表达、同步可视、虚实交互、设备控制等技术特点的同时，还具备动态仿真模拟的能力，为交通态势感知、交通监测预警、应急事件救援以及自动驾驶等交通需求提供新思路，为公路、铁路、航空和水运等交通方式的焕新赋能，以提供更加安全、高效和便利的交通管理和服务。

图 5.1　北京市海淀区数字孪生智能网联云控平台

北京市海淀区环保园试点项目打造了"数字孪生智能网联云控平台"，实现了人－车－路－云强耦合，通过构建高逼真度三维场景"镜像世界"云控平台，实时跟踪车辆仿真描述，通过雷达、摄像头等传感器判断交通出行情况，解决交通资源分配、信号系统僵化等问题。数字孪生交通为车路协同测试示范落地，从多纬度、多角度、多要素的角度实现了动、静态实时监测与运营管理。数字孪生交通向我们开启了元宇宙的一把钥匙。

（三）经济学角度下的交通元宇宙

生产力决定了经济基础，社会生产力发展到什么程度，就会产生什么样的经济基础。新型研发和新商业模式是加速交通产业迭代升级的催化剂。通过新的研发组织模式可以将分布式研发资源集聚成高水平开发能力。数字交通的核心是利用大数据、云计算等新一代信息技术改变政府、企业与居民之间的交互方式，在交通全面数字化的基础上管理和运营整个交通,满足政务、法律、经济、民生活动等在内的各类需求。对生产制造、市场开拓、沉浸体验和销售应用等关键环节的新型商业模式的探索也为交通产业带来了新的机遇。

2021年上半年,在国家交通运输部《数字交通发展规划纲要》政策的引领下,高铁制造、特大桥隧建造等核心技术实现新突破。电子信息制造、软件和信息技术服务业等多个数字经济核心产业增速超过20%,新能源汽车、工业机器人、集成电路等重要产品产量增速超过40%,在电子及通信设备制造、电子商务服务等重要领域的投资增长超过20%,充分彰显数字产业引领发展势能。国家数字化治理体系建设也已提速,网络安全法、数据安全法、个人信息保护法三大法律支柱逐步落地,平台经济、行业数据管理、关键基础设施等领域的法规制度正逐步完善。目前,数字化交通基建、智能网联汽车、车路协同、自动驾驶是近年智能交通系统发展的技术热点,交通技术的发展催生了我国的数字化交通产业。

产业元宇宙下的数字交通主要体现在数字化场景与数字化内容上。数字交通产业新的生产模式包含交通基础设施服务升级(交通基建、车路协同)和交通工具研发量产(网联汽车、自动驾驶)以及新型出行交通体验等方面。其中,以规划设计咨询、系统集成、产品提供、运营、体验服务等为主要内容的数字交通产业生态体系已初步建立。

从经济学的角度来看,交通产业元宇宙基于技术的产业模型,产业和技术可以分解为基础技术、共性技术和专有技术。共性技术具有公共产品的属性。政府对共性技术的研究和推广运作模式主要包括政府引导型和政府主导型。产业元宇宙下的数字交通既需要政府的政策监管以及主导战略核心产品开发,同时需要政府引导企业根据市场需求和技术进步的内在动力进行产业技术布局。

目前,从政府监管和治理方式的角度来看,交通产业元宇宙需要政府引导企业通过数字化来调整生产关系、业务模式、业务流程和管理体系，从而带动企业文化和社会文明进步。从生产侧来看，企业在产业环节扮演的角色，需要将交通数据升华成生产要素，再围绕平台价值的挖掘和运用，赋能数字交通行业的升级换代。从消费侧来看，在数字化交通转型的过程中，提升的不仅仅是生产的效率，更多的是商业模式和服务模式的转变，创造出崭新的经济增长点。

从交通产业元宇宙的缩影数字孪生交通来看数字交通的发展，我们以行业内的 51WORLD 为例。51WORLD 利用数字孪生大交通底座，为公交站、高速服务站、高铁站、机场等重要交通枢纽提供数字化服务，采用"运营＋仿真"双模驱动，既可以通过数据驱动来监控枢纽站实时运行状态，也可以通过云计算实现交通流等仿真在线推演，构建虚实共生的数字交通。

图 5.2　51WORLD 数字孪生交通云控平台

面向未来交通，无人驾驶、车路协同 V2X 的落地方案，51WORLD 给出了答案，通过自动驾驶训练仿真平台、车路云协同云控平台的"镜像世界"以及虚实融合技术来帮助 AI 开发者实现 L2—L5 级别自动驾驶算法仿真测试，并且其云控平台帮助运营管理者实现了对交通基础设施、智能传感器与车载信息系统间多时空、多纬度、多要素的实时监测与运营管理。

图 5.3　51WORLD 自动驾驶仿真测试平台

更多类似 51WORLD 的企业将渲染引擎技术用在智慧系产品的转型升级上，在元宇宙这条赛道上，什么样的企业会成为一匹黑马？

从经济要素上看，支持数字交通产业在元宇宙下的生产消费，需要具备四大基本要素。第一个是数字创造，创造出数字交通需要的实体和孪生基础设施和交通工具。第二个是数字资产，不同国家以及不同国家的企业创造的实体和孪生交通基础设施、交通工具在销售和使用过程中，需要解决资产归属权以及利润分配比例的问题，以及终身买断或按时收费等模式问题。第三个是数字市场，数字市场是整个数字经济的核心，是数字世界内交易的场所、方式和消费者都应遵守的规则。第四个是数字货币，即以哪种货币支付虚拟的数字交通产品。

数字交通在前进的道路上，5 年、10 年、20 年后依然会面临层出不穷的问题。数字化道路该如何建设、维护？怎样去做好交通调控？物理世界和数字世界的交通基础设施如何网联落地？如何满足B端企业消费者和C端老百姓的需求？如何链接世界范围内共同的开发者、合作伙伴以及在此过程中的存储与加密？自动驾驶的车应该行驶在什么道路上？车路协同最终能到什么程度等一系列问题，都是数字化交通生产中面临的问题和挑战。未来元宇宙交通之路虽然任重而道远，但人类的智慧总是会突破和超越自身局限。

2021年9月，上汽设计伦敦前瞻设计中心发布了一款全新概念车——MG漫巡，打造属于新世代的"元宇宙畅游概念车"。玩家即车手，车手即玩家，驾驶MG漫巡概念车可以在真实的城市中寻找虚拟的彩蛋。①

2021年8月27日，智能纯电动车品牌智己汽车"原石谷"入局元宇宙，计划结合NFT打造真实车和虚拟车的元宇宙空间"时空秘境"。"原石谷"便是一种基于混合现实的元宇宙。然而，真正让"原石谷"跨越实体与现实世界边界的，是一套基于"原石"的经济系统，这套底层基建才是整个元宇宙的核心。②

在元宇宙平台Roblox上展示现代汽车创新车型和未来移动出行解决方案的元宇宙空间。未来移动出行城市（Future Mobility City）是一个超级现代化的大都市，玩家在这里可以体验现代汽车的未来移动出行解决方案和氢燃料电池技术。③

---

① 中工网.采用一体式全景舱盖上汽发布全新概念车MG漫巡［EB/OL］.（2021-09-23）［2022-03-10］.http://finance.sina.com.cn/jjxw/2021-09-23/doc-iktzscyx5791042.shtml

② 泰伯网.电动化内卷，自动驾驶路远：元宇宙会是"汽车人"的第三条赛道吗 | 造车进化论［R/OL］.（2022-02-27）［2022-03-10］.https://jishuin.proginn.com/p/763bfbd74570

③ 车友简报.现代汽车在Metaverse平台Roblox上推出元宇宙空间［EB/OL］.（2021-09-03）［2022-03-10］.https://www.maiche.com/news/detail/2544040.html

（四）消费与体验趋动下的数字交通

如果说元宇宙是互联网的终极形态，那么在元宇宙中，消费是人们最终的需求，新消费是新生产的最终目的，也是拉动数字经济的强大动力，是人们对美好生活需求的直接体现。过去的几十年，我国的消费也经历了从计划经济到市场经济、从小到大、从贫穷到小康的转变过程。未来的几十年，将是我国从物理世界到孪生世界、从小康到富裕的重要转型时期。

新消费是在传统消费与网络化、数字化、智能化的高新技术深度融合中形成的消费新生态。从交通产业来看，数字交通和各行各业的融合发展，让它从生产到消费、从线下到线上，不断打破新界限，催生新零售、新金融、新科技等新业态不断渗透、融合及涌现。传统产业链是链式的，而数字交通驱动下的新业态是网络式、平台化的，是以数据为支撑和赋能的紧密相连的共生网络。

从宏观层面来看，数字交通助力实现产业和消费双升级。元宇宙下的数字交通产业最终的目标是形成天地一体的数字交通控制网，构成全要素和全周期的数字化。从微观层面来看，数字交通产业的发展到达一定拐点，也会呈现边际成本递减，边际效益递增的态势，这也是资本机构竞相追逐的重要经济因素。

交通运输作为重要的第三产业，数字交通的进步带动着第一、第二产业的快速发展，无时无刻不在影响着人们的物质生活。无论是社交、游戏、体育、旅游，还是购物、参会、教育等，"成本—效率"优势模式都在改变着人们的生活轨迹与出行方式。从不同时代交通运输行业的特征与演变历程来看，数字交通行业的新商业模式或新消费模式的推出，都是基于人们对"成本—效率"的考虑与追求。数字交通在长周期的演变趋势上，受制于需求本质的特质，供给侧会阶段性出现更具"成本—效率"优势的模式。数字交通作为各国在数字经济运行的血脉，随着元宇宙技术与产业的不断发展，不同阶段可能出现不同的消费模式和产品体验。MR/VA/AR 等技术的发展，带来了新的产品体验，在更注重沉浸式感知、交互式体验的元宇宙世界里，沉浸式交通体验将会成为新宠。

目前，交通教育体验最接近于交通产业元宇宙。2021 年 9 月 14 日，保定市公安交警邀请学生、家长、校车驾驶人员进行体验式教学。保定市车管所院内交通安全智能学习教育体验厅包括 5 个区域：智能虚拟警员解说区、交通法规 3D 动漫学习区、VR 实景安全出行体验区、沉浸式交通指挥疏导模拟体验区和自助选号体验区。该体验厅通过运用全息投影和智能虚拟仿真技术、虚拟仿真 VR 终端实时渲染技术、智能人体动作识别技术等一系列前沿技术手段，解决了以往宣传教育工作形式老化、方法单一，不能精准触达受教育者的实际问题，实现了用前沿技术带动传统宣传教育模式的革新[1]。

戴上 VR 眼镜，骑上仿真摩托，体验实景安全出行、体验拥堵情况下的模拟交通指挥、体验大货车盲区事故。校车驾驶员李亚平在 VR 实景安全出行体验区，通过 VR 眼镜和震动传感器装置，感受了一场模拟疲劳驾驶引发的事故——"校车司机手握学生出行安全方向盘，这次体验让我的职业使命感更加强烈。"

2021 年 10 月 2 日，上海宝山沉浸式 VR 交通安全体验馆开馆[2]。交通违法"沉浸式"实景演练通过 VR 技术交互反馈，项目模拟了行人过斑马线的场景，如果红灯亮时过马路，大屏幕上会出现闯红灯被撞的事故场景。而 VR 实景模拟、酒驾虚拟体验等项目则展示

---

[1] 河北青年报保定播报. 百度助力保定公安交警打造河北首个沉浸式交通安全教育体验厅［EB/OL］.（2021-09-03）［2022-03-10］. https://www.sohu.com/a/487559748_100010221

[2] 上观. 上海第一家沉浸式 VR 交通安全体验馆今天在宝山开馆！［EB/OL］.（2021-10-02）［2022-03-10］. https://sghexport.shobserver.com/html/baijiahao/2021/10/02/553100.html

了因违反交通法律法规和危险驾驶引发交通事故的后果。此次上海宝山公安联合上海刘行驾校基地，运用虚拟实境技术，建设"沉浸式"交通安全教育体验基地，模拟打造出一个道路出行和车辆驾驶的虚拟交通场景，让体验者在虚拟场景中感受驾驶乐趣，认识到交通违法的危害，让交通安全更加深入人心。

从消费层面来看，当下 B2B、B2G 模式已经显性化，企业与国家、企业与企业之间的战略合作、产业链上下游的销售已经成为数字交通新消费模式。未来，新消费模式可能会扩展到 B2G，国家与国家、元宇宙与元宇宙之间。当下，我国的个人消费者已经完全接受并习惯于新能源汽车、共享单车、汽车以及其他出行辅助工具，如滴滴打车、高德地图等智慧平台，还有在美国出现的 Uber 等。未来，交通产业元宇宙下的个人消费者可以在孪生世界购买虚拟交通工具和交通工具道具、皮肤，以及购买虚拟零部件、原材料来自由组装交通工具，付费交通场景及环境氛围、化身形象、因社交任务或计划所衍生的交通消费等，这些场景会随着元宇宙新文化的诞生随之而来，并且会在易用性、通用性与共识性等方面快速迭化。

图 5.4 应用 5G 和 VR 体验沉浸式驾驶模拟平台

对于当下这个时代的人，不论出行的目的为何，我们所面临的问题已不再是如何到达，如何行走，选择什么样的交通方式，通往怎样的道路，花费多少时间，而是变成了如何轻松到达，愉悦行走。智能公交、地铁、飞机等都可以通过终端和移动端来实时查看运行情况，并准确得知下一站及目的地的到达时间。

元宇宙经济的底层架构是基于区块链技术、NFT和虚拟货币进行的经济生产，随着交通元宇宙的构建，每一个参与者都有一个"自我"，在交通产业中找到自己的位置，或成为一个交通信息资产的交易者，或成为一个参与信息共享的分润者，或成为一个交通数据集标注和训练的 AI 开发者，又或是乘坐无界出行的体验者。交通产业元宇宙新消费模式与产品体验的终极形态将会是一个更为自由、平等、美好的共生世界。

第二节　场景构建：在交通元宇宙中扬帆起航

一、天地一体，众技合一

2020 年 4 月，国家发改委和中央网信办发布的《关于推进"上云用数赋智"行动　培育新经济发展实施方案》，首次指出数字孪生体是新一代七大数字技术之一，其他六种技术为大数据、人工智能、云计算、5G、物联网和区块链。

元宇宙是可观测、可预见的互联网的技术底座，它集物联网、云计算、大数据、人工智能、5G、区块链、数字孪生等技术为一体。作为元宇宙内产业集群之一的数字交通产业，同样需要这七大技术作为支撑，它们的不断发展会对数字交通产业带来助力。数字交通主要来自两大方面的技术革新升级，一是创建数字孪生交通体验场景，二是交通工具。结合七大技术特别是人机交互技术，在应用层面，充分利用 VR 虚拟现实技术、AR 增强现实技术、MR 混合现实技术、全息影像技术、脑机交互技术、传感技术，进行交通设施、交通工具、人与镜像的匹配调动。

创建元宇宙交通系统，一方面需要物联网感知系统作为真实世界物联网映射基础底层设施。结合现有的智能交通感知设备、路侧感知与移动端感知设备构建车路云、空天地一体化的多维时间、空间协同感知。通过这些底层感知系统，元宇宙建立起庞大的数据、资源、应用、业务、服务、智能系统，并通过 5G/6G 通信输送给全球技术栈的云计算中心与分布式边缘单元进行计算。海量数据在接入、存储、分析挖掘、共享、展示、传输后，最终形成与用户的多元交互式。另一方面，未来出行工具是"轮子上"的超级计算机，在软件定义出行工具的时代，随着动力学、力学、控制工程、机械工程等多学科的长足进展，我们相信一切形态的交通工具皆有可能。

产业元宇宙并不是空中楼阁，拔地而起、蓬勃发展起来的新生产模式和交易体验需要我们切实完善全球数字综合立体交通网建设，我国交通运输部对数字化交通建设提出了规划要求：到 2025 年，我国将基本形成数字化采集体系和网络化传输体系，实现出行信息服务全程覆盖、物流服务平台化和一体化进入新阶段，交通运输成为北斗导航的民用主行业，5G 等公网和新一代卫星通信系统初步实现行业应用；到 2035 年，我国将实现交通基础设施全要素、全周期数字化，天地一体的交通控制网基本形成，按需获取的即时出行服务广泛应用，成为数字交通领域国际标准的主要制订者或参与者，数字交通产业整体竞争力全球领先。

元宇宙，作为新的互联网形态结合数字交通产业，我们将有幸见证其落地！

二、在 2035 年后相遇，我们需要做什么

（一）更全面的虚实映射体系

建立元宇宙交通环境需要结合高精度交通地理信息平台，实现交通基础设施在规划、设计、建造、养护、运行方面的全要素、全周期数字化管理，实现对物理设施的数字孪生呈现，支持重大交通基础设施工程全生命周期健康性能监测，方案比选，打造基于元宇宙物联网的工程质量控制技术。

人们可以体验无界出行，链接铁路、公路、水路领域的重点路段、航段，以及隧道、桥梁、互通枢纽、船闸等重要节点的交通感知网络体系。通过动态可视实现交通感知网络与交通基础设施同步规划建设，云端互联，精准管控、协同服务能力。注重众包、手机信令等社会数据融合应用。

元宇宙还应该支持全天候复杂交通场景下沉浸式自动驾驶、大件运输等专业北斗导航应用与无人作业技术仿真训练。为自动驾驶与车路协同技术研发提供专用仿真训练场。为物流园区、港口、铁路和机场货运站广泛应用无人驾驶，提供自动化立体仓库、引导运输车、智能输送分拣和装卸设备的规模应用仿真系统。

（二）更健全的交通传输体系

通过元宇宙云网与分布式架构系统形态，促进交通专网与"天网""公网"深度融合，推进车联网、5G、卫星通信信息网络等链上部署应用，形成多网融合的交通信息通信网络，提供广覆盖、低时延、高可靠、大带宽的网络通信服务。

（三）更"宇宙化"的交通应用体系

我们可以打造更符合元宇宙出行的数字化无界出行助手。打造

"元宇宙出行即服务（Metaverse MaaS）"理念，以数据衔接旅游与公务商务、购物消费、休闲娱乐相互渗透的"智能移动空间"，创造全新出行体验的出行服务新业态。通过打通交通、认证、旅游、游戏等各类信息，整合线上和线下资源，打造 VR/AR/MR 沉浸式数字化出行体验。

我们还可以打造元宇宙物流全链接的数字化和可视化，提出"元宇宙物流"新模式、新业态。铁路、公路、水路等货运单证电子化和共享，为交通运输物流数据资源制订完善的开放共享机制，物流作业活动也进行全过程虚拟化，开展"一站式"物流服务，实现随时可视、可溯源、可流转等。货品也可能成为一种脱离实体形态的"货品"。

（四）更规范化的交通治理体系

我们可以想象，线上的世界政务和信息化管理平台，能够实现在线识别和非现场执法，运政、路政、海事等，线上线下实现同一事项、同一标准、同一编码。建立安全隔离机制，采用数据化、全景式展现方式打通 C 端、B 端信息流转机制，在线识别、还原事故现场。通过精确分析、精准管控、精细管理和精心服务，提升交通运输决策分析水平。通过预警监测、舆情监测、安全风险分析研判、调度指挥、节能环保等在线监测与反向控制，构建新一代国家综合交通运输信息平台。

（五）交通生态体系的协同

以无人驾驶仿真测试为例，通过加强测试、认证综合能力建设，促进新技术成果转化以及车路协同与孪生交通的落地。协同元宇宙其他创新产业与技术，构建强强联合、优势互补、高效适配的协同创新体系。

交通生态体系的培育需要整合基础设施和载运工具数字化的关键技术，协同电子、软件、通信、卫星、交通装备制造、信息服务等领域，促进各类主体合作，开展产业化应用示范，打造具有国际竞争力的产业生态体系。

（六）元宇宙安全体系的提升

未来对数据安全提出了更高要求，即如何落实网络安全等级保护制度，加强网络安全与信息系统同步建设，以提高交通运输关键信息基础设施和重要信息系统的网络安全防护能力。另外，需要加强对交通数据全生命周期的管控，保护国家秘密、商业秘密和个人隐私。完善适应交通新技术发展的行业网络安全标准，健全信息通报、监测预警、应急处置、预案管理等工作机制是保证真实、虚拟交通出行秩序的基础。

第三节　预见交通产业元宇宙的未来

《失控玩家》里主人公 NPC 在自由城随意穿梭，只要等级匹配就可以随意尝试各类出行工具与装备。元宇宙世界的规则与环境给予了 AI 完美的训练要素，当任务做的足够多，系统就会闭环迭代，于是作为人工智能的代表 NPC 突然有了意识，元宇宙成为最完美的 AI 训练场，这里有成千上万的场景和交互情节可以模拟，这一环境如同 L5 级无人驾驶仿真测试场。我们将有幸见证下一个 10 年互联网巨变给交通带来的翻天覆地的改变。梦想照进了"虚拟"世界。在交通基础设施建设、交通运行系统、交通出行工具还不那么"完美"的情况下，元宇宙数字交通产业给了人们比较"完美"的出行体验和时效补偿，在这个虚实交错的无界世界里，如何能让世界更加高效、安全、美好，是我们一直追求的终极目标。

然而在未来产业发展变革方面，每一步的产业精进都离不开消费刺激、科技的成熟、法律法规的政策监管。行业分化将成为产业结构演变的常态；服务引领、制造支撑是产业结构升级的主基调；产业融合发展成为产业结构演变的主要方向。而交通产业元宇宙方向也必将更为细分化、服务化和融合化。未来如何解决基础设施和硬件配套支持、开拓全新的投资方式、推动线上社交和聚会，对不同交通产业宇宙都将是一种考验，需要我们进行更多的思考与探索，任重而道远！

06
第六章

文旅元宇宙：科技重塑数字消费新文明

第一节　未来已来：终局图景与新的探索

其实文旅产业元宇宙更多的是站在当下的服务视角去思考未来的形态。我们认为，让现实世界中的服务形态、产业链完整地迁移到元宇宙中只是第一个阶段，能够在虚拟形态文明下发挥其衍生价值是第二阶段，回归现实世界创造价值是第三阶段。所形成的生态共存、生态共建、产业进步则是天下大同的新局面。

存在于现实世界中需要文明和文明的管理方式，在虚拟世界里同样需要文明的孕育、规则的发展和进步的演化。当然，在这个体系里需要建立一种约定俗成的新机制来潜移默化地影响各个行业的生存、共融。这是生态共存的基础和前提，虚拟世界允许开放，且是高程度的开放；需要共建，且是全民的共建。世界要从交织中产生文明的契约和外交的稳定，保障每一个存在于虚拟中的虚拟事物都能健康发展。

映射在产业元宇宙中的文旅文明，旅游资源的建设和保护、旅游内容和形态的创立是需要开放的。文明的产生就源自其足够的包容性和多元文化。所有人自由地规划其内心的纯净天地，可以得到意想不到的世界，亦可得到永续的共同维护。

旅游资源的创建者就是多元的，他们是元宇宙的原住民，需要在元宇宙的大文明下行使自己的权力，创建自己想要的文明。因此，建设者群体具有多元化的特点，同样，建设内容也将呈现多元化的特点。

保护元宇宙的文明发展，从这个角度来说，需要通过"链"的技术来形成对每个人的知识成果的保护，健全创造、使用、交易、发展、宣传的全产业服务方式，每个环节都应该是本元世界需要建设的。

我们将从文旅产业链的全生态来畅想未来元宇宙的终局形态。

一、资源创造——虚拟世界的延续基石

资源是支撑元宇宙发展和存在的基础，而它的存在需要全生态产业的共同支撑，从开放、共荣的健康生长机制中保障本元的永续。

说到旅游产业，无论是存在于现实的非物质文化遗产，还是巧夺天工的名胜古迹，都是来自自然创造与人工建造的宝贵资源，是具备引流的旅游资源内容，而其宏观的作用都是形成一条新的衍生产业，通过旅游这样的文娱方式，在过程中产生直接经济价值、衍生经济影响、带动整个产业链上下游的盘活。元宇宙中的旅游是更为自由的，不再拘泥于门票和地域，更直接地形成沉浸式的旅游娱乐。

这是一个开放、大同，且有方向引导的建设热潮。对过去文明遗迹的打造、现代建筑奇迹的建造，以及遥不可及的潘多拉空间的创造，都将是元宇宙资源的一部分，因为它足够包容和开放，允许每一个人在这个世界里发挥自己的激情。而建设之后的载体，似乎需要通过某种方式来延续。

通过建设新的文明形成文化IP。元宇宙允许原住民将自己想要的世界搭建出来，也允许元宇宙以外的其他公民来参观元宇宙中的巨作。

当然，在元宇宙的世界里，可能传统、现实的建设方式是不存在的，元宇宙本身就是旅游的内容之一，所有基于本元衍生出的新

资源也都将在本身建设的链条下进行保护和繁衍。它可能会按照现实的样子生长，也有可能是一个充满赛博朋克的奇幻世界，同样，它也可能会变成古生物时代的样子，而这些都是元宇宙可能会变成的样子。它基于形态的支撑，有开放的建设制度，是鼓励建设的牵头和动力。

二、形态开放——资源价值多元化

《我的世界》相对较早就开放了自主搭建世界的平台和环境，它可能也是元宇宙的形态之一。亿万用户在这个块状结构的世界中建设自己想要的形态，有人在其中创造出山川湖泊，有人打造了一片理想的庄园……通过社交牵引，让他们的自由世界以虚拟的形式表达出来。其他原住民也可以在这个环境里添砖加瓦，做一些改造，使之呈现出一种多元的形态。原始建设者也可以发挥自己作品的主权保护机制，来同意或不同意新形态的加入。这便是有了一种开放、兼容的保护形式。

> 我来过你的世界，并且把我的思想送到了你的世界。
> 我知道你来过我的世界，也愿意接纳你来到我的世界。
> 我们都存在于同一个世界。

无论是旅游还是旅行，其目的都是给用户带来愉悦感。至于所见之处的迥异风景，无外乎是观察世界的内容发生的转变，被不同文化熏陶过的地域都会带有独特的魅力，而这些魅力背后的支撑就是形形色色的大千世界。

无论我们所经之地是饱含底蕴的文物宝库，还是奇幻多变的科技中心，是空灵梦幻的原始森林，还是险峻巍峨的名山大川，这些都是创造和建设的资源或生态发展的衍生。我们需要借助工具到达任何我们想要到达的地方。

元宇宙的世界需要足够自由的形态和足够丰富的旅游资源来供用户去游览，无论我们所看到的是真实的存在，还是经过奇思妙想所构建的虚拟世界，其形态是足够开放的。而这足够开放的形态也孕育了很多新的衍生形式。

如同博物馆在今天为发扬人类文明而开始创建的文明圣地，游客在世界各地被万维网牵引到他们想要看到的场景，也如同运用数字孪生技术搭建的自然景区、景观，通过现有的数据实现地球骨骼的重现，描绘地球的皮肤，使其活灵活现。这些都是资源创建者通过各种技术所构建的真实形态。在元宇宙的世界里，这些内容也可能会存在，当然也有可能被创造出更多魔幻的样子，如同我们创造的平行宇宙，也如同每个人脑中存在的梦幻通过技术呈现出来，当它们足够成熟地存在于一个空间的时候，碰撞的文明与交织的思绪将形成魔幻的篇章。

而这一切可能存在或即将存在的文明很可能都被藏在了元宇宙的角落里，等待被人发现与挖掘。

三、经济生态——万众创新，万众发展

任何发展形态都需要经济本源支撑，这也是大众在平行世界里留存的目的。发挥其旅游产业的消费模式，从经济角度形成商业模式。在足够开放的资源与足够多元的共创形态下，商业模式也可以是多元的。

我们可以在虚拟世界里举办一场演唱会，或像 Travis Scott 一样发行自己的新专辑，这种形态在短时间内可能是一个热点，网红经济效应，但这种形式是可以转化的。

在元宇宙的旅游中也可以有多种形式。

通过对旅游资源的游览和购买获取盈利点。

同现实世界一样,在保护元宇宙旅游资源的前提下开放其"门票",我们可以通过简单的门票机制,让所有建设者获取其产权带来的利益。同样,也可以像各类商场一样进行组合销售。游客们可以通过支付一定的费用得到他们想要的他人资产的复制品,并应用在自己的元宇宙中。而对这样的形态来说,NFT 是最有话语权的表现。我们可以通过建立这样的资源消费模式来保障交易的正常进行,并且在交易背后又有对使用权限和价值创造进行"链"的追溯,以此鼓励创造,鼓励消费。

通过元宇宙市场进行虚拟交易以及虚拟经营。

元宇宙的世界与现实世界是相辅相成的,我们现在可通过网站进行购物,如天猫、淘宝、京东、美团、美菜等。OTO(即 O2O,是指将线下的商务机会与互联网结合,让互联网成为线下交易的平台)的形态可以以更为具象的形态存在于元宇宙,而货架的内容也可以各色各样。同样,支撑货架本身的经营范围也是可以无比多元的。比如销售演唱会及虚拟道具,甚至在内容更丰富的形态下,片段和画面也可以成为交易的内容。

在旅游衍生品、商圈、多形式文化发展的前提下,可以进行大型虚拟文物拍卖,或在克隆的地球模型上购买一个被克隆的地球。我们通过资源创建的一切内容都是可以被交易的。同样,我们在虚拟资源上所复制的现实中的一切经济往来也是可以存在的。

在区块链关联的资源以及衍生的交易内容里又可以创造出其他形式的经济链条。围绕旅游产业、旅游资源的相关产业可以在元宇宙游客的支撑下找到新的发展途径。

四、永续发展——虚拟旅游形态延续

在资源开放与经济形态多元的环境下，元宇宙本身是可以延续的，元宇宙中旅游产业的发展，需要相应的形式以及模式来让这些内容得到更好的保留。

（一）建设者与内容保护

存在于虚拟世界，又链接现实的管理，在被创造的阶段，各式各样的多元建设者都会涌入。我们认为，元宇宙的资源价值属于所有原住民，但作为创世纪的元宇宙搭建者应该享有持续的奖励。保护所有建设内容的知识产权和劳动成果，并根据使用时间或次数给予建设者应有的鼓励。

鼓励更多人去创造更为多元的宇宙，形成更多可以被发扬的文明。同时，区块链也是作为经济链条跟踪的线索，保障资源使用的同时，对建设者进行鼓励，并给予他们一定劳动报酬作为奖赏，实现共赢。

（二）经营者与经营规划

作为第二阶段的运营管理，在已有资源上发挥更大价值的经营者可能是元宇宙最辛苦和最快乐的商人，在这个不受时间和地域限制的环境里，他们可以把现实世界中的旅游产业各阶段的盈利模式照搬进来。

创造新的元宇宙网红 IP，可以形成新的网红景点来吸引游客，并吸引更细分的经营者，完成资源内容的一个全新的规划、设计、运营、管理的新的产业形态。

（三）旅游者自己的狂欢

无论是万圣节的热闹狂欢，还是圣诞节的庄重庆祝，文明和文化存在于各个地域，元宇宙的世界里也需要不同景点赋予的内容形成新的文化输出，如蒙古族的那达慕大会，或藏族文化里的玛尼堆。旅游者通过大型的有纪念意义的形式输出或创建一种新的文化形态，当这种文化形成人群聚集效应之后，就变成了一种对文化活动的宣传，可能来自我们对中世纪虚拟文物的探索，或是来自对古巴比伦的数字孪生技术的还原，通过文明所牵引的文化聚集形态是来自元宇宙原住民自发创造的文化传承。而这种文化的延续和保护，也会随着文化的交织而变得更加多元。

在一个新的文明里，这种独特的文化也需要文明去延续、壮大，并吸引更多的原住民。

五、"金字招牌"——集万千宠爱于一身

元宇宙本身就是一种旅游资源，在具备沉浸式体验的环境下完成遨游，这一形态就足以吸引用户。

通过文化、活动，或其他的影响方式，对文化、文旅是一种促进，促进的结果所带来的影响便是用户的聚集、消费形式的裂变。对于元宇宙本体的宣传，或是元宇宙内的旅游内容宣传，也是相互影响的。通过产业形态的融合，游客也会多元化。

（一）降低用户门槛，达到用户多元聚集

无论是展示形式、使用方式，或是宣传方式，都要更为大众。扩大受众群体，以便更好地服务大众。

旅游能给用户带来身心愉悦的感觉，元宇宙旅游的方式应该更为便捷。如同拼多多的低价市场，或是微信社交元宇宙的功能使用，元宇宙旅游的形式可以被多元地传播，对其内容的易用性有很大的考量。

从旅游产业来说，足不出户便可以通过沉浸式的漫游去我们想

去的任何地方。因而，从宣传角度，要求内容的简单化、形式的多样化、受众的广泛化。

（二）提升内容多元，塑造 IP 聚集

旅游资源的建设者与运营者都希望自己的劳动成果能够被更多的用户熟知，这个阶段可能需要更为专业的旅游内容推广者来完善其形象。

通过网红所塑造的旅游形式或活动内容，本身也应维护元宇宙的基本要素。在宣传中，应以内容为王的标准来衡量每一次策划的结果。对于原住民的吸引，不能只靠一次用户的活动聚集来实现。从不断建设资源，不断丰富旅游内容、旅游形态等更多互动的角度来发展元宇宙景点，并结合更有深意的文化加持，以及更为深刻的价值输出来达到延续的目的。[①]

在管理侧，每一次文化聚集都应当是不断迭代和提升的，在吸引更多游客的同时，从生态、资源、经济、运营、管理等层面不断完善自身的经营，在规划的内容方面循序渐进，慢慢完善。

（三）重质重量，有节奏地影响用户

元宇宙本身就是一个去中心化的虚拟世界，通过信息完成各类内容的输出。有价值的文化输出、信息内容是元宇宙旅游必要的准备。形式也随着旅游资源的丰富而不断变化，结合广泛的用户，以及重内容的 IP 形式，旅游形式、休闲形式可能也会发生改变。

结合元宇宙的资源，新文明创造新的宣传内容，不同于文艺复兴，来自潘多拉的文明碰撞也可能在精准的新兴用户中得以广泛传播。

---

① 爱范儿，吴志奇. 1 000 万人参与一场虚拟演唱会，是什么让他们狂热［EB/OL］.（2019-03-03）［2022-03-10］. https://www.ifanr.com/1180248

六、未来的虚拟文旅文明

当我悠闲地行走在香榭丽舍大道，看着街道两旁的火树银花，身旁忽然出现的交互弹窗提醒我，预约的潘多拉星球飞行比赛马上就要开始了。点击确认后，我看着时空隧道两旁的最新 NTF 文物模型，便将它们随手复制装点到了自己的梭式建筑上。随后，我来到了今晚的重磅比赛中。接下来的比赛……

可能这就是我在元宇宙中完成的一次娱乐旅行，我看到了从现实世界复制到虚拟世界中的全球各地的真实景点，也看到了通过文明构建的全新世界，文物带来的文化装点，我又通过比赛浏览了美丽的潘多拉星球。

大量的沉浸式服务可能让我们的生活变得多姿多彩，同样，我能通过元宇宙来完成我们的工作。

元宇宙的景区可能就是元宇宙本身，在交织着服务形态与多元文化中不断完善自己，人类可以通过元宇宙完成休闲娱乐，完成工作生活，完成对文明的探索，以及完成时空穿梭。没错，这是一种新的创造。

对现实而言，存在于现实世界的那些可能随着时间流逝而消失的文明，被永久地留存在元宇宙的世界里，那些留存的文明又通过文化传播的方式影响着所有元宇宙的原住民。它可以不再是三维、四维的空间，它可能是更多的存在。

（一）新的产业格局

在一个没有现实制度约束的环境下，人类的文明依靠相互约束的经济体征融合发展，元宇宙的经济生态也是被一只"无形的手"进行着看似无规律的宏观调控，它所表现出来的生机，以及迸发出的能量都是巨大的。

从旅游产业的创造、使用、交易、发展、宣传维度来看，元宇宙都注入了区别于现实世界的新形态，通过开放、拓展、自由且高质量的方式在不断地演进着。

（二）新的文明发展

从现实到虚拟，文化、文明始终都贯穿于社会的生态中。元宇宙所带来的更为开放的文明创造形式，可能在虚拟世界里完成我们对于过去、现在、未来的全方位探索。它所融合的多元和宽广似乎已经超越了我们今天所认知的领域。感受远古的神秘，找寻现实世界的旅行奇遇，也探索着未来世界的新生态，在这过程中，不断演化的文明的影响力被更加放大了。

在这样的世界里，通过创造旅游资源、改变文旅形式、树立旅游文明新风尚，可以形成在沉浸式世界中的发酵、演化。

第二节　产业变革：旅游产业的发展历程与格局

亘古通今，自然世界在悄无声息地塑造着我们所看到的自然奇观，那些随着时间推演而发生着的地表变动，到今天为止，近乎全部呈现在世人面前。从仰望乞力马扎罗之雪，到沉浸东非大裂谷的旅途；从珠穆朗玛峰的蔚然一面，到长江、黄河入海的壮阔波澜……我们通过感官欣赏着自然创造的神奇，视觉、听觉、触觉、嗅觉成为我们获取这些美丽的方法。

好奇心促使我们对于未知的内容和领域产生很强烈的求知欲，在经历过数次产业变革后的现代世界，我们脚下的大陆似乎已经无法满足我们无止境的欲望,只有去了解未至之境、未闻之邦才可能满足人们的求知欲。

从自然奇观到远古文明,好奇心驱使着我们加快对世界探索的脚步,并且随着技术的进步,人们开始超越脑洞进行构思,可能这就是一切科幻题材的由来。而在现今,不断演化的元宇宙似乎阐释了我们想要探寻潘多拉星球的原因。

结合时代需求,元宇宙的原住民围绕着创造、发展的方式对文旅产业开始了探索。

一、时代进步,文化繁荣

了解世界最直接的方式就是行动。旅行成为我们感受这一切的重要方式,而舟车奔波是我们感知世界的途径。从古至今,人类为了窥探更多美丽的事物,不断地进行探索、发现。从哥伦布发现新大陆,到麦哲伦穿越那条多年后以自己名字命名的海峡,先辈通过行动让我们有幸领略世界的各个角落。时至今日,交通方式的进步也加快了全人类了解世界的速度,通过各种旅行路线,我们最高效地去往那些不曾到访的遥远土地,并欣赏到那些自然的美丽。

到如今,旅行已经不再被当作是简简单单的一次出游,而是一种对文化和文明的感受。

(一)物质文化的旺盛需求

从大航海时代开始,对于金钱、文明的渴望驱使人类去探索未知领域,寻找遍地是黄金的东方,同样也是对拥有这样神秘财富背后原因的探索。

如今,在物质极为丰富的情况下,中国的社会需求已经从对生产力的需求转变为对文化的需求。人类的大脑在高强度的工作和生活后开始寻找世界的本源，并开始探索自己内心想要去实现的梦想。

我们对未知世界的探索，大多不方便通过描述或者叙述来传递给他人，于是，电影、小说就成为我们获取信息的最佳方式。通过了解大量的虚幻和现实题材，我们内心的冲动已经不能被有剧本的影像素材所满足，所以，我们开始尝试着迈出脚步，去旅行。

地球富饶且神秘的外壳下蕴藏了极为丰富的，甚至是人类未曾欣赏过的美丽，同样，那些先祖们表达文明的遗迹也在被我们不断地发现和保护。领略这些文化遗产，成为我们最直接的出行目的，网红地区的打卡、名胜古迹的合影、文化周边的收集等旅行行为也变得越来越丰富。领略自然，领略文明。

（二）发达的交通工具

随着交通工具的不断进步，在条件允许的情况下，我们似乎可以在很短的时间里去地球上任何一个角落。在资金充足的情况下，海、陆、空的交通方式可以满足我们所有的出行需求，这极大地提升了我们踏足每一块土地的便捷性。随着SpaceX（美国太空探索技术公司）回收技术的完善，丹尼斯·蒂托（Dennis Tito）的火星旅行计划可能也会被更早地提上日程。

1840年第一次工业革命的完成，促使人类在工业技术中找到探索其他领域的交通方式。然而如今，出行技术看似又是限制我们探索其他未知领域的因素。我们在认知层面的好奇心已经远远超越了我们现在所拥有的交通技术。但不得不说，对于大众而言，现今的便捷交通已能满足大众正常出行的需求。

我国的高铁建设弥补了过去出行缓慢的问题，也成为我国旅游产业飞速进步的重要条件，陆空兼并的出行方式也从侧面推动着旅游产业的快速完善。

（三）健全的产业服务

全域旅游，是整个旅游行业关注的新方向，汇聚旅游产业的上下游，从旅游消费的食、住、行、游、购、娱六个方面满足旅游消费者各个层面的需求。与之配套的旅游服务也随着旅游人数的增长而不断完善。[①]

从旅游行业整体来看，其上游为各类旅游资源，下游直接面向消费者。

旅游行业内涉及酒店、餐饮、商贸、运输、娱乐、服务等众多相关行业，已逐渐发展成为一个庞大的旅游产业链。

上游的建设、规划、设计将直接决定下游消费者的体验反馈，而这种反馈也会随着互联网信息的传播带动而产生良性循环。所以，旅游内容成为上游产业不断自我完善的重点。旅游的运营方式也随着大众的需求开始不断调配，新型的文化IP、旅游IP、网红效应等方式层出不穷，使运营方的专业程度不断提升。

下游的消费者便是最直接的用户，可能会因为上游的某些问题而导致建设的内容产生爆炸式增长，也可能因为上游的某些失误而导致断崖式下跌。这其中的变化就成了上下游博弈中有意思的地方。

二、科技下的形态变化

伴随社会的进步，旅游产业也开始吸收科技革命的技术成果，从信息化建设到智慧化运营，行业本身也开始借助产业数字化的发展路线来完善自由的形态。

[①] 凤凰网旅游.文旅部部长胡和平：做大做强旅游产业，助力构建新发展格局［EB/OL］.（2020-12-13）［2022-03-10］.https://i.ifeng.com/c/82AC0xCDTGt

（一）产业上游

智慧城市平台——为旅游产业规划、设计、建设提供了服务监管；旅游运营管理平台——为运营单位提供了智慧化运营的信息融合工具；旅游目的地信息化服务——提供"物联网+大数据+AI"的服务方式。

（二）产业下游

线上旅游平台——为下游用户提供了选择旅行目的地的参考工具；社交平台——为受众提供了交流、探讨的空间；购物消费平台——融合了"食、住、行"的建议指导，服务大众……越来越多的信息化工具推动着整个产业不断自我完善。

（三）旅游产业数字化

从科技赋能或影响文旅产业的角度来说，元宇宙的技术对于产业的改变是从旅游的内容和体验来看的。大方向要满足正能量的产业升级，细分维度又要落到旅游产业本身的创造、使用、交易、发展以及宣传上。我们应结合上下游的链路关系来看它对产业带来的影响。

元宇宙的出现，无疑是一种数字化技术对其本身的提升和改变。以"强通用性、强交互性、高集智性和高增值性"为特征的数字时代的来临，正在激活文化和旅游资源，为文旅产业发展注入新活力。当前应在管理、供给和需求等层面推动文旅产业发展，实现效率、动力、质量变革，加速文旅产业进入数字化发展的新时代。而从元宇宙的技术升级来说，在原有信息化内容中增加了一种以元宇宙形式为旅游载体的呈现，而这种内容又与服务、管理、经营、体验相关联，对不同层面所带来的影响也是不同的。

一是在管理层面，数字技术赋能公共服务与行业监管。

产业变革的新趋势与新格局，离不开公共服务模式与行业监管方式的变革。数字技术在文旅产业中的应用，正在赋能公共服务与行业监管，形成新服务与新监管，让智能化管理成为可能。元宇宙的出现，是对监管侧提供了更为智能的多元技术融合，为产业建设、管理、运营提供了更为全面的监管工具。

在管理运营维度利用文旅产业运行的各类数据，可以使行政管理部门更容易识别差别化、个性化的公共服务需求，有助于提升文旅产业的公共服务效率，同时也为管理部门的监管提供了技术支撑。

二是在供给层面，数字技术改变了文旅产业的商业模式和业态。

就当前数字技术在文旅产业的应用来看，它在一定程度上改变了文旅产业的商业模式和业态，推动了文旅产业创新，形成了新的发展动能。比如，近年来VR、AR、5G等数字技术在文旅产业被广泛使用，各类传统文化资源和旅游资源借助数字技术得以"活起来"，诞生了诸如虚拟现实景区、虚拟现实娱乐、数字博物馆等全新的文旅业态。随着数字技术的进一步渗透，数字化将不断创造文旅产业新资源，催生文旅融合新业态，推动形成数字文旅新生态和数字化新型供应链，从而变革文旅产业发展的基础设施，改变文旅产业发展的商业模式，提升文旅产业有效供给水平，开拓文旅产业发展新空间。

三是在需求层面，数字技术深刻改变了游客的行为与认知体验。

近年来，随着短视频行业的快速发展，游客的行为与认知体验悄然发生了改变。数字技术的应用，将会不断拓展游客的体验内容、体验方式、体验质量，进一步改变游客的行为与认知体验，多样化、个性化的旅游需求将会继续发展，游客对沉浸式和交互式的体验更加青睐。文旅产业的数字化，也让提升游客的旅行体验成为可能，并正在推动文旅融合形成新体验。

随着未来数字化在文旅产业的加速应用，游客在吃、住、行、游、购、娱等各个环节的行为与体验认识也会进一步变革，这需要推动数字化在各个环节的应用，以满足数字时代游客的新体验与新需求。

文旅产业与游戏产业类似，是最先受到元宇宙技术和理念冲击的行业，各类扩展现实技术被越来越多地应用到文旅场景（自然景区、历史景观、博物馆、体育馆、剧院等）的运营中。文旅行业的运营方在元宇宙时代的多种新技术的聚变效应之下，积极探寻产业元宇宙时代下的新型运营模式，从过去的物理世界空间运营开始尝试虚拟融合的超现实空间、去中心化的用户自制空间，以及"阿凡达"式全虚拟空间的运营。

主题乐园是一个营造梦幻、以故事体验为核心的场所。元宇宙时代，随着多项技术应用和场景营造多元化，主题乐园正在演变为一个虚实融合的超现实场所。[①]

迪士尼是"元宇宙"主题乐园领域的先行者。官方对主题乐园元宇宙的定义是"一个由虚拟增强的物理现实和现实持久性的虚拟空间相融合的共享魔幻世界。"主题公园元宇宙的构建不断优化乐园的物联网设施，改善数据的关联性，基于个人在主题乐园内的最新活动、个人社交媒体档案、提供的实时信息，为游客提供个性化服务与体验。同时，交叉利用人工智能、人脸识别、人机交互技术，将体验个性化做到精细而令人难忘。

以主题乐园元宇宙为代表的沉浸式产业是全球经济形态从产品经济、服务经济向体验经济转变过程中产生的一种全新的经济业态，其核心是沉浸式交互体验，主要通过虚拟现实、增强现实、全息投影、

---

① 山地北京商业管理.郭梅君.主题公园元宇宙：未来已来，解码虚实共生的融合体验［EB/OL］.（2021-08-20）［2022-03-10］. https://mp.weixin.qq.com/s/IjDRvc7TBX5BPcAao_biFQ

智能交互等新一代信息技术与内容创意的深度融合，创造出高价值体验经历。在文化旅游新兴消费的领域，涌现了大量的沉浸式新业态。

- 沉浸式景区：以《夜上黄鹤楼》光影演艺为代表，以"光影+演艺"的沉浸式故事演绎的形式亮相，运用激光投影、激光互动、前景纱屏、演员影像互动、3D动画灯、高压水雾等多项光影创新技术，实现光影技术与艺术的完美融合。
- 沉浸式博物馆：以中国大运河博物馆为代表，通过新技术展示历史文化，如全息投影、互动投影、虚拟现实、三维立体等，给参观者营造一种视觉、听觉的全新体验。
- 沉浸式艺术展：以韩国 ARTE MUSEUM 沉浸式新媒体艺术体验馆为代表，在特定空间内，采用声、光、电等元素，为观众营造一个有别于现实的场景，从而使观众在获得感官体验的同时，与作品产生互动，进而引发共鸣。
- 沉浸式餐厅：以日本 SAGAYA 牛肉餐厅为代表，通过借鉴影视、艺术、科学、技术和设计领域的元素，创造出戏剧性的感官体验。
- 沉浸式文旅综合体：以"上海惊魂密境"多元化沉浸式剧情体验主题娱乐场馆为代表，通过紧张生动的剧情演绎，以及滑稽风趣的游客互动，打造出适合不同年龄段游玩的娱乐体验。
- 沉浸式文旅小镇：以建业电影小镇《一路有戏》为代表，园区处处皆舞台，培育出"演、玩、吃、住、购"的创新运营模式。

沉浸式项目需要运营方在虚拟融合的超现实空间中，基于元宇宙的技术集群、虚拟身份、经济和社会系统来探索新的商业运营模式。核心是围绕主题或 IP 进行故事构建，并用感观叠加的沉浸式叙事方法来驱动游客的探索历程。这其中应用了元宇宙的技术与理念，围绕听觉、视觉、体感、控制做集成创新，创造出一个超现实的幻境空间来提升体验。在体验之外，还可以探索将基于数字货币的经济系统和社会系统融入，实现在超现实空间中的经济闭环。[①]

在围绕文化 IP 的虚实融合超现实空间运营之外，去中心化的用户自制空间和"阿凡达"式全虚拟空间也许是文旅产业元宇宙发展的下一个阶段。我们每个人既是虚拟空间的消费者，也可以在元宇宙平台赋能下成为虚拟空间的创造者。我们可以按照自己的构思和想象来创造一个并不真实存在的虚拟世界，有些类似《盗梦空间》中的梦境构建，在这个梦境中可以打破牛顿三定律，制定不同的世界运行法则，创造出现实不存在的机器或生物，搭建虚拟运行的生态系统和经济系统。所构建出来的用户自制虚拟空间可以被放置到一个大的元宇宙平台中，开放给其他众多平台的用户来体验。文旅行业的运营方只需要管理好这样一个文旅元宇宙平台，就可以为消费者提供成千上万个不同的体验空间，并通过文旅元宇宙平台中提供的虚拟身份系统，依托区块链的数字资产交易系统，基于数字货币的经济系统等，创造出一个行业级的文旅元宇宙。

三、产业进步，数字升级

新时代下的旅游产业已经被数字时代的变革牵动着，对旅游产业上游的建设与规划也提出了更为深刻的需求。同样，在面对下游用户的感受以及体验来说，也需要从多维度思考这一方向的调整与升级：旅游产业数字化、数字化旅游产业、数据价值化应用，以及数字化产业治理。

[①] 城市光网.沉浸式在不同文旅场景的应用［EB/OL］.（2021-09-13）［2022-03-10］.
https://www.urbanlight.cn/newsdetail/d2a02837-3a22-4850-ba99-87b989373643

（一）文旅形态的体验升级

就目前来看，游客对于旅游内容的感受是单一的，缺乏多互动、多感知、多交流的沉浸式感受。下车拍照、上车睡觉的情况几乎是大众对当下旅游过程的客观认知，长时间只能通过观望的形式来观察世界，似乎并不能满足用户猎奇的心态。

近年来，在体验升级中开始通过组织线下互动、线上打开、景区活动等方式增加用户对旅游本身的体验，但舟车劳顿、人群密集的情况始终存在在旅游内容里。

而元宇宙的技术升级，可能使这一问题有所改变。

（二）文旅服务的运营智能

旅游产业的管理与运营一直都存在信息匮乏的情况，从景区的规划设计到景区的运营管理，依靠经验来运维整个过程的情况屡见不鲜，致使景区出现人满为患或无人问津的状态。

服务管理内容也在极大程度上存在滞缓问题，信息数据在非结构化数据库中长时间的冗余静置，对管理来说是信息浪费，对使用来说也是极大地提高了门槛，如何数据化地运营和提升景区的决策智能，可能需要一个非常漫长的过程。

而这一现象，也是景区在管理、宣传、经营等方面最关注的问题。同时，对上游的规划建设也会不同程度地带来尝试性的决策。

提升景区的智能化运营、数字化管理同样也需要新的技术赋能。

（三）文旅产业的内容多元化

旅游是内容为王、运营为辅的产业，景区往往通过建设不同时代的景区资源来达到景区的自我营销与自我宣传的目的。

从旅游资源内容来说，结合文物的"活起来""网红经济""鬼斧神工"等常见的旅游内容，正在随着城市化发展而变得乏味单一。越来越多的设计方案被多次搬用，突出本地域文化、特征的旅游内容也变得越来越稀少。

从在大自然中徒步探险到走访名胜古迹，从对古文明的追寻再到对文物遗址的膜拜，随着大众口味的不断提升，他们对旅游内容的设计要求也越来越刁钻。

旅游内容随着时代的变化迎合着游客们不同的需求，同样，在元宇宙的世界中，也会因人们的需求越变越多彩。

第三节　产业布局：旅游资源的还原和创造

元宇宙不仅是一种新的呈现形式，更像是对整个行业的立体化升级，就如同二维世界进化到三维世界一样，覆盖面和影响力是全方位的。产业元宇宙的概念不同于元宇宙中泛生态的极度融合，它会更落地于业务场景。

从旅游行业来看，通过过去近30年的准备，我们完成了整个旅游产业从起步、发展、成长、拓展，再到综合发展的过程。截至2020年，旅游业对我国国民经济的综合贡献率达到12%；国内旅游、入境旅游、出境旅游全面繁荣发展，中国成为世界最大的国内旅游市场、世界第一大国际旅游消费大国、世界第四大旅游目的地国家。如此庞大的市场资源与旅游底蕴，正在经历着从点到线再到面的聚集。

在元宇宙的世界里，我们将其发展过程分为三个阶段：首先，还原一个现实世界所存在的文明；其次，保留其对现实世界的文明承载；最后，创建一个全新的旅游内容。

一、还原一个真实的旅游宇宙

自然景区无疑是旅游产业的核心，为旅游产业提供内容为王的价值输出，从网红塑造的人气 IP，到偶然发现的大自然的鬼斧神工，景区内容的打造成为今天评估旅游价值的重要指标。自然资源应该归属于全人类，资源的共享才是价值的最大化。

从用一部手机游全域，到在线上浏览博物馆，越来越多的内容通过互联网、AR/VR 的方式被人们领略到。从"全景故宫"到"百度街景"，越来越多的景区、景点以数字化的形式呈现在互联网上，足不出户游世界似乎也并不遥远。

然而，消费者似乎对这样的"出行"方式，并没有完全认可。出行的目的是能够身临其境地通过感官感受世界，通过触觉、嗅觉、视觉、听觉全方位地体验景区与常住地的区别。从这一点来看，塑造一个"孪生世界"并提供沉浸式的体验就变得尤为关键。在元宇宙的概念里，通过 3D 引擎打造的三维孪生世界能够满足人们的感官需求。

从这一点来看，"百度街景"的距离感和非沉浸式交互显然无法满足视觉和行动的需求，"全景故宫"的非真实世界也很难瞒过消费者敏锐的眼睛。

"一键'云'上漫游南头古城"是数字孪生技术尝试克隆一个景区 PaaS 化的应用方案，通过三维引擎固有的实时渲染技术完成景区的自然景观还原，用户操作手机就可以对景区进行漫游体验。这一尝试是对景区数字化还原得更为高级的解决方案，也是一种更为细腻的沉浸式交互方式。在虚拟的世界中完成"平行宇宙"的体验不论时间如何变化，都能营造出一个可被操控的四维世界。

完成景区内容以及网红 IP 的塑造，离不开从真实到虚拟这一步。而这一步到今天为止，在技术层面已经得到了较为充分的验证。

巴黎圣母院的一场大火，令世人对此文化瑰宝的损失感到惋惜，美国瓦萨学院的艺术学家安德鲁·塔隆（Andrew Tallon）在2014—2015年，使用激光扫描仪创建了一个完美无瑕的大教堂的数字模型。此外育碧娱乐软件公司的设计师卡罗琳·米乌斯（Caroline Miousse）曾花两年时间造访、研究巴黎圣母院，并在游戏《刺客信条：大革命》中1∶1重现了巴黎圣母院。三维扫描技术、BIM技术、数字孪生技术等科技手段已经能够帮助人类完成文化遗产的数字化构建，相较于需要长期维护保养的古建奇观，通过数字化的方式进行数据留存，不仅可以帮助我们了解未涉足领域的古建筑魅力，同时，也是对这类历史文化遗产的一种保存方式。

德济门位于泉州市鲤城区天后路，是宋元时期泉州城的南门遗址，至今已有700余年历史。它始建于南宋，初建时称"镇南门"，后改称"德济门"，见证了宋元时期古泉州在海洋贸易的推动下，向南部沿江区域拓展的事实，数百年来的建造痕迹是宋元以来泉州城市发展的历史标本。宋元时期泉州古城南部人烟稠密，是重要的商品交易市场和外商云集的地段，吸引了大量外国人在此经商定居，因而造就了"泉南蕃坊"的一番盛景。[①]

虽然，如今的景区现场只留下了当年的建筑地基遗址，但通过混合现实技术，游客只需戴上AR眼镜，就会看见古建筑在眼前一一复原，甚至能看到当时街道上人来人往、车水马龙的一番景象。这种超越时间的历史重现体验还可以被应用到博物馆和科技馆中，再现更为古老的场景，例如恐龙时代、山顶洞人时代。

---

① 神旅科技.数字泉州：打造"元宇宙"AR文旅世界［EB/OL］.（2021-9-02）［2022-03-10］.https://mp.weixin.qq.com/s/KFk4vDPiD7cBb_CMArNpRQ

图 6.1　景区 AR 复原示意图

资料来源：神旅科技微信公众号。

除了实现在时间维度上的穿越外，虚拟现实技术在空间维度上也能够实现突破。只需要一个小小的场景，就可以让人体验到一个全虚拟的广阔空间，例如，戴上整套 VR 设备就可以在方寸间感受《清明上河图》所记录的中国北宋都城汴京的城市面貌和当时社会各阶层人民的生活状况，见证北宋全盛时期都城汴京的繁荣。

虚拟世界对现实世界的重塑已经得到了验证，剩下的就是在虚拟世界里创建一个旅游产业的文明。

二、建设一个旅游世界的文明

中国在经历过第三次不可移动文物普查和第一次可移动文物普查之后，所有文物都被记录在了档案册里，这些文化瑰宝是我国五千年文化的宝贵遗产。从历史的角度来看，这些文物终将随着时间的推移、岁月的洗礼一点点散尽它的光彩。保护文物同样是在保护旅游资源，国家博物馆、故宫博物院以及全国其他文物保护单位对文物进行数字化管理，通过对文物的高精度扫描让这些珍贵史料得以长存。

纵观全世界的文明长河，文明、文化是每个时代最美好的见证。从未来的角度看我们所经历的当下，也是一种历史的留存，并且站在现在的视角，也可以窥探未来的梦幻，从而可以更好地保存文明、创造文明、描绘文明。

  从文化保护的方向来看,各国对于非遗的保护有着各种不同的形式。这些留存的文化资产属于全人类,是人类从石器时代到现代文明的文化保存。如果这些文化资产在元宇宙的世界里得以保留、传承,就可以通过构建新的"云展览"的方式、"云游览"的形态让全世界的伙伴看到属于全人类的文化瑰宝。

  如果在虚拟世界里完成这些传承的保护,人们将不再需要通过舟车劳顿才能欣赏到全人类的共同资产。通过虚拟现实技术,融合现有文化遗产的形态、信息,让文化在新的文明中长久留存,并发挥其多元化的影响力,以及多元化的存在价值。

  迪士尼主题乐园正积极探索在现有乐园与景区物理结构之上的整体数字体验,并在游乐项目组合中解锁元宇宙技术。"星球大战:银河星际巡洋舰"(Star Wars: Galactic Starcruiser)体验是迪士尼倾力打造的一个小众高端的沉浸式体验项目,该项目位于美国佛罗里达州奥兰多迪士尼世界度假区,将于2022年春季投入运营。

  从迪士尼世界官网上可以了解到,"星球大战:银河星际巡洋舰"是一项革命性的全新体验,这个有史以来最具沉浸感的《星球大战》故事,代表着元宇宙在主题娱乐应用的标杆性项目的终极使命就是——"让你成为英雄"。

  "银河星际巡洋舰"并非一个孤立的度假酒店,而是现场沉浸式剧场和虚拟世界主题环境的融合,体验既有现实生活中的角色扮演游戏,又有美食盛宴带来的味蕾"舞蹈"。在这里,你可以获得定制的个性化体验。随着舱门打开,你的整个世界都在改变,开始一次属于你自己的星球大战冒险!抵达航站楼,登上发射舱,与宏伟的"宁静号"星际巡洋舰会合。无论是待在机舱间,还是在豪华套房里,你都可以欣赏到浩瀚壮观的太空景观。在整个星际巡洋舰场景中,你将与各种角色进行互动,可以坐下来品尝从未见过的银河美食,甚至可以与伙伴们一起策划一个秘密任务。

"一切都始于一个联网的乐园,游客可以使用联网设备,如可穿戴设备、手机和其他互动数字设备,与周边物理环境进行互动。当主题乐园加上计算机视觉、自然语言理解、增强现实、人工智能和物联网等技术时,就可以将物理环境与数字世界无缝结合,创造出特殊的全新体验。"这是迪士尼对元宇宙时代主题乐园的解读。

三、创造属于你的世界

元宇宙的世界是一个完全自由的世界,文明的诞生取决于一种新的社会机制。这应该是旅游产业在这个虚拟世界中最有意思的地方。

中国大运河博物馆重塑大型沉浸式古代场景,让观众回溯千年的历史。在沉浸式古代场景复原方面,"运河上的舟楫"展厅将创造两种截然不同的体验空间。舟楫模型展览展示空间,通过互动屏、AR增强现实等多媒体交互技术展现设计精巧的古代舟楫,打造"活起来"的展示空间。流沙飞船多媒体体验空间重塑大型古代舟楫,还原古代城市特色场景,打造虚实结合的大型沉浸式体验剧场。

图 6.2 诗文化主题区示意图

资料来源:城市光网。

在360°多媒体循环剧场上，以"循环时空"作为设计理念，创造移步换景的流动参观体验。以一艘船作为环幕媒体的视觉焦点，连接历史时间与展厅空间，通过循环环幕、循环造景、循环故事的方式串联起"水、运、诗、画"四个文化主题。①

元宇宙基于扩展现实技术提供的沉浸式体验，实现了对人类视觉、听觉和触觉感官的拓展，但这仅仅是一个开始。随着技术的变革和演进，产业元宇宙时代的文旅行业正在给消费者带来更多的惊喜。元宇宙独特的数字资产体系、经济系统和社会系统体系将推动文旅行业向更深层次的社会虚拟化方向发展。畅想未来，我们每个人都会拥有一个虚拟身份，超越时间和空间的限制，进入任意一个数字化虚拟空间中，与虚拟伙伴共同拥有一段难忘的经历。这种经历可以被定制，例如，相约听一场复古演唱会，或远航火星来一次刺激的星际旅行。在这样一个多维虚拟世界中，催生出线上、线下一体化的新型社会关系和经济模式，极大地拓展和丰富了我们对世界的认知和对彼此的认同。

从旅游产业近几十年的发展历程来看，偏远的自然景区可能更适合假期消遣，这是其催生了国民休闲游以及大众旅游最直接的原因，近郊的旅游环境塑造便开始以"农家乐"的形式存在于各个城市的郊外，而这一产业也是带动了休闲游的一种新的发展形式。从本质上来讲，新环境下的旅游资源是可以被塑造的，通过越来越多的人工塑造的高效旅游度假形式满足了人们对于旅游休闲的追求。从这一方向上来讲，这种旅游方式、内容或形态也是可以被创造的。

在游戏《我的世界》中，玩家可以通过想象力去塑造一个仅属于自己的空间。像这样通过创造一种新的环境来满足自己的喜好，

---

① 光明日报. 真正高质量、可持续的沉浸式文旅应该是什么样［EB/OL］.（2021-04-27）［2022-03-10］. https://mp.weixin.qq.com/s/I4pY1ztBsIaOa0ktcybvYQ

何尝不可应用在元宇宙的世界里？

在阿诺德·施瓦辛格（Arnold Schwarzenegger）的作品《全面回忆》中的某个片段，人类在遥远的未来通过先进的"脑电波影像"技术完成对火星旅行的感受，通过虚拟技术满足大众对于新奇世界的求知欲，满足感官需求。

四、创造新的旅游 IP

"元宇宙"意在创造，旅游资源在新的世界里，其实也可以超脱现实，打造很多全新的旅游内容。我们可以通过这样的技术去建设一栋新的建筑，去刻画一个新的岛屿，创造类似现实中的景区、展览、场馆、文化输出等一切内容形式。在一种正能量的引领下去完成内容的建设，在符合文明发展进步的前提下，一切被赋予文化内涵的新 IP 能以更多元化的形式呈现出来，而这些也将被赋予区块链的保护机制，成为一种所属品的存在，既可形成一种被消费、被使用的有价值的内容，也可以成为一种文化或精神的图腾。而当它被赋予了新的内涵后，其价值不再只是一个被塑造的模型，放大其虚拟的内容主体，其意义、影响、文化、精神都将承载更多新的文明下可被时代所包容的内容。

从旅游资源的保护，到虚拟世界中旅游资源的传承，旅游内容的创造将通过超现实技术、虚拟技术营造文旅元宇宙的多元化形态，从而服务大众、服务新产业，并促进传统行业的发展。

07
第七章

工业元宇宙：迈向星辰大海的"玄奘之路"

第一节　从认知革命到工业革命

我们人类何以从万千众生中脱颖而出,走到现在,并创造了光辉灿烂的文明?以色列历史学者尤瓦尔·赫拉利(Yuval Noah Harari)在他的著作《人类简史》中认为,其背后最深层的原因,在于以想象力驱动的认知革命。认知革命开启了人类这个物种的新纪元,人类从此如"开挂"一般,从农业革命到科学革命,一发不可收拾,将世间万物甩于身后,一骑绝尘。

一、工业4.0

18世纪60年代,以蒸汽机作为动力机被广泛使用为标志,第一次工业革命开启了以机器代替手工劳动的时代。19世纪下半叶至20世纪初期,人类开始运用自然界的另一个"神器"——电,随之而来的社会劳动分工以及大规模生产的出现,使第二次工业革命拉开帷幕。20世纪四五十年代,随着自动化技术的出现,人类的生产力得到进一步跃升,第三次工业革命由此启航。

前三次工业革命源于工业生产中的机械化、电气化与信息化改造。正在引发的第四次工业革命,在德国被称之为"工业4.0"。德国工业4.0战略旨在通过充分利用信息通信技术和网络空间虚拟系统——信息物理系统(Cyber-Physical System)相结合的手段,使制造业向智能化转型。

二、工业互联网

德国"工业4.0"诞生了,美国的"先进制造业国家战略计划"也随之而来,美国主要聚焦"工业互联网"战略。美国"工业互联网"战略旨在将智能设备、人和数据连接起来,并以智能的方式利用这些交换的数据,促进物理和数字世界的融合。新型工厂将通过互联网实现内外服务的网络化,朝着互联工厂的方向发展。

三、"中国制造2025"

2015年国务院印发《中国制造2025》行动纲领,中国政府正式提出了"中国制造2025"的战略。制造业是我国经济的主体和立国之本,这是中国适应国际产业变革大势,全面提升中国制造业发展质量和水平的重大战略部署。"中国制造2025"是中国版的"工业4.0","中国制造2025"也同样离不开工业互联网。在2018年,中国首提新基建时,便将工业互联网纳入其中,2021年,工信部更是出台了《工业互联网创新发展行动计划(2021—2023年)》,以推动工业化和信息化在更广范围、更深程度、更高水平上的融合发展。

无论是"工业4.0""工业互联网"还是"中国制造2025",每个国家的目标均是成为工业领域的领导者。

第二节　工业元宇宙

正当产业互联网从各个领域改变着人们的生活时,2020年末,马化腾在腾讯内刊《三观》中写道:"一个令人兴奋的机会正在到来，移动互联网十年发展，即将迎来下一波升级，我们称之为全真互联网。"他表示，"虚拟世界和真实世界的大门已经打开。"素以对互联网发展趋势判断极其准确而著称的马化腾，再次抛出了一个新词汇——"全真互联网"，并预言这是互联网发展的下一站。大半年之后，"元宇宙"的概念开始见诸各大网络头条。如果"全真互联网"还是不温不火的话，资本市场对于"元宇宙"的热潮，这一次已迅速传播到了工业界。这个似乎遥远又似曾相识的词汇，是否也如工业革命一般，能够带来质的飞跃？

在此之前，与"工业4.0"携手同行的小伙伴们依然活跃在工业文明的舞台：物理信息系统CPS、工业互联网/工业物联网、计算机建模仿真CAD/CAE、数字工厂、智能制造、数字孪生（Digital Twin）……而新出现的"工业元宇宙"又是个什么概念？

事实上，每一个词汇的背后，都不是"一个人在战斗"。

中国人常说"一招鲜，吃遍天"，就好比一个餐馆要开得好，总要有自己的一道招牌菜，这就是"招牌的力量"，也是大家耳熟能详的"爆品爆款"。这在营销界简直屡试不爽，因为信息爆炸的时代，能够抓住眼球博取流量才是硬道理。

而到了工业界，"程咬金三板斧"依然是必须的，但工业界的招牌，如果只有三板斧显然是不够的。在《创业无畏》一书中，作者彼得·戴曼迪斯（Peter H. Diamandis）与史蒂芬·科特勒（Steven Kotler）定义了一个"指数型技术"的概念，即能够对人类文明产生推动性改变的技术革新，但指数型技术并不能单打独斗；在2021年出版的《未来呼啸而来》一书中，两位作者再次强调了技术融合的重要性，并对时下的九大指数型技术及彼此的融合做了展望。在国内，也有人称之为积木式创新、组合式创新、系统级颠覆。也就是说，当几种值得称赞的技术有机地结合起来，并且落地到一个恰如其分的场景之中，很可能发生一些不可思议的化学反应。

所以，转了一圈，回到"工业元宇宙"，如果给工业元宇宙一个定义，那一定是一个系统性的概念：

- 工业元宇宙和 CPS 一样关注物理信息系统，关注并力争将现实世界与虚拟世界的信息交互做到极致。
- 工业元宇宙和工业互联网/工业物联网一样，构建一个"人–机–物"深度融合的网络空间，一个互联的工业系统。
- 工业元宇宙和 CAD/CAE 一样，能够从物理、空间、数据等多个维度来构建各个颗粒度的工业模型，小到芯片与器件，大到流水线与整个工厂。
- 工业元宇宙和数字化工厂一样，致力于工业领域的数字化转型，借助数字技术完成各类工业的数字跃升，从数字员工到数字厂房。
- 工业元宇宙和智能制造一样，希望以智能化的手段提升制造业的各种智慧化水平，无论是机器学习还是机器视觉，以及其他。
- 工业元宇宙和数字孪生一样，构建了一个和现实世界一一对应的虚拟世界，一方面实时反映现实世界的运行状态，一方面又可以在孪生世界自由模拟仿真与推演，从而帮助改进甚至创造更好的物理产品、物理工厂。

当然，工业元宇宙还会更加以人为本、以客户为中心，具备令人叹为观止的沉浸感、令人兴奋的多方协同与众智众创，以及基于区块链技术的连接产业链上下游和终端消费者的智能经济体系。

所以，虽然针对工业元宇宙尚没有一个确切的定义，但是已经可以明确的是，这是一个基于多种新基建技术构建的工业生态系统。

事实上，传统的工业软件巨头均已经开始进行大量的布局，比较著名的企业，比如法国达索、德国西门子、美国通用、美国罗克韦尔、瑞士 ABB、奥地利贝加莱等，均构建了自身的工业建模与仿真软件体系，规划了从产品、生产线到工厂一整套基于模型的数字化企业转型升级之路。

从产业元宇宙的技术支撑体系中，我们已然看到了其对于工业的推动力，以及其中无限的想象空间。

第三节　扎扎实实的工业：实践与进步

一、虚实之间的数字化工厂

数字化的工厂不仅坐落于物理世界之中，也同样在虚拟空间中生长。

2021 年 4 月，英伟达展示了其最新开发的 Omniverse 平台是如何以"工程师的元宇宙"的称号成为一种直观而高效的虚拟工作平台的——一个专注于实时仿真、数字协作的云平台，拥有高度逼真的物理模拟引擎以及高性能渲染能力。Omniverse 平台能够支持多人在平台中共创内容，使大家能够创建和仿真符合物理定律的共享虚拟 3D 世界，与现实世界高度贴合，就像用现实数据 1∶1 创造的一个虚拟世界。Omniverse 平台的愿景与应用场景将不仅只限于游戏和娱乐行业中，建筑业、制造业都是其涉猎范围。

而在此之前，法国达索系统就推出了其 3DExperience 平台，基于这样一个统一平台，实现了 3D 设计、工程、3D CAD、建模、仿真、数据管理和流程管理，这涵盖了工业领域的产品全生命周期管理。达索自称为一家工业领域的 3D 体验公司——3D 世界可以极其有力地推动测试概念并创造未来，将梦想与现实有机地结合，同时突破科技与想象力的限制以促进社会发展。简而言之，借助虚拟世界的力量，我们人类正在逐步反向助力现实世界更快、更优秀地构建。

工厂几乎是任何工业领域都无法脱离开的"一亩三分地"，也是工业领域最为核心的价值创造场景，世界各国很早就开始注重数字化虚拟工厂的构建，覆盖了工厂的规划阶段、生产控制阶段、流程再造阶段。

2018年，吉利汽车的数字化仿真工厂作为一个经典案例，登上了央视《大国重器》节目的舞台。在该短片中，我们看到吉利汽车如何1∶1高精度地还原了一个现实的工厂车间，构建与之匹配的数字化虚拟工厂，并利用数字化仿真技术，实现对设备的集成测试、工艺验证和虚拟试生产，从而改变了传统的生产线规划设计主要依靠经验和平面布局的状况，并解决了缺少三维空间分析和实时运行仿真模拟难以适应现代化装备制造系统的问题和困境。

图 7.1 《大国重器：智造先锋》节目视频截图

数字化仿真工厂大大提高了现实世界物理工厂的生产效率与工

艺精度，央视《大国重器》节目对此给出了这样的评价："这个数字化仿真工厂，冲压环节的零件加工合格率达到了100%，焊装环节的焊点定位合格率达到了99.8%，总装环节的装配合格率更是达到了100%。这个成绩已经突破了国际顶级汽车品牌的制造标准。"

二、"体验式"制造新模式

不仅仅是造车，我们来看看另一类"大国重器"的生产，这个例子来自中国领先的造船企业——江南造船（集团）有限公司（以下简称江南造船）。

船舶领域是一个典型的巨系统工程，其零件数量达千万级，由于行业的特性和历史传承，设计与制造相对分离——进行总体设计时，一般较少从建造角度考虑如何合理、高效，到了总装厂，需要再进行生产设计，重新进行三维建模。这给船舶行业带来非常大的困扰。

为此，江南造船重构了一套基于模型的数字化造船体系，将工艺信息、几何信息、管理信息全部加载到模型上去，让传统的模型更为"丰满"。这个"丰满"的模型简直是个神器！以前在设计阶段，要对舱室的空间可达性、可操作性、可维修性，以及声场、气流场、光场、温度场等舒适性指标进行逐一分析，每项分析都要单独再建模型，耗费了大量精力。如今，用一个三维模型就可以分析全部要素。而且更为关键的是，这是一个贯穿造船全生命周期的数字模型，从而让制造链条更为顺畅。全生命周期是个什么概念呢？就是每一艘船的三维模型都贯穿了从营销、研发，到设计、制造，再到交付、维修的船舶全生命周期，越往后内容越丰富。就好像一棵参天大树的年轮一样，记载了这棵树从小到大的所有生长历程，而这个三维模型要更为直观得多，完全不需要做额外的解读。

江南造船将这种"一套模型走天下"的模式称为"体验式"数

字造船新模式：在研发设计阶段，可满足计算机辅助工程分析；在生产设计阶段，可呈现完整的实体模型和全息工艺模型；到了制造阶段，转变成了工艺指令和数字化工作包指导制造。在整个过程中，以模型作为连接设计制造的桥梁，告别了传统的以"三维建模，二维图纸"的传递方式，设计人员、生产人员和管理人员以模型作为统一的交流语言，从而实现了以二维图纸为中心的研制模式向以三维模型为核心的模式转变，逐步建立适应于船舶建造的数字化技术体系和方法论[1]。

全球快消产品制造商联合利华近年启动了一个数字孪生体项目，旨在为旗下数十家工厂创建虚拟模型。在这些工厂内，物联网传感器被嵌入机器内部，向 AI 和机器学习应用程序反馈机器性能数据，并进行分析。分析后的操作信息再输入数字孪生体中，从而帮助工人预测机器维护的时机、优化产出，并提高产品合格率[2]。

与此同时，基于穿戴式设备、AR/VR 眼镜等一系列数字化的手段，可以为生产及维护人员提供沉浸式的培训与指导，并与 5G 通讯、工业物联网、工业云平台、工业大数据、工业 APP 等有机结合，融为一体。

三、千帆竞发，百舸争流

而事实上，因为工业生产的门类繁多，其本身的发展也带有一定的不平衡性。专业咨询机构埃森哲从工业"新四化"的维度对主

---

[1] 云南造船（集团）有限责任公司.江南驶来数字船——老牌军工企业基于模型的数字造船体系构建与实施［J］.企业管理，2021（02）：56–61

[2] 德勤.2020 技术趋势报告［R/OL］.（2020-06-23）［2022-03-10］.https://www2.deloitte.com/content/dam/Deloitte/cn/Documents/technology/deloitte-cn-tech-tech-trends-2020-zh-200325.pdf

要工业细分领域做了成熟度评估。

从图7.2可看到,以汽车、家电行业为代表,在信息化、智能化、网络化与自动化方面的发展最为靠前,我们预计这些行业也将以领先其他领域的步伐,更加快速地步入工业元宇宙时代。

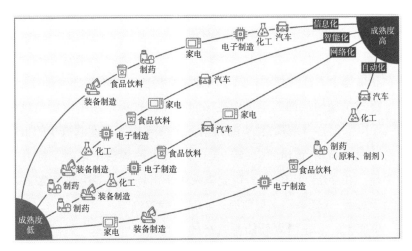

图7.2 典型行业在"新四化"中的成熟度

资料来源:埃森哲管理咨询公司.《高质发展,智能智造——新蓝图,新四化》,2020年。

中国已经全面开启数字化转型的进程,在经济领域,数字化企业的转型与构建是重中之重。数字化企业的本质就是数据驱动的企业,而以数字孪生为代表的"工业元宇宙"体系正是实现数据驱动的关键推手,尤其在工业场景中,更是有着非常深厚的积淀。虽然数字孪生仍然处于应用的早期,但其发展和5G/6G、云计算、大数据、物联网、人工智能、扩展现实(XR)等技术的成熟和普及息息相关,但随着这些新兴技术的发展和融合,工业版的元宇宙会在越来越多的产品上得到应用。

第四节　未来工业元宇宙

一、正在被变革的资深工业物种

相信每个人都看到了，汽车行业正在经历一场不小的变革。

首先是使用汽油的车已经越来越少了。根据乘用车市场信息联席会（以下简称"乘联会"）的数据，2021年中国新能源汽车的市场渗透率已经提升至14.8%，较2020年5.8%的渗透率来看，提升非常明显。在2021年12月，新能源乘用车市场渗透率达到了22.6%，相当于每4—5辆乘用车里就有一辆是新能源汽车。

事实上，真正引爆新能源汽车的，其实已经超越"新能源"本身。在2021年4月的上海国际汽车展上，最火爆的不再是传统的豪华汽车，甚至一众超跑，而是新势力智能汽车。一夜之间，大众的关注点仿佛都聚焦于一辆汽车是不是足够的智能化，在多大程度上可以解放司机的四肢，有多少聪明睿智的互动交互可以发生在汽车这个不大不小的空间里。毫无疑问，这来源于人类对时空自由的向往与追求。

汽车行业是在中国工业领域中自动化、信息化与智能化发展相对较快的细分领域。步入2021年，智能化已经不仅仅只注重于车辆的生产制造过程，汽车自身的智能化则更为吸引眼球。在2021年4月的上海车展之前，一段来自华为与北汽合作的某款车型自动驾驶视频博取了非常高的热度，这款汽车在城市复杂路况中的自动驾驶表现，让人不禁对智能汽车充满了期待——这是即将被改变的下一个工业物种之一。

从前文我们已经看到，无论是自动驾驶还是智能座舱，无论是纯算法还是复杂系统级的演进，已经离不开虚拟仿真技术的助力，这是一个超脱于工厂流水线的人与自然的还原与仿真，某种程度上是对现实世界的数字化复刻。虽然尚不可知它是否可以入选下一季的《大国重器》节目，但我们已经能够预见到类似的评价："这个数字化仿真世界，帮助自动驾驶决策算法的准确率达到近乎100%，智能汽车的普及率超过90%，这个成绩已经超越了全球发达国家的水准。"

类似汽车这样，有超过百年历史却正在发生变革的工业物种还有许许多多。而在这个变革的进程之中，或多或少的，你总能找到元宇宙技术体系的影子。

二、孪生工厂与数字工人

在电影《黑客帝国》中，墨菲斯与尼奥在另一个平行世界中演绎与现实世界几乎完全不同的别样故事。而在工业领域，除了单纯的虚拟与仿真，以数字孪生技术为代表，更希望能够在数字化虚拟工厂中实现对物理工厂的优化。随着工业物联网、建模仿真、机器学习、边缘计算、5G通信等多种新型技术的不断发展，建设属于自己的数字化工业空间变得越来越普遍而且更加可期。例如，港口行业通过动态数据实时驱动，在数字孪生全要素场景下，能够覆盖从货物到港、装卸、转堆、仓储、出港的全周期作业状态运行监测；同时，一些优化之后的算法与策略，乃至基于海量感知数据机器学习得出的预测分析结果，也能够反向给现实港口运行提供帮助，甚至对部分环节实现直接自动化的控制。

图 7.3　数字孪生港口

当数字化虚拟工厂与现实世界的物理工厂之间的界限越来越模糊，但信息交互却越来越丰富而及时时，你能感知它的存在和运转，以及整个工厂复杂而精密的系统。在未来，当脑机接口、电子皮肤等技术实现质的飞跃时，或许工业工厂中更多的交互与操作就像在《黑客帝国》一般的数字空间里——一个亦真亦幻的"元宇宙工厂"。

想象伴着明媚的阳光，一杯香醇的咖啡唤醒昨夜慵懒的脑细胞，在享用了美餐后，你舒服地坐在靠椅上，只用了一个深呼吸，人便进入到那个日夜不停运转的云端工厂。当你的数字人身份被元宇宙工厂验证通过，你将开始这一天的工作。虽然工厂已经高度自动化与智能化，但是总有一些场合和工作还是离不开人类的"临门一脚"。但幸运的是，除非万不得已，我们已经基本告别早高峰的奔波了，毕竟"元宇宙工厂"不仅实时呈现了物理工厂的所有运行状态，还能将每一个数字人在数字空间的操作和指令实时加载到现实工厂中来进行实际运转。

你会突然发现，原来最终解除人类时间与空间限制的，是这个万物互联、虚实相生的工业元宇宙。是的，也许我们现在刚刚习惯了线上会议——无论是语音还是视频，也许我们即将拉开在虚拟世界中以虚拟人形态彼此沟通的序幕——正如我们已经开始在虚拟世界中召开演唱会与毕业典礼一样……如果哪一天城市 CBD 的写字楼不再拥挤不堪，如果哪一天企业的生产线上不再有一排排、一列列训练有素的打工人，我们无须大惊小怪，人类在每一个时代所研发出来的指数型技术都在极力地方便着联接，极力地缩短着时空距离，直接或者间接地影响着交通、通信、网络……

无论你是否愿意接受，工业元宇宙已经开始扎根生长，并且将有可能改变人类的生产生活方式。

三、工业元宇宙时代的新商业模式

（一）产品进化与服务延展

我们相信，随着元宇宙逐渐融入人类的日常生活，产品生命周期的概念将获得一种跨界突破。这在很大程度上得益于数字孪生技术体系的跃升和普及应用。

常见的例子有现代飞机引擎，其部署的成千上万个传感器每秒可生成数万亿字节的数据。这在制造商的数字空间中构建了一个数字孪生体，基于此，可以为下一代改进做各种分析研判，无论是使历史浮现，还是对未来预测仿真。同时，基于机器学习技术，制造商还可以提供各类建议，帮助飞行员降低燃油消耗，进行预测性维护，帮助机队管理成本等。

特斯拉公司为其生产和销售的每一辆电动汽车都建立数字孪生模型，包括实时性能、传感器数据，以及服务历史、配置更改、零件更换和保修数据，每辆电动汽车每天报告其日常数据，并通过数字孪生的模拟程序使用这些数据来发现可能会出现的异常情况，并提供纠正措施。基于此，特斯拉每天可获得几乎数百万英里的驾驶体验，并在积累经验的过程中将数据反馈给每辆车，使得汽车能够改进自身的各类性能，获得不断升级与完善。

IDC曾经预测，到2022年，40%的物联网平台供应商将集成仿真平台、系统和功能来创建数字孪生体，70%的制造商将使用该技术进行流程仿真和场景评估。作为连续三年（2017—2019年）入选Gartner（IT调研与咨询服务公司）十大新兴技术之一的数字孪生技术，如今已经得到了广泛应用。产品的进化、服务的延展已经不仅仅取决于设计师和产品经理的能力，更大程度上取决于产品的数字孪生体带给工业界的启发和认识——甚至来自AI的创意提示。

（二）产品体系元宇宙化

未来的产品，其自身将承载两种类型的价值，并具有两种形态。一个是实体形态，承载着产品在物理世界的使用价值，以及沿袭传统经济体系下的品牌、配置等常规内容；另一个是这个实体映射到元宇宙空间的"数字孪生体"，承载着对应元宇宙自身经济体系的新型价值。未来供应商在交付一个产品时，交付一个数字孪生将会成为标配。也就是说，消费者购买的商品不再仅仅是实物本身，同时也会附加一份"数字孪生体"，这个"数字孪生体"在供应商构建的元宇宙中，有独一无二的数字化身份，并往往拥有更加值得期待的社交与虚拟的经济属性。

汽车行业中的宝马汽车是具备前瞻意识的企业之一。这家企业不仅仅构建了全球领先的数字化工厂，率先和英伟达合作创建基于Omniverse平台的元宇宙工厂，更是在2021年9月，宣布推出自己的元宇宙虚拟世界"JOYTOPIA"，并邀请英国摇滚乐队酷玩（Coldplay）在此平台上举办独家演唱会。宝马汽车将品牌宣传提升到一个新的水平。"通过'JOYTOPIA'，我们创建了自己的元宇宙。这使我们能够响应客户对数字空间个性化体验的需求。"宝马汽车品牌传播和品牌体验副总裁斯蒂芬·波尼卡瓦（Stefan Ponikva）这样说。

无独有偶，国内的新锐汽车厂家——智己汽车也于 2021 年开启了自身元宇宙数字空间的建设，将其命名为"原石谷"。与宝马汽车不同的是，智己汽车是以一种更加真金白银的方式来启动：它拿出创始轮投资中的 4.9% 的股权收益作为背书，发行 3 亿枚"原石"映射该部分股权对应的资产收益与红利。在智己的运营逻辑中，用户数据对于智能电动车的迭代升级至关重要。用户在使用汽车过程中产生的数据，经过 AI 的自动化深度学习，可以直接推动产品、服务以及品牌的进化与迭代；而应用包括区块链在内的一系列前沿科技，以数据权益的方式回馈用户，则是对用户贡献与价值的认可。

（三）正处在萌芽阶段的"数字孪生体"运营商

除了生产与营销，基于数字孪生体产品，新的商业模式正在不断被创新。我们都知道，特斯拉公司为其生产和销售的每一辆电动汽车都建立了数字孪生体，并不断向与之关联的各个领域渗透，开启新的变革。

在 2020 年特斯拉三季度财报说明会上，马斯克表达了对车险的极度期待，"保险将成为特斯拉的主要产品，保险业务价值将占整车业务价值的 30% 至 40%。"特斯拉的底气源自细致入微、浩如烟海的电动汽车数字孪生体，而这个元宇宙中的每一辆特斯拉虚拟汽车都被现实世界中各种有意思的数据所描述着——车辆的状况如何、驾驶人的驾车习惯如何，甚至用车的高频时段是何时等，这些个性化的数字孪生体特斯拉汽车，成为保险定价的重要依据。而结合 UBI 车险（Usage Based Insurance，基于用量的保险）这样的创新商业模式，或许会让更多消费者青睐有加——如果有保险公司能实现按照汽车行驶公里数来支付保险费用，且每公里还会按照每个人的驾车习惯来定价，那么汽车司机谁还愿意死板地按年交付保险费用？

汽车产品无疑是元宇宙演进节奏相对较快的一个品类，传统汽车企业也更加有可能成为更快转变为汽车数字孪生体，乃至汽车元宇宙的运营商。并且我们相信，这只是众多进入人类经济生活中的元宇宙产品的萌芽而已。

四、升维："元宇宙星系号"

数字技术不断推动着人类生活中日常信息消费的升维，从文字到图片，再到视频。

未来，如果每一个企业，尤其是面向C端的消费类企业，除了传统的新浪微博、微信公众号、抖音快手、小红书等之外，又多了一个元宇宙数字空间入口——姑且称之为"元宇宙星系号"，我们甚至相信这一天肯定会到来。

众多在工业元宇宙中被创造出来的产品，带着其先天的数字身份活跃在各自独立又相互关联的元宇宙空间中，帮助它的主人众创众享，不仅让物理产品本身越来越出色，也让用户体验到了其中的有趣有"利"。

这或许真的是一个值得期待的"工业元宇宙"时代。

第八章

教育元宇宙：彻底抹平教育鸿沟

第一节　虚拟毕业典礼

新冠肺炎疫情使人们的生活在不同程度上按下了暂停键。但是，总有人能够借助技术的力量重启生活。

对于即将走出校园的大学生而言，参加一场盛大的毕业典礼成为莘莘学子心心所念的梦想。然而，世界各地的疫情防控政策，让如何举办毕业典礼成为各个大学的难题。

从2020年开始，一场又一场虚拟世界中的毕业典礼吸引了所有人的目光，也让人们在疫情的阴霾中重拾希望。

2020年3月，美国加州大学伯克利分校的学生，为了庆祝毕业典礼，通过在《我的世界》游戏社区平台上复刻母校、自制玩法、定制人物皮肤等一系列创意，让毕业典礼以新的形式"活"了起来。[1]这场毕业典礼，甚至在Twitch上获得了近50万次的观看量，转发量超过1.5万。

2020年5月20日，哥伦比亚大学也选择在线上举办了2020届毕业典礼，这也是哥伦比亚大学建校历史上第一次举行虚拟毕业典礼。这场独特的毕业典礼依托于开放式游戏社区平台《我的世界》，制作了一个极具创意的开场视频：在虚拟的哥伦比亚大学校园中，礼堂的钟声响起，一个个身着校服皮肤的学子在宽阔的操场中聚集，

---

[1] Unforgotten: COVID-19 era grads to be celebrated virtually this Saturday, by Gretchen Kell, https://news.berkeley.edu/2020/05/14/unforgotten-covid-19-era-grads-to-be-celebrated-virtually-this-saturday/

来到神圣的礼堂前等待着毕业典礼的开始。

不仅在国外，在国内我国高校也陆续在虚拟世界中举办毕业典礼。2020年6月，中国传媒大学在《我的世界》游戏社区平台中举行了"2016级数字媒体艺术（网络媒体设计方向）毕业设计展"，以创新的方式完成了此次毕业展映。在"云毕业"活动现场，毕业生不仅可以在依据实景等比例复刻的虚拟校园内自由漫步、合影留念，还能够探索到许多神秘彩蛋，享受到《我的世界》游戏平台中独有的欢乐体验。南京大学的学生也同样在《我的世界》游戏社区平台中完美复刻了南京大学的绝美风景，为南京大学校庆献礼。

迄今为止，包括斯坦福大学、麻省理工学院、加州大学洛杉矶分校、宾夕法尼亚大学、皇后大学、佐治亚大学在内的全球数十所大学的学生已经在《我的世界》平台中重建了他们的校园。波士顿大学的两名大四学生甚至创建了一个 Minecraft 服务器 Quaranteen University，专门为其他数百所大学的学生举办毕业典礼。[1]

随着元宇宙概念的火爆，《我的世界》也再度回到人们的关注中心。《我的世界》被称为"最有可能率先落地的元宇宙平台"。

《我的世界》英文名 Minecraft，是一款沙盒式建造游戏，支持用户通过1立方米大小的小方块去构建地图、建筑、植物和任何虚拟物品。在《我的世界》中，玩家仅需几百个基本方块便可以创造出各种不可思议的建筑作品，而且支持多人在线同时作业。《我的世界》的无限制模式让玩家可以独自创造，也可以通过多人协作，进行建筑物、作品与艺术创作。其开放性以及能够随时存档、分享的强大功能与便捷性是其受到大学生玩家青睐的原因，《我的世界》每月活跃用户已经超过1.26亿。

---

[1] Students Around the World Hold Graduations in Mincraft, https://education.minecraft.net/en-us/blog/students-around-the-world-hold-graduations-in-minecraft--and-now-you-can-too

《我的世界》除了成为学生们举行毕业典礼的虚拟空间，也已经真真切切地走进教室，成为一种新的教学手段。

《我的世界：教育版》（Minecraft: Education Edition）由 Mojang Studios 和 Xbox Game Studios 共同开发，包括一系列工具包：简单的课堂合作、NPC、黑板、"相机＋公文包"等，具备了课堂教学中的易用性特点。

新冠肺炎疫情蔓延之后，《我的世界：教育版》成为许多教师远程教学的主要工具。《我的世界》允许学生和老师之间进行实时互动，而且微软已经花了数年时间建立了一个相当强大的课程计划库，涵盖科学、写作、历史、数学、计算机科学和艺术等各个学科。[1]

《我的世界：教育版》全球总经理德尔德雷·夸恩斯特罗姆（Deirdre Quarnstrom）表示，"全球的教育工作者正在使用《我的世界：教育版》教授各种各样的科目，当《我的世界》用于教授计算机科学时，我们已经看到了特别令人兴奋的结果。尽管许多人没有意识到，编码实际上是学生可以做的最具创造性的活动之一，学生可以用他或她自己的创造力没有限制地构建一些东西。研究继续表明，创造力、协作和编码都是学生在现代工作场所取得长期成功的关键技能。"[2]

如今，很多来自全球的教育工作者都把《我的世界：教育版》看作是教学转型的工具，用它来和学生交流，启迪有创造力的项目，特别是用它来提升 STEM——科学、技术、工程、数学四门学科项目中的学习成果。

---

[1] Minecraft Education is perfectly suited for this surreal back-to-school moment, by Andrew Webster Aug 21, 2020, https://www.theverge.com/21377192/minecraft-education-edition-back-to-school-pandemic

[2] Minecraft: Education Edition reaches a milestone of two million users and releases new Hour of Code tutorial, by Deirdre Quarnstrom, http://www.edtechroundup.org/editorials-press/minecraft-education-edition-reaches-a-milestone-of-two-million-users-and-releases-new-hour-of-code-tutorial

《我的世界》是一个开放的教学空间，超越了全世界的教学、学习风格和教育系统。Mojang Studios 首席内容官 Vu Bui 认为，"我们需要以不同的方式思考当今的年轻人如何消费娱乐和教育等内容，《我的世界》这样的游戏为每个人创造了一种学习的氛围，通过在《我的世界》平台上的游戏，孩子们会接触到资源管理、协作以及基本的数学和科学原理等问题。更重要的影响是，它带来了思维方式的改变和课堂权力的转变。"

显然，元宇宙在教育领域的应用，将引发一场深层次的教育技术创新及教育模式变革。正如雷鸟全球管理学院理事长兼院长桑吉耶夫·卡格拉姆（Sanjeev Khagram）博士说的那样，"我不得不说，这是令人兴奋的事情。下一代教育技术实际上将改善我们在课堂上面对面的体验。现在，我们的教师拥有所有这些附属工具。对我而言，这令人非常兴奋，因为我看到，这就是未来。"[①]

第二节 教育元宇宙：一种尝试性定义

"教育元宇宙"将元宇宙技术应用于教育领域，这一步对教育产业而言，意义重大。它可以通过虚拟世界模拟并超越现实教育场景，突破时空中的各种限制，让师生随时随地进行连接互动和沉浸式的交流、学习，从而迸发创意，提升学习及研究的效率。

目前微软的 Mesh、Minecraft 以及 Roblox 等元宇宙平台，均已在教育领域展开初步部署。但元宇宙在教育领域的成型取决于几个条件。

[①] "Pioneer When Others Retreat": Why Digital Learning Can Be Powerful, an interview with Dr Sanjeev Khagram, interview by Ani Kodjabasheva, https://www.meritsummit.com/blog/article/pioneer-when-others-retreat-why-digital-learning-can-be-powerful-interview

首先，是教育元宇宙平台根据具备定向的具身性，将允许每个教育过程的参与者以三维数字化身进行模拟真实世界的三维交互，比如互相可以看到对方的移动以及动作，可以协同去操作、组装三维物体或者实验等。

其次，根据专有连接需求，参与者可以自己定制场景和进行互动，这要求提前准备大量的体系化虚拟现实、增强现实、混合现实教育场景以及互动组件，以满足多人互动（实现多人互动是教育元宇宙所必要的条件）的沉浸式学习体验。

再次，在多人进入虚拟场景后，需要有满足教育需要的 AI 模块、互动程序或互动模型等教学内容生成工具，比如，参与者可以使用和定制语音识别模块，调用和定制三维机械模型等。

再接下来，是满足专有连接的硬件设施。技术发展达到一定程度时，需要保证最大限度地适配各种 VR、AR、MR 及计算机手机等智能设备通用且兼容的操作系统，以便人们非常方便地接入。

最后，是开放式的创作者支撑体系和闭环经济系统，包括可定制化的交互式内容创作系统及 NFT 或通证支持的内容货币化体系，以便让更多人参与教育内容的生产，并获得内容数字知识产权的变现机会。

随着微软、Meta、Roblox、英伟达等科技巨头在教育领域的布局，以及哈佛大学、麻省理工学院、普林斯顿大学、耶鲁大学、斯坦福大学等世界一流精英学校越来越多地参与其中，我们相信，教育元宇宙将会在不久的将来真正成型，掀起一场意义深远的教育革命。

第三节　教育元宇宙如何拯救教育

教育的本质是言传身教，除了知识内容的传递，师生之间高质量的互动是教育最核心的内容。然而,当前教育面临的最大的危机却是教师危机。教师危机中首要的问题是师资匮乏,这是包括美国、英国、德国在内的世界各国普遍存在的严峻问题。

有关数据显示,到2024年,英国仅中学就需要增加4.7万名教师来应对不断增长的学生人数。但是在2019年之前,英国教师培训招募人数却逐年下降。英国教育工会联合秘书长玛丽·鲍斯特德(Mary Bousted)博士认为,英国面临严重的教师供应危机。受工作压力大、薪酬低和养老金缩水等因素的影响,英国大约有40%的教师在完成签署的五年工作协议期满之前就离开了教师岗位。在未来10年内,将有一半的教师选择离开教师岗位。[1]

除了英国,德国也有1万个教学职位空缺需要填补,并有多达3万个教学职位由不合格、退休、新任或学生教师填补;法国在2019年消减公共服务预算之后,有多达1 800个中学职位被取消;比利时布鲁塞尔的学校也面临着类似的困境,员工和基础设施都未能适应学生人数不断增长的状况。[2]

除了师资匮乏之外,教师素质的局限性也是一个严峻的问题。目前,教师普遍还是采用传统的教学方式在完成教学,真正掌握先进教育技术的教师人才少之又少。

由于诸多历史原因,许多教师对信息技术教育中实用工具的操作应用知识掌握甚少,有的教师甚至对计算机有排斥感和畏惧感。多数教师还停留在"一块黑板、一支粉笔、一张嘴"的传统教学模式上,另外一些教师也仅是掌握了一些简单的技能,例如,使用投

---

[1] Recruitment crisis: We need a radical change to accountability, by Dr Mary Bousted, 24 January 2018, https://www.sec-ed.co.uk/blog/recruitment-crisis-we-need-a-radical-change-to-accountability/

[2] Can Technology Solve Europe's Teacher Resourcing Crisis?, by Conor Flynn, November 8, 2018 https://www.adaptemy.com/can-technology-solve-europes-teacher-resourcing-crisis/

影仪或利用 APP 批改作业等。对于 VR、AR 等先进教育技术，很多教师望而生畏，他们中的多数人认为，信息技术只是大城市的噱头，偏远地区无法实现。

这在客观上造成了当下教育面临的困境，一方面是优秀教师缺乏，不能提供高质量的"身教"内容，另一方面，先进教育技术无法普及，这更加剧了教育资源的不平等，形成了严重的教育鸿沟。

信息技术，特别是互联网的发展，被人们寄予了厚望，认为通过在线教育可以提升教学质量，消除教育资源不平等，弥补教育鸿沟带来的社会裂痕。

百度教育大数据显示，我国近 6 成互联网学习者居住在三四线城市及农村地区，偏远地区用户对优质互联网学习资源的渴求程度高于发达地区。在三四线城市，教师资源，尤其是优质教师资源十分稀缺；而现代教育技术（在线教育、VR、人工智能等）能够很好地帮助这些人群突破地域限制和资源限制，通过互联网将发达城市的优质资源传播到三四线城市。

类似洪恩教育这样的幼儿教育平台、VIP 这样的跨境外教英语教育平台、美术宝等素质教育平台，都将游戏、直播等技术在教育领域进行创新应用，带动了教育行业的变革，使任何人不管身处何地，都可以便捷地通过互联网获取丰富的教育内容，跟随来自全球各地的优秀老师学习。

但现有的教育技术在支持教师与学生之间进行高质量的互动、提供更生动而直观的教育内容，以及打造开放式学习场景方面，存在的局限也清晰可见，而这也是教育元宇宙作为下一代教育技术可以充分发挥优势的关键所在。

教育元宇宙将随着人工智能、VR/AR 等技术的发展与成熟，逐步应用到教育领域，将会创造出一种 3D 仿真环境，实现大型多人在线的实时交互，创造一种开放式的学习环境，可以让学员如身临其境的效果。同时，它也会通过强大的技术工具，为教师赋能，使其通过具身性的数字化身，运用丰富生动的教育内容，在一个共享空间中展开身临其境的教学，真正实现跨时空的"言传身教"。

第四节　教育元宇宙的创新实验

目前在面向教育元宇宙探索的过程中，将 VR、人工智能、游戏式交互应用于教育场景，是被人们展开最多创新实验的三个领域。

著名的虚拟世界平台 Secondlife 创始人菲利普·罗斯代尔（Philip Rosedale）在 2010 年离开 Secondlife 之后创立了高保真（High Fidelity）公司，致力于虚拟现实技术的研发。2018 年，Philip Rosedale 带领他的团队完成了对古埃及历史名胜古迹奈菲尔塔利的实地扫描和虚拟现实建模。

奈菲尔塔利是古埃及王后的金字塔，坐落在埃及女王谷。埃及文物管理部门为了保护此文物，将其对公众关闭了几十年。许多类似这样的埃及古迹都被迫长年关闭，并明令禁止青少年进入。对埃及历史和文化感兴趣的年轻人来说，这些古迹只能耳闻却不能亲临目睹，是历史文化教育中长久存在的一个遗憾。

2018 年，Philip Rosedale 和他的团队亲赴埃及，用 3D 激光精确地扫描了奈菲尔塔利金字塔的每一个角落，并拍摄了数千张墓室的高清分辨率照片。随后，他们将 1 万多张照片拼接起来，将它内置于 3D 扫描的地图上。就这样，Philip Rosedale 创造了一个精确得令人吃惊的虚拟古迹。

后来，他走进一个教室，让孩子们戴上 HTC Vive 虚拟现实头盔，通过高保真公司的虚拟现实社交平台，全班同学一起探索了奈菲尔塔利金字塔。这个完全沉浸式的埃及"实地"旅行仅需要一堂课的时间便完成了，且费用为零！对参加"旅行"的这些孩子来说，这无疑是一次异常丰富的学习经历。①

一个现实世界中封闭的王后陵墓，在虚拟世界中的老师和学生却可以自由自在地参观墓室，研究象形文字，甚至可以近距离参观石棺。这一切得益于高保真公司通过虚拟现实技术帮我们创建了一个无限沉浸式的高质量教学环境。

VR技术在教育领域的创新应用所展现的强交互性和生动性，无疑能够使抽象而晦涩的知识点更全面、更有趣地表现出来，将会带来更具沉浸感的教学体验。

除了学科教育，VR还将在职业培训、医学教学等更多教育细分领域得到创新应用，比如，英国飞机发动机制造商劳斯莱斯公司就利用VR技术培训工程师如何组装飞机上使用的喷气式发动机关键零部件。工程师戴上VR头盔，逐步学习如何将特定零部件装入变速箱，之后就可以转到真实的装配站进行实际操作。②

另外一个在教育领域被更多实践的创新技术便是人工智能。随着技术的进步，教育科技公司将人工智能构建到教育平台中，为学生提供学习、作业反馈，为教师提供教学内容管理服务。

教育技术和人工智能专家亨利·沃伦（Henry Waren）是教育技术变革的坚定拥护者。他认为，人工智能可以提升贫困地区儿童的教育水平，"通用人工智能（AGI）并不需要承担教师的大部分角色。把教师的教学任务细化后就会发现，有很多工作都可以靠人工智能来完成。"

---

① ［加］彼得·戴曼迪斯，［加］史蒂芬·科特勒.未来呼啸而来［M］.贾拥民，译.北京：北京联合出版公司，2021

② ［美］塞缪尔·格林加德.虚拟现实［M］.魏秉铎，译.北京：清华大学出版社，2021

佐治亚理工学院的郭学容（Ashok Goel）是应用AI支持大学学习的先驱之一，他开发了著名的虚拟研究生学习助理AI程序"吉尔·沃森"（Jill Watson），通过版本不断迭代，Ashok Goel希望"Jill Watson"在学生课程计划和交互学习方面得到广泛应用。

如今越来越多的学生习惯与人工智能驱动的聊天机器人进行交互。这些聊天机器人在大学中担任各种职务，通常使用自然语言处理并以文本或计算器生成的语音进行交谈。这些算法甚至可以与学生建立专有连接的虚拟关系。

Common App测试的名为"Oli"的聊天机器人就是这种情况。在12个月的时间里，这个聊天机器人每周与50万名2021届高中生交流两次，以指导他们完成大学申请流程。除了申请过程中的备考步骤外，"Oli"还会向学生提供友好提醒，提醒他们在新冠肺炎疫情期间做好防护。学生们对与聊天机器人的交流反应积极，热情洋溢地称赞聊天机器人在他们上大学时提供了很多的帮助。

麻省理工学院教授雪莉·特克尔（Sherry Turkle）写道，关于社交机器人的研究表明，孩子们将它们视为"有生命的"，并"试图建立一种相互关系"。这是一种联系，一种"友谊程度"，让一些研究人员兴奋，而让另一些人担心。①

谷歌也于2021年12月5日发布了一个新的人工智能导师平台，为学生提供个性化的指导和反馈。谷歌公司教育主管史蒂文·布奇（Steven Butsch）表示，新的人工智能导师平台收集了教育工作者制作的"能力技能图"，然后使用人工智能生成学习活动，例如，学生可以在应用程序上做练习题。该平台还包括可以与学生聊天的应用程序，这些程序可以为学生提供阅读理解和写作指导，并根据他们

---

① https://www.insidehighered.com/digital-learning/blogs/online-trending-now/artificial-intelligence-assist-tutor-teach-and-assess

所掌握的知识、职业目标和兴趣，为他们提供学习课程计划建议。该平台可以有效地提供学生通常无法获得的按需辅导，从而为大学教师节省了大量时间。①

未来，像 Jill Watson、Oli、谷歌导师这类的模拟机器人将会得到广泛应用。据剑桥大学信息学教授左宾·格莱姆尼（Zoubin Ghahramani）预测，到 2025 年，这些虚拟助理将变得超级智能，届时，我们与它们的对话将变得更自然，它们会和我们聊一些"优先事项、提醒事项，或是向我们提些聪明的建议"。

在模拟机器人之外，一些机器人式的人工智能学习设备还能很好地帮助那些有身体缺陷的学生参与学习。比如，瑞典一家名为 No Isolation 的公司发明了一款"蜜蜂"（Bee）机器人。它能在课堂上充当学生的眼睛和耳朵，让上不了学的学生也能参与到课堂里，进行师生互动。2017 年，英国引进了这款产品。目前，教育领域已经引进了多款通用设备，例如，Double Robotics 公司生产的远程教学机器人。

元宇宙概念的创造者美国科幻作家尼尔·斯蒂芬森（Neal Stephenson）曾经在 1995 年出版过一部小说《钻石时代》。这本书被 Henry Warren 称为是人工智能在教育领域应用发展的"硅谷圣经"。

故事的主人公是一个出身卑微的小女孩，名叫内尔。14 岁那年，她收到了一本被盗的交互式书籍《年轻女性的绘图本：初教手册》。这本书原是为一个富人家的小孩准备的，它通过调整课程来不断适应内尔和她的生活环境，最终让她过上了更有意义的生活。

这个故事的核心，其实就是一个承诺：在未来，无论贫富，技术都将帮助人类实现个性化教育和个性化生活。而这也是元宇宙、

---

① Google Announces AI for Individualized Tutoring and Advising, by Brandon Paykamian, https://www.govtech.com/education/higher-ed/google-announces-ai-for-individualized-tutoring-and-advising

VR、人工智能与教育相结合的终极目标。

然而，毋庸置疑的是，无论是游戏互动教育，还是VR教育、AI教育，都还存在一定的局限性，距离该书作者揭示的教育终极目标尚且遥远。而这也恰恰是这些技术在教育元宇宙平台上汇聚发展的指归所在，在一切技术发明的背后，强烈的需求才是根本的动力。

第五节　教育元宇宙中学校的未来

教育元宇宙技术的创新只是牵动人们注意力的一个焦点，人们更为关注的是，当教育元宇宙成型之后，教育本身会变成什么样子？

从目前的虚拟现实、增强现实、混合现实、人工智能等技术在教育领域的创新实验来看，我们可以推测：

当教育元宇宙技术成型并应用于泛在的教育、教学事件之后，可以通过情境创设，使教师、学习者和参与者投入到可感知的逼真的学习环境中，如微观世界的分子、原子运动，人体三维器官及组织、循环系统，太空、太阳系中的天体运动；还可以和星星"肩并肩"；"亲身经历"重大历史事件的场景，与当事人真正"共情"；进行可交互的实验教学和技能训练，特别是危险性高的一些实验操作（如某些物理电磁实验、激光实验、易燃易爆化学物质合成实验），或者现实生活中不可能真实开展的实验（如人体解剖、高空作业、体验相对论世界和黑洞等），降低对实体实验室的依赖，就解决了许多因现实条件、资源不均衡等导致的实验教学问题，从而大幅度提高学习的体验，强化"具身学习"，加速知识的建构。

此外，在教育元宇宙时代，学生随时随地都能获取自己所需要的信息，学习变得泛在化。泛在学习（U-Learning），顾名思义就是指每时每刻的沟通、无处不在的学习，元宇宙使得学生可以在任何地方、任何时候，使用手边可以取得的科技工具来进行学习活动的4A（anyone、anytime、anywhere、anydevice）学习。

教育本身也将突破物理时空和物理对象的局限，变成更具个性化、情境性的智慧教育形态，学校的概念也将随之发生翻天覆地的改变。

实际上，另外一个不可忽略的因素是，在技术发明的同时，学校教育模式的创新也将推动元宇宙时代教育模式的重大变革。

如今，创新学校/教育（Innovation Schools/Education）模式正在被全世界越来越多的家长所接受。全球范围内，没有教室、没有课本，甚至没有考试的创新学校相继开办，备受全球教育界的瞩目。尽管全球范围内的创新学校有很多不同的类型，但它之间都有一些共通的特点。

- 大胆、创新的教育理念，强调解决问题和批判性思维。
- 家长和社区的高度参与。
- 高水平的教育实验，强调在实践中学习，如参加实践项目、远征式学习、体验式学习。
- 增加学生成功的途径，缩小成就和机会之间的差距。
- 使用多种方法来处理不同的学习风格，主张高度个性化的学习，且符合每个人的目标。
- STEM 和 STEAM 学校。
- 获得行业认证或进入高中和大学双重学分的学校。

比如，以下创新学校教育实验就值得关注。

- 以全球为教室的辛克全球学校（Think Global School）：2010年，新西兰裔旅行摄影师乔安·麦克帕克（Joann McPike）在美国纽约创办了一所 Think Global School，被称为"世界上第一所旅居高中"。这是一所非传统的学校，虽然它总部设在纽约市，但却是一所没有围墙的高中。该校学生在3年的学习过程中将环游世界，每年会造访4个不同的国家，在数个国家进行学习交流，学习当地文化、自然科学，并阅读该地区的经典文学。该校设计的"世界改造者"课程，通过项目制学习课程，让学生在求学过程中拥有自主发言权和能动性，在完成与各东道国文化特点相关的学习目标的同时，也能亲自参与设计项目。此外，该校的学生旅居不同国家时，还需要参与当地的慈善活动和社区工作。①

- 学生不分年龄的火星学校（Ad Astra School）：这是新晋世界首富、特斯拉的创始人埃隆·马斯克（Elon Musk）创办的一所创新学校，这所学校突破了传统学校对学生年龄的要求。Musk认为，传统学校能让学生学会很多知识，却不注重传授解决问题的能力；能教出品学兼优、听话规矩的学生，却不鼓励创新思考，就像是"流水线生产"，总是让学生争取"完美"履历。于是，他让自己的5个孩子退学，在2014年创办了 Ad Astra School。在 Ad Astra School 学习，最大的特点就是"个性化"，年级划分不重要，重要的是学生的兴趣和能力。该校最小的学生仅7岁，最大的学生14岁，但所有学生不分年级一起上课。不过因为各自的进度、兴趣不同，他们组成了不同的学习小组，可能其中一组正在学 Scheme 语言，一组则在学习 Swift 语言，还有

---

① Think Global School, https://thinkglobalschool.org/, https://en.wikipedia.org/wiki/Think_Global_School

一组学生则在鼓捣应用科学。此外，该校也没有统一的教学计划，完全以学生的实际能力和兴趣为主，让学生解决实际问题，让他们理解并学会批判性思维。虽然数学、英语、化学等常规课程仍要学习，但学校更关注的是学生有没有提出问题以及解决问题的潜力。①

- 没有教材、没有教室、没有课堂的 High Tech High（HTH）：2000年在美国成立的HTH最初是一所特许学校，设立在一个25米高，如仓库般大小的建筑里，运用金属的刚性结构创设了信息时代中现代工厂的即视感。初代校园中，所有房间四周都是4.5米高的玻璃墙，每个房间的活动都能一览无遗。虽然HTH没有教室、没有教材，但它有的是一个个项目。在HTH，对学生的评价模式不再是考试成绩，而是个人或团队的作品集。HTH 11年级之前的学生不用参加任何考试，学校用他们的Learning Portfolio（个人或集体作品）、每日书面或口头进行的反思和讨论，以及他们在老师的带领下一起获得的成就或经历的失误、失败来记录并评估他们的学习效能。②
- 倡导游戏化学习的探索学校（Quest to Learn）：这所学校由一群游戏设计师和教师创办，提供基于游戏化学习模式的6—12年级教育。现有的教育模式使学校和学生之间的互动越来越少，导致人们不知道如何合作。因此，自2009年起，该校开始和非营利机构Institute of Play合作发展课程，设计了在游戏中学习的模式，通过问题环境设计、立即回馈、刺激动机来让学生融入学习。游戏化学习实际上是运用一种适合的方式创造一个空

---

① Elon Musk Shares Infographic About What Every Child Should Learn, by Evannex, Dec 27, 2021, https://insideevs.com/news/557206/elon-musk-education-schools/

② High Tech High charter schools, https://en.wikipedia.org/wiki/High_Tech_High_charter_schools

间，让学生能够培养同理心，提高解决问题的能力。很多人会质疑这样一所学校的升学成绩，但结果表明，该校60%的毕业生进入了四年制大学，29%进入了两年制大学，33%的学生表示自己会选择科技类的专业。①

类似的创新实验还有很多，我们有理由相信，这些教学模式的创新与元宇宙技术创新的叠加，会迸发出惊人的力量，终将掀起更为彻底的教育革命，开启人类教育的新篇章。

教育元宇宙的快速发展将为解决当前的教育危机找到更好的解决方案，消除教育体制僵化、师资匮乏、教育资源不平衡等因素导致的教育鸿沟，让更多人得以分享教育革命的果实，通过高质量教育改变命运，最终适应社会变化的挑战，过上更有意义的生活。而这也正是教育元宇宙创新的终极意义所在。

---

① Quest to Learn, https://en.wikipedia.org/wiki/Quest_to_Learn

09

第九章

医疗元宇宙：加速医疗产业变革与重塑

第一节　医疗产业的困局与数字化变革

新冠肺炎疫情使医疗行业遭受了巨大冲击,从精疲力竭的医护人员,到各地人满为患的医院,以及被迫中断的医学实验,让这个本来就已压力重重的行业面临更大的挑战。

2020年4月美国的一项调查研究表明,新冠肺炎疫情反复蔓延,已经对美国的临床治疗和医学实验造成了重大干扰,由于社交隔离、员工休假、经济受损以及对患者安全的担忧,医药开发商、CRO(医药研发合同外包服务机构)和其他一些医疗协作组织被迫转移到远程工作环境,将近80%的非新冠肺炎医学实验被迫停止和中断。[1]

与此同时,医疗行业原本就长期存在的慢性病困扰、医疗成本上升、人口老龄化、医护人力资源不足及医疗资源有限等问题,也更多地被暴露出来,使整个卫生医疗系统可持续发展承受了极大的压力。

在此背景下,数字医疗技术创新,特别是远程医疗和医疗元宇宙的研发部署,成为人们摆脱目前困境的希望所在和可依赖的现实手段。2020年美国FDA(美国食品药品监督管理局)也根据新冠肺炎疫情对医疗领域的影响,倡议医院和临床试验机构对患者实施虚拟诊疗,并根据疫情制定新的工作流程。因此,包括远程问诊、远程

---

[1] COVID-19 and Its Impact on the Future of Clinical Trial Execution, Stephen Le Breton, Mary Jo Lamberti, PhD, Adam Dion, Kenneth A. Getz, October 23, 2020, https://www.appliedclinicaltrialsonline.com/view/covid-19-and-its-impact-on-the-future-of-clinical-trial-execution

治疗、虚拟或分散试验、无现场临床试验等非传统医疗手段在内的远程医疗手段，有了更多的应用场景和普及机会。

有关数据表明，在疫情爆发前，只有43%的医疗机构实施远程医疗。疫情爆发之后，这一比例上升到了90%，远程医疗已成为一种流行趋势。所有的远程医疗服务都是通过在线或电话进行的，因此，任何人都可以在家中舒适地获得所需的医疗帮助。远程医疗也被证明对医护人员有益，因为他们可以在家工作，并避免更多来自身体上的倦怠。一些医疗机构开始试行远程医疗、远程数据监控、家庭健康和其他虚拟方法。

一位参与上述调研的医疗机构负责人表示："无论如何，我们已经处于变得更加虚拟化的过程中。疫情蔓延无疑加速了这个过程，因为我们必须适应。我们考虑更多的是如何收集数据，从远程角度验证数据。"[1]

然而，依托于互联网和电话通信的远程医疗可能只是一个过渡阶段，元宇宙在医疗领域的创新和应用，将会为医疗行业走出目前困境，带来革命性的机会。

英国伦敦大学区块链技术中心的未来学家简·托马森（Jane Thomason）博士近期在《元宇宙杂志》上发表的一篇论文中，讨论了医疗元宇宙系统的形态。Jane Thomason也是英国区块链与前沿技术协会的联合创始人，她认为，元宇宙时代的到来将会对医疗产业产生重大影响。[2]

---

[1] COVID-19 and Its Impact on the Future of Clinical Trial Execution, Stephen Le Breton, Mary Jo Lamberti, PhD, Adam Dion, Kenneth A. Getz, October 23, 2020, https://www.appliedclinicaltrialsonline.com/view/covid-19-and-its-impact-on-the-future-of-clinical-trial-execution

[2] MetaHealth–How will the Metaverse Change Health Care?, by Jane Thomason, *Journal of Metaverse*, Year: 2021, Volume: 1, Issue:1, Pages:13-16, 2021-12-31 https://dergipark.org.tr/en/download/article-file/2167692

法国里昂商学院法学教授、健康管理与数据智能理学硕士联席主任弗洛伦索·特拉维索（Florencio Travieso）博士也认为，"用户已经转向数字化医疗服务，2020年以来的新冠肺炎疫情加剧了这一趋势，不是因为我们喜欢，而是我们别无选择。用户对远程问诊以及由移动设备和可穿戴设备提供的数字化远程医疗服务更有信心，而这些功能将会转变成更完整的医疗元宇宙生态系统。我们可以看到明显的机会：通过数据互联、使用数字孪生、简化供给和支付手段，可以实现更真实的问诊、更加个性化的护理和治疗。"①

第二节　医疗元宇宙正在加速到来

在新冠肺炎疫情推动的远程医疗和虚拟诊疗大趋势下，医疗元宇宙创新正在加速进行。

英国非营利组织DeHealth在2021年12月22日宣布，要开发一个医疗元宇宙系统。在其官宣文件中，DeHealth表示，正在开发的这款医疗元宇宙产品是一个"去中心化的虚拟世界"，允许医生和患者在另一个"新世界"中互动。

DeHealth计划将VR、AR和混合现实技术融入其元宇宙平台，让众多参与者在虚拟空间中进行交流。这个虚拟世界还将包含一个虚拟数字货币HLT或健康令牌，HLT"将成为生态系统内的主要结算手段，从内部为其提供动力"。激励医生和患者通过出售匿名医疗数据来工作并赚取虚拟资产。

---

① Is There a Place for Healthcare in the Metaverse?, by Prof Florencio Travieso, PhD, https://healthmanagement.org/c/it/post/is-there-a-place-for-healthcare-in-the-metaverse

在 DeHealth 元宇宙平台中，用户可以将其数字身份或头像转移到其他数字平台，而不会丢失其医疗数据。DeHealth 医疗元宇宙的测试版计划于 2022 年末推出，届时将在医院系统部署使用。

DeHealth 的联合创始人丹尼斯·茨瓦格（Denys Tsvaig）表示："为了实现我们的元宇宙，我们将使用一个新的技术堆栈：医院操作系统数字平台、区块链网络（HLT 网络的加密经济学）、完全不同的 AR／VR 设备、电子服装、5G 通信网络、量子计算和通信、网络安全、使用合成生物学的数据存储芯片等。我们认为元宇宙可能需要一种新模式编程，使其作为一个活跃的开放式开发平台，支持数百万用户使用自己的虚拟化身从一个平台无缝迁移到另一个世界。"[1]

美国医疗技术公司 XRHealth 也在 2022 年 1 月 5 日宣布进军医疗元宇宙，它将与虚拟现实技术公司 HTC VIVE 合作创建一个虚拟治疗中心，为患者提供远程治疗服务。两家公司将在 VIVE Focus 3 和 VIVE Flow 上推出这项服务，为患者提供包括物理治疗、职业治疗和疼痛管理等治疗服务。

XRHealth 是一家将扩展现实应用于医疗领域的医疗技术创新公司，总部位于美国波士顿，研发中心位于以色列的特拉维夫。XRHealth 将沉浸式 XR 技术、临床医生和高级数据分析工具集成在一个平台上，为患者提供全面的治疗护理解决方案，让他们可以在家中舒适地接受治疗。该公司在康复服务、认知评估与培训、疼痛管理等方面拥有多项专利技术，与多家世界知名医院、医疗机构和康复中心展开合作。

XRHealth 与 HTC VIVE 合作开发的虚拟诊疗平台，可以使临床医生用预装有 XRHealth 应用程序的 VIVE Focus 3 来创建一个虚拟

---

[1] The world's first healthcare metaverse from DeHealth, news provided by DeHealth, Dec 22, 2021, https://www.prnewswire.com/news-releases/the-worlds-first-healthcare-metaverse-from-dehealth-301449862.html

第九章 医疗元宇宙：加速医疗产业变革与重塑

治疗中心，进行远程诊疗；患者则可以使用 VIVE Flow，在家中进入虚拟诊疗室，舒适问诊。通过 XRHealth 平台，临床医生将实时获得有关患者病情进展的数据，以便准确监控他们的康复情况，并根据需要调整治疗方法。

XRHealth 首席执行官艾尔兰·奥尔（Eran Orr）说："随着元宇宙的飞快发展，提供虚拟治疗室非常重要。"他表示："XRHealth 为患者提供虚拟治疗，将通过随时随地为任何人提供创新解决方案，来为医生的临床实践赋能。"[1]

全球首个元宇宙医生协会（MDA）也于 2022 年 1 月 7 日在韩国首尔宣告成立，由顶级神经外科医生、IBM 肿瘤学 AI 负责人李言（Lee Eon）博士担任协会主席。MDA 协会成员医疗技术公司 Solve.Care 首席执行官普拉迪普·戈尔（Pradeep Goel）表示："在新冠肺炎疫情蔓延、全球医院人满为患的情况下，患者如果可以在自己家中轻松检测病情的话，那将会节省出多少时间和床位？元宇宙可以帮助我们解决目前紧张的医患供需问题。我们相信，元宇宙是数字医疗发展的必然方向，这将使患者能够轻松获得医疗服务。元宇宙带来了更公平的医疗承诺，例如，无障碍的虚拟现实护理、可以保护患者隐私的虚拟化身、医生更易行使权利等。"[2]

除了 DeHealth、XRHealth 这些创新医疗技术公司，微软、Meta、英伟达等巨头也在进军医疗元宇宙，将其通用元宇宙平台与数字医疗技术结合，拓展医疗领域新的应用场景。

---

[1] Bringing Healthcare into the Metaverse, XRHealth and HTC Will Offer Virtual Treatment Rooms on the the VIVE Focus 3 and VIVE Flow, by XRHealth, Jan 05, 2022, https://www.prnewswire.com/news-releases/bringing-healthcare-into-the-metaverse-xrhealth-and-htc-will-offer-virtual-treatment-rooms-on-the-vive-focus-3-and-vive-flow-301453952.html

[2] How Solve. Care and the Metaverse Doctors Alliance are ushering in a digital healthcare revolution, by Sam Cooling, January 7, 2022. https://www.yahoo.com/now/solve-care-metaverse-doctors-alliance-080844768.html

从目前的医疗元宇宙创新实践来看，我们发现，医疗元宇宙普遍具备如下几个特征：

- 医疗元宇宙是具有高度具身性的、共享的、去中心化的三维虚拟世界，支持医生和患者通过数字化身在其中实时互动。
- 通过 VR、AR、MR 等技术设备的专有连接混合现实世界和虚拟世界，产生一个新的视觉环境，这个环境既包括物理实体，也包含虚拟信息，可以为虚拟问诊、虚拟治疗、康复护理、医学培训等医疗工作形成强大支撑。
- 通过区块链构造的医疗闭环数据系统和经济系统，既可以充分保护医生和患者的隐私，又可以实现医疗数据的货币化，激励医生和患者积极参与其中，并从中获益。

尽管目前成熟的、大规模部署的医疗元宇宙系统还未出现，但我们从全球的医疗技术创新实践中，已经看到这次数字医疗技术重大变革的曙光。

我们相信，借着这次新冠肺炎疫情的契机，医疗元宇宙创新进程会进一步加速，我们一定可以通过更完整的医疗元宇宙系统及丰富的应用生态，克服目前医疗产业面临的问题和危机，迎来更高效、更人性化的医疗产业新时代。

第三节　元宇宙如何重塑医疗产业

医疗元宇宙由于集成了 VR、AR、MR、区块链、大数据、生物传感芯片等前沿数字技术，可以为传统远程医疗和虚拟化医疗技术提供更为丰富、完整的医疗产品和服务，可以为医生提供更加便捷、高效的临床作业环境，也可以为患者提供更生动直观、更具人性化的诊疗体验，对于提高医疗产业作业效率，提高医疗服务品质，具有不可估量的价值。

从现有的医疗元宇宙创新实践来看，元宇宙系统可以在咨询问诊、临床治疗、医疗培训、医疗消费等各个环节发挥价值，对医疗服务形态和作业流程进行深度重塑。

一、元宇宙中的咨询与问诊

使用了 VR、AR、MR 的元宇宙系统，可以营造一个新的、高度具身性的视觉环境，让医生和患者产生身临其境般的真实感。医生与患者之间的交流，可以在一个可视化的私密空间中展开。

与使用远程医疗系统相比，元宇宙医疗系统可以提供更直观的视听体验，患者可以在表达自身病痛时，与虚拟医生或护士进行实时互动。尤其是当患者遇到自己害怕的医疗问题时，可以更好地控制自己的心态和情绪。许多患者在问诊咨询时会有焦虑感，但传统远程问诊仅仅通过电话沟通，并不能够使患者获得慰藉。而元宇宙医疗系统则可以更好地缓解这些焦虑，并让患者在家中舒适地咨询问诊。此外，元宇宙医疗系统还可以优化患者的服务体验，个性化的服务会使患者感觉比仅仅与医生通个电话更受关照，更令人欣慰。

此外，与远程医疗一样，元宇宙医疗系统对许多人来说，更安全、侵入性更小，有助于阻断病毒及其他疾病在医患之间的传播。

微软的 Mesh 元宇宙平台，便可以构建一个完美的虚拟问诊环境。Mesh 创造了一种身临其境的医患互动体验，为临床医生提供各种 MR 设备和应用系统，让患者在医疗环境中拥有身临其境般的体验。

Mesh已经将混合现实技术应用于临床环境，医生和患者使用HoloLens 2和Dynamics 365，可以通过3D全息进行互动交流，患者可以进行病情咨询，医生可以远程出现在患者身边，并提供咨询和建议。这也有效提升了医疗团队的协作能力，可以提高问诊效率，增进医患友好关系。

在具体的临床实践中，也可以利用HoloLens 2与患者沟通术前计划，帮助患者准确了解手术及手术内容，让患者对即将进行的手术治疗充满信心。此外，医生也可以利用Mesh进行术后分析，从CT（电子计算机断层扫描）、MRI（核磁共振成像）中提取图像，重建手术后新的器官结构，并与旧结构进行比较，做出进一步判断。

混合现实问诊技术，已经在新冠肺炎疫情期间被全球各地医院的临床医生采用，通过远程会诊的方式为患者提供服务。

英国伦敦帝国理工学院的顾问兼外科医生詹姆斯·金克罗斯（James Kincross）博士在疫情期间看到医务人员的危险工作环境后意识到，这种既定的工作方式在未来几个月内将难以为继。于是，他设计了一个基于HoloLens 2和Dynamics 365的远程助理解决方案，使医务人员能够利用远程技术与患者沟通并进行查房。

"我之前在手术中使用过HoloLens 2，我们很快意识到它具有独特的作用，我们可以将它用于远程医疗。"James Kincross说，"它在危机期间为我们解决了一个重要问题，使我们能够继续治疗重症患者，同时防止我们接触致命病毒。不仅如此，这种问诊方式还减少了防护用品消耗，提高了查房效率。"[1]

除了使用混合现实、虚拟现实技术，美国的人工智能公司Soul

---

[1] Metaverse is not a utopian healthcare field that has already benefited from it, by CoinYuppie, https://coinyuppie.com/metaverse-is-not-a-utopian-healthcare-field-that-has-already-benefited-from-it/

Machines 也在尝试通过数字虚拟人提供医疗客户服务，为患者咨询问诊提供技术支持。Soul Machines 联合创始人格雷格·克罗斯（Greg Cross）说："我们用数字人并不是要取代医疗人员，而是用来给他们赋能，增强他们的服务能力。"[1]

不难想象，随着混合现实、数字虚拟人在医疗元宇宙系统中的深度集成，对医生和患者而言，在咨询与问诊环节都将会获得更好的服务体验。

二、元宇宙与临床治疗

简·托马森博士在探讨医疗元宇宙的未来使用场景时认为，元宇宙在手术模拟、诊断成像和患者护理及康复管理方面潜力巨大。

实际上，在过去许多年里，AR、VR、MR 等技术已经在临床应用中得到部分实践。临床治疗中，AR 的主要类型是执行手术等任务的硬件和软件，以及使用智能眼镜等技术进行有效诊断的硬件和软件。这些设备包括耳机、可穿戴设备、基于视觉的设备和移动设备等。在手术中使用 AR，可以让外科医生实时调用其 MRI 和 CT 扫描数据，查看患者的解剖结构。

她指出，在元宇宙中，医疗工作者的三维数字化身将会通过虚拟空间和数字白板等工具进行合作，他们将能够在没有任何复杂会议设备的情况下面对面交流；医疗设备、系统和程序将通过数字孪生技术进行安全测试，以便在物理环境中解决之前检测出的故障和漏洞；医疗程序可以创建包括医院业务流程、住院流程在内的数字副本，然后应用高级分析和运行数百万个潜在场景来确定根本原因，

---

[1] What Is The Metaverse's Digital Workforce And Why Does It Matter?, by Emma Ascott December 3, 2021, https://allwork.space/2021/12/what-is-the-metaverses-digital-workforce-and-why-does-it-matter/

并在使用它们之前，测试不同的干预措施。在临床环境中，AR 和 VR 可以帮助护理团队进行护理。当与放射学相结合时，AR 可以为临床医生提供医学影像投射能力，如将 CT 扫描影像直接投射到患者身上，并与患者的手术部位比对，为临床医生提供更清晰的内部解剖视野，这不仅会提升手术效率，也会显著改善患者的手术体验。此外，对患者而言，这些技术还可以用于加快有关病情及治疗计划的沟通，更有助于获得患者的理解和配合。①

微软于 2016 年推出了 HoloLens 2 智能眼镜之后，一家美国密歇根州的医疗技术公司 Stryker 便成为其早期的应用者之一。从 2017 年开始，Stryker 着手使用 AR 设备改进医院 / 手术中心的手术室设计流程。随着 HoloLens 2 的改进，Stryker 工程师现在能够使用全息图创建共享手术室。

Stryker 将 HoloLens 2 集成到其手术室的设计过程中。使用 HoloLens 2，Stryker 使外科医生团队能够在物理手术室中协作和使用全息图。微软北美混合现实销售主管罗迪·森纳（Rody Senner）认为，在医疗技术中用混合现实技术的主要好处之一，是能够体验 3D 空间概念。"今天的大多数技术都是基于 2D 的，因此，将原生 3D 概念（例如人体）从 2D CT 扫描转换回 3D 存在认知负荷。"她解释道，"混合现实的 3D 成像技术通过将相关数据迭加到真实世界的图像上创造了重要的机会，它迎来了新的计算浪潮。"②

---

① MetaHealth—How Will the Metaverse Change Health Care?, by Jane Thomason, *Journal of Metaverse*, Year: 2021, Volume: 1, Issue:1, Pages:13-16, 2021-12-31 https://dergipark.org.tr/en/download/article-file/2167692

② Moving towards a modern healthcare future with HoloLens, by Elly Yates-Roberts, 18 October 2021, https://www.technologyrecord.com/Article/moving-towards-a-modern-healthcare-future-with-hololens-126329

第九章 医疗元宇宙：加速医疗产业变革与重塑

总部位于美国印第安纳州的医疗设备公司 Zimmer Biomet 最近推出了 OptiVu 混合现实解决方案平台，使用微软的 HoloLens 来创造一种混合现实诊疗环境，通过数据互联模拟现实提供问诊咨询、个性化护理、治疗和诊断服务。平台使用了 HoloLens 设备和三个特定应用程序。第一个应用在利用 MR 制造手术工具中；第二个应用在收集和存储数据中，以跟踪患者手术前后的进展；第三个应用在专业医护人员术前与患者分享 MR 经验中。①

通过混合现实远程医学协作系统，可以把远程医生"带进"本地手术室，会诊专家的指导意见，如重点区域的识别，标记螺钉的长度和直径，以及进入的点、方向等，都可以通过 MR 技术，实时呈现在手术医生的手术视野内，真正将远程专家的指导意见实时带入手术现场，使千里会诊成真。

事实上，约翰·霍普金斯大学的神经外科医生在 2021 年 6 月就已经对戴着以色列 Augmedics 公司制造的头盔的病人进行了首次 AR 手术。约翰·霍普金斯大学神经外科脊柱融合实验室主任蒂莫西·维瑟姆（Timothy Witham）说："这就像在你的眼前安了一个 GPS 导航器。"②

在中国，2018 年 1 月 8 日，武汉协和医院的叶哲伟、吴星火教授团队也成功地完成了全球首例基于混合现实技术的远程三地会诊手术。此次远程会诊在武汉协和医院、美国弗吉尼亚理工大学、新疆博尔塔拉州人民医院三地同时展开，借助混合现实远程会诊和协作系统，在三地同步完成了远程术前讨论、医患沟通与现场

---

①② How Metaverse could play a role in overhauling healthcare, by William, December 7, 2021, https://goodwordnews.com/how-metaverse-could-play-a-role-in-overhauling-healthcare/

手术指导。[1]

基于图像导航的外科手术（IGS）的概念，即利用各种医学图像信息来为手术器械导航。其目的是最大限度地为外科医师提供手术部位附近的信息。应用 IGS 技术，外科医师在手术之前就能获得手术部位的三维信息，便于准确制订手术计划。

在手术中，可根据病灶的情况决定切口的大小。可使创口最小化，同时通过跟踪手术器械或导针，可在导航系统中反映其确切的三维位置，以避开重要的功能区、神经以及血管，选择安全的路径。还能在病灶切除时，对切除边缘定位，以确认病灶是否切除干净。从而使外科手术创伤减少，手术时间缩短，手术质量提高。

增强现实技术的出现，给 IGS 带来了更直观的方法。IGS 是增强现实应用的一个理想领域。通过增强现实技术，可将 CT 或 MRI 等医学图像三维重建得到的虚拟模型融合到患者相应的身体部位，对外科手术进行指导。借助于增强现实，外科医师的视觉系统得到了增强，获得了肉眼无法看到的器官内部信息，同时可获得患者身体的准确空间信息。

目前，增强现实技术的手术导航系统目前已应用于神经外科、整形外科、耳鼻咽喉科、放射科，它在脊柱手术、颅颌面手术、腹腔镜手术、耳鼻喉内镜手术中的应用能帮助医师更直观地了解手术区域，获得良好的手术效果，并逐渐成为一种不可替代的手术辅助技术。[2]

由欧洲委员会资助，比萨大学信息工程系研发视频光学透视增强现实系统（VOSTARS），已进行了三年多。最终产品是在手术期间引导外科医生的混合可穿戴显示器。该设备能够将 X 射线数据叠加到病人的身体上，显示完全不同的场景，是真实环境与外科医生的感觉相结合的手术指南。

---

[1][2] 叶哲伟. 医学混合现实（MR）[M]. 北京：北京科学技术出版社，2018

VOSTARS 设计有一个头戴式摄像头，能够捕捉到外科医生的一举一动。这些图像能够与来自 CT、MRI 或 3DUS（三维超声）扫描的患者医学图像合并。另外，该设备还可以缩短手术时间。

生物医学工程和项目研究员文琴佐·费雷里（Vincenzo Ferreri）表示："得益于这项技术，外科医生将在他的视线中获得心跳、血氧和患者所有的参数等信息。"此外，该设备还能够看到在手术之前和手术期间获得的所有医疗信息，完全符合患者的解剖结构，并向外科医生提供虚拟 X 射线视图，以精确地引导手术。VOSTARS 还将提供关于所使用的麻醉类型和每个患者消耗的时间量等信息。

除了临床手术，元宇宙医疗系统在心理治疗方面也可以发挥重要作用，虚拟沉浸式治疗体验可以为心理治疗带来更多的希望。虚拟现实医疗公司 AppliedVR 最近获得 FDA 批准，可以使用虚拟现实疗法成功减轻疼痛，而无须使用止痛药。[1]

还有一些医疗机构正在尝试使用 VR 技术治疗精神疾病。蒙特利尔大学的亚历山大·杜迈斯（Alexandre Dumais）博士及其同事进行了一项实验，成功地使用 VR 技术治愈了精神分裂症患者出现的持续性幻听。VR 技术可以应用于各种类型的恐惧症治疗。美国加利福尼亚州 VRMC 虚拟现实医疗中心已经开始使用虚拟现实技术来帮助那些患有恐惧症的人，比如害怕飞行、演讲的恐惧症和幽闭恐惧症患者。VRMC 使用三维虚拟现实曝光疗法，结合生物反馈和认知行为疗法来治疗恐惧症、焦虑症、压力症和慢性疼痛等病症。数字医疗公司 Pear Therapeutics 通过实验性的 VR 治疗方法，配合药物一起使用，减少了患者的心理创伤。实验结果显示，使用 VR 治疗比用传统的标准治疗方法进行治疗的效果有"显著改善"。[2]

---

[1] Metaverse: The Next Healthcare Frontier?, by George Georgallides, https://www.basishealth.io/blog/metaverse-the-next-healthcare-frontier

[2] 塞缪尔·格林加德. 虚拟现实［M］. 北京：清华大学出版社，2021

三、元宇宙背景下的医疗培训

传统临床医学学生在训练过程中，往往要通过接触真实的病人，学习不同类型的手术，增加专业经验。随着时间的推移和无数的手术经验积累，他们最终将有可能达到顶级水平，之后再与下一代医生分享他们的经验。

但是临床医学学生在学习过程中，能够接触到的真实患者的数量和实际操作的机会是有限的、不可控的。医学学生不仅需要花很长时间积累经验，还要考虑每次实际操作的安全性。这种传统的医疗培训方式的局限性其实很明显，并不利于临床技术及经验的高效复制和传承。

简·托马森（Jane Thomason）博士在研究中指出，医疗教育培训也是医疗元宇宙系统可以发挥作用的一个重要领域。

医疗元宇宙可以使用混合现实来创造身临其境般的医患体验，并为学生提供高质量的虚拟学习环境。Jane Thomason 在这项研究中指出，元宇宙可以帮助医生和护士通过虚拟现实或增强现实手术和其他练习程序进行沉浸式培训。增强现实和虚拟现实还可以帮助学生学习如何更好地与患者互动，以更轻松、更容易获得的方式进行实践学习。AR 和 VR 的使用将改变医学教育培训流程。VR 将会提供一个全面的视图，允许学生像真正面对人体一样进行学习；AR 也被引入学习实践，如模拟病人和手术接触，允许学生可视化实践新技术，可以更身临其境地体验手术过程，像真正的外科医生一样。[①]

早在 20 世纪 80 年代，美国医学研究工作者就开始了对人体虚拟图像的研究工作。对解剖人体进行数字化建模，创造了数字人。20 世

[①] MetaHealth—How Will the Metaverse Change Health Care?, by Jane Thomason, *Journal of Metaverse*, Year: 2021, Volume: 1, Issue:1, Pages:13-16, 2021-12-31 https://dergipark.org.tr/en/download/article-file/2167692

纪90年代，汉堡大学的医学技术研究所创建了3D虚拟人体图谱，以此来进行3D可视化教学研究。进入21世纪以来，随着计算机技术的迅速发展，虚拟现实技术现在已经在医学领域得到了成熟应用。三星、AppliedVR、Rendever和One Caring等科技公司已经开发出用于医疗的VR产品，而VR技术也已经被越来越多的医疗机构认可。

虚拟现实技术使临床医学训练变得简单易行。由于虚拟现实技术能够虚拟出真实的世界，可为操作者提供一个极具真实感和沉浸感的训练环境，运用该技术可以使医务工作者沉浸于虚拟的场景内，体验并学习如何应付各种临床手术的实际情况，通过视、听、触觉等多种感觉，了解和学习各种手术的实际操作。

虚拟环境还为操作者提供了方便的三维交互工具，使他们可以模拟手术的定位与操作。在高性能的计算机环境下，它还可以对手术者的操作做出实时地响应，如在外力作用下的软组织形变、撕裂、缝合等，使手术者就像在真实人体上手术一样，既不会对患者造成生命危险，又可以重现高风险、低概率的手术病例。由于虚拟手术训练系统具有低代价、零风险、可重复性、自动指导的优点，可以迅速高效地提高学习者的手术操作技能，具有广阔的应用前景。

现在，很多医学院正开始将虚拟现实、增强现实等技术纳入医学课程，为学生提供宝贵的学习、实践机会。使用AR程序可以模拟接触病人和进行手术，允许医学生在培训期间，在可视化临床场景中练习技术。

据美国媒体CNBC（美国消费者新闻与商业频道）报道，医疗行业现已开始在软件和硬件中使用AR、VR和AI等技术，以提高医疗设备的熟练程度，并扩大医疗服务范围。根据该报导，世界卫生组织正在使用AR技术，通过智能手机培训COVID-19急救人员，精神科医生使用VR技术来治疗退伍军人的创伤后压力综合征，而医学院正在使用 AI 技术进行培训。[①]

元宇宙巨头 Meta 在 2014 年收购了 VR 技术公司 Oculus 之后，便推动 Oculus 与医疗行业展开频繁合作。近期 Meta 与 Nexus Studios 合作，推出虚拟医疗培训项目。Meta 开发了一款程序，培训医护人员掌握有关新冠肺炎疫情的抗疫信息，对类似模拟穿戴和脱下个人防护设备等技能展开培训。Oculus 还与康涅狄格大学医学中心合作，对住院医师展开骨科手术培训。康涅狄格大学医学中心使用的骨科方面的虚拟现实培训和教育模块，由加拿大医疗软件公司 Precision OS 提供，Oculus 头盔为受训医师提供了一个仿真的技能学习环境，使受训医师可以 3D 形式查看、学习一系列的外科手术课程。[②]

美国凯斯西储大学试验了混合现实课程，让学生体验虚拟教学解剖课，由此发现，学生留校率提高了 50%，教授临床医学课程所花费的时间也减少了 40%。这不仅增强了学生对课程的理解和兴趣，也提高了临床医学的教学效率。[③]

美国迈阿密大学的米勒医学院中，讲师也在使用 AR、VR 和 MR 来训练急救人员，以治疗中风患者、心脏病患者或枪伤患者。学生们戴上 VR 设备在一个逼真的人体模型上进行重要的心脏手术，该模型可以逼真地模拟几乎所有类型的心脏病。

除了正规的医学院，其他一些医疗机构也在使用 VR、AR 或 MR 技术展开医疗培训。比如，美国著名的医药和医疗设备制造商——诺华公司也在使用 Taqtile 的 Manifest 增强现实平台来进行麻醉机操作人员的培训和管理认证。受训者通过作业模板进行培训，

[①②] How Metaverse could play a role in overhauling healthcare, by William, December 7, 2021, https://goodwordnews.com/how-metaverse-could-play-a-role-in-overhauling-healthcare/

[③] Metaverse is not a utopian healthcare field that has already benefited from it, by Coin-Yuppie, https://coinyuppie.com/metaverse-is-not-a-utopian-healthcare-field-that-has-already-benefited-from-it/

这些模板能够覆盖在设备上形成 3D 墨水形状，以突出受训者感兴趣或关注的领域。[①]

2007 年，Hedegaard 使用基于视觉的 3D 跟踪技术和交互特征技术，将增强现实系统应用在医学教育领域中的心电图学习上，通过使用患者心脏的 3D 模型来拓展医学生对心肌疾病的空间想象能力。

对于需要程序化培训的医学生和住院医师等医护工作者，这种元宇宙系统的培训是一个很好的学习机会，可以使他们在仿真的作业环境下通过强化教学进行学习和临床培训，帮助学生全面了解从解剖学到外科手术的一切。它还允许学生在安全的环境中进行临床练习以避免危险，并为未来的医疗实践做好充分的准备。

四、医疗保健消费的数字化和娱乐化

未来学家 Jane Thomason 博士在探讨医疗元宇宙对医疗产业的革命性影响时，还提到了一个非常有创见的观点，她认为，医疗元宇宙将会推动医疗消费的数字货币化和娱乐化。

Jane Thomason 指出，我们将见证医疗消费的数字货币化趋势。医疗元宇宙将通过区块链技术使医疗数据所有者将其数据货币化。区块链确认的数据自主权会在未来将个人的健康数据货币化，而数据驱动的、以消费者为中心的趋势将会改变医疗机构的制度模式，使消费者有能力主动管理自己的健康，并做出更好、更明智的决定。区块链和代币经济将允许数据的安全共享以及数据和知识价值的货币化，将"学会赚钱"的方式整合进元宇宙医疗系统中，NFT 将会

[①] Moving towards a modern healthcare future with HoloLens, by Elly Yates-Roberts on 18 October, 2021.https://www.technologyrecord.com/Article/moving-towards-a-modern-healthcare-future-with-hololens-126329

在价值交换中发挥重要作用。[1]

英国 DeHealth 正在开发的医疗元宇宙系统便明确表示，将包括虚拟数字货币 HLT 或健康令牌作为该医疗元宇宙系统内的主要结算手段，激励医生和患者通过共享匿名医疗数据来工作并赚取虚拟资产。这可视为对简·托马森观点的现实回应。[2]

可以预见，未来健康数据的货币化将创造新的经济机会。医疗元宇宙中，"Play-to-Earn""Learn-to-Earn""Create-to-Earn"和"Work-to-Earn"可能成为数百万人的主要收入。

Jane Thomason 还指出，娱乐化、游戏化也将成为元宇宙时代医疗保健的一种主要方式，游戏化应用会成为一种连接医疗保健服务提供者和患者之间的新方式。特别是在健康和健身领域，AR 可以在虚拟教练的指导下提供更智能的锻炼，结合"Play-to-Earn"的趋势，玩家会为了获得数字货币而去积极锻炼。

比如，Genopets 这款主打运动健身的 NFT 游戏就将用户移动设备 / 电子穿戴设备上的移动步数与区块链"Play-to-Earn"生态相结合，玩家可通过在现实生活中的动作来赚取数字货币，并可在 Genopets 宇宙中探索，以及命令 NFT 宠物进行 Genopets 战斗，玩家可以通过步行、跳舞、每天跑步，或只是起床并开始生活而获得奖励。[3]

类似 Genopets 的一系列主打健康运动的元宇宙平台会陆续出现。如 Zwift，创建了类似视频游戏的虚拟世界，最近举办了一场虚拟的环法自行车赛，吸引了一批职业自行车手参与；Supernatural 则提供

---

[1][3] MetaHealth—How will the Metaverse Change Health Care?, by Jane Thomason, *Journal of Metaverse*, Year: 2021, Volume: 1, Issue:1, Pages:13-16, 2021-12-31 https://dergipark.org.tr/en/download/article-file/2167692

[2] The world's first healthcare metaverse from DeHealth, News Provided By DeHealth, Dec 22, 2021, https://www.prnewswire.com/news-releases/the-worlds-first-healthcare-metaverse-from-dehealth-301449862.html

基于运动的高强度有氧虚拟现实体验；TikTok 现在正在利用 AR 来创建虚拟健身应用等。①

显然，元宇宙在预防医学及重塑人们健康理念方面也有着不可忽视的潜力。

第四节　医疗元宇宙的未来与挑战

2018 年，印度艾哈迈达巴德 Apex 心脏研究所的 5 名患者接受了冠状动脉疾病治疗，治疗方法与每年其他 300 万人接受治疗的方法相同：将一个小气球插入心脏的动脉并充气，然后放置支架保持重要血管畅通。

这一过程称为"经皮冠状动脉介入治疗（PCI）"，是动脉粥样硬化的标准治疗方法，动脉粥样硬化是一种常见冠心病，其特征是斑块在动脉内不断积聚，导致血流受限。与之前的许多患者一样，他们的手术由西门子医疗器械有限公司下属 Corindus 的 CorPath GRX 机器人平台协助完成。

然而，不同于之前的病人，这 5 位病人经历了令人称奇的初次体验：在手术过程中主治医生不在他们的病房里。事实上，主治医生远在 20 英里外，通过远程工作站指导机器人完美地执行手术。

这个医疗用例看起来很科幻，但它实际上不过是未来医学技术革命的序曲。当前，医学技术已经从远程会诊逐步发展为远程操控机器人会诊。医疗元宇宙与人工智能、纳米科技等前沿科技的集合，

---

① Metaverse: The Next Healthcare Frontier?, by George Georgallides https://www.basishealth.io/blog/metaverse-the-next-healthcare-frontier

将会在更深层次塑造医疗技术的未来。医疗元宇宙依托于混合现实、虚拟现实、区块链、人工智能技术的进步，让医生可以"穿越"远距离空间，进行从咨询到外科手术的各种工作。而这也将进一步推动医疗的全球化，弥补医疗资源分布不均的产业鸿沟。

显然，医疗元宇宙拥有巨大的潜力，一系列技术集成和创新将会深刻改变问诊、治疗、医疗培训、医疗消费的方式，重塑医疗产业的未来。

然而，目前医疗元宇宙创新还在初创成长阶段，现存的VR、MR医疗设备的普及仍然存在障碍，除了技术本身仍欠成熟，监管合规、部署成本高昂、培训支持不足等问题也制约了其被广泛采用的速度。元宇宙医疗系统在走向成熟的过程中，为了验证这项技术的有效性和安全性，还必须进行大量临床试验和用例检验，客观上也需要时间。

然而，毋庸置疑的是，医疗技术的变革势不可挡，医疗元宇宙这项颠覆性的医学技术也一定会从想象变为现实。并且，将会通过技术驱动的创新医疗产品和服务模式，在全球遍地开花，为全球医生及患者带来福音，使人类获得更好的医疗服务，拥有更值得期待的未来。

10
第十章

能源元宇宙：加速新能源数字化革命

第一节 "拉闸限电"驱动新能源加速跑

一、2021年,为什么还会拉闸限电

2021年9月下旬,"拉闸限电"这个在中国似乎应该尘封于20世纪的词汇,一度冲上新浪微博热搜。毕竟限电这件事,对于21世纪的大多数中国人来说,是十分罕见的。

2021年,电动汽车都已经满大街跑了,为什么还会拉闸限电?这确实会让很多人百思不得其解。

时间追溯到1972年,一个著名的国际民间学术团体——罗马俱乐部发表了一份名为《增长的极限》的研究报告,它预言,经济增长不可能无限持续下去,因为石油等自然资源的供给是有限的,它还做了一个世界性灾难即将来临的预测,设计了"零增长"的对策性方案,在全世界挑起了一场持续至今的大辩论。

《增长的极限》带给整个人类世界深刻的思考,并在全球各个国家掀起一场"可持续发展"的理念革新浪潮。这份不到200页的报告引起了公众的极大关注,该报告卖出了3 000万本,被翻译成了30多种语言。

再次回到2021年——在这份报告发表近乎50年后——很难想象借由一份报告带来的深远影响,使我们经历了这场印象深刻的拉闸限电。我们分析其中的原因,除了特殊年份下能源供需失衡等因素,背后也有我国正在进行的"能耗双控"行动,也就是对"单位

GDP 能耗"和"能源消费总量"两项指标的控制。这正是一种可持续发展理念的体现。

其实,"能耗双控"仅仅是我国"3060"目标的一部分。"3060"目标旨在推动以二氧化碳为主的温室气体减排,这是我们中国对全世界的承诺。

2020 年 9 月 22 日,国家主席习近平同志在第七十五届联合国大会一般性辩论上表示,中国将提高国家自主贡献力度,采取更加有力的政策和措施,二氧化碳的碳排放力争 2030 年前达到峰值,力争 2060 年前实现"碳中和"。

既然我们需要的是"低碳",那就首先要搞清楚有哪些领域是"高碳"的。根据现在研究的结果来看,能源活动占了绝对的大头,其中,能源生产与转换环节又占据了半壁江山。从 2019 年的数据来看,我国全社会碳排放约为 105 亿吨,其中能源活动碳排放约 98 亿吨,占比约为 87%。从能源活动领域看,能源生产与转换、工业、交通运输、建筑领域碳排放占能源活动碳排放的比重分别为 47%、36%、9%、8%。[1]

所以,我国的"双碳"(碳达峰、碳中和)压力如此之大,作为经济生活重中之重的能源板块,又要如何上演一场弯道超车的大戏呢?

二、新能源革命带来的能源数字空间

毫无疑问,"双碳"对全球的能源系统都是挑战。那到底该如何去构建一个脱碳的能源系统?

---

[1] 全球能源互联网发展合作组织. 中国 2030 年前碳达峰研究报告 [M]. 北京:中国电力出版社,2021

国际能源署（IEA）给出了权威路径：全球能源系统脱碳的关键是能效、行为改变、电气化、可再生能源、氢和氢基燃料、生物能源以及CCUS（Carbon Capture, Utilization and Storage，碳捕获、利用与封存）[①]。而从供需两端来看，供给侧更加关注新能源产品比例的提升，消费侧则要不断提高电气化产品的比例，这个很好理解，目前还没有任何第二种能源比电更加便利。

因此，对于"双碳"这个宏伟目标，电力责无旁贷。不过，我们很容易就可以得出一个结论：不能再指望传统的煤电了，脑海中浮现的"大烟囱"就已经否定了这个答案（需要特别指出的是，"大烟囱"其实是冷却塔，并非排放废气的烟囱）。

毫无疑问，这将要靠新能源，也就是必须提高新能源发电的规模。而这个规模要达到多大呢？研究认为，到2050年，全球可再生能源发电装机容量占比将超过80%，达到200亿千瓦。[②]世界各国均在抓紧推动新能源发电的发展，新增发电装机容量有超过一半来自新能源。以2021年为例，可再生能源在发电中的份额预计将增加至30%，达到工业革命开始以来的最高额。[③]在这个领域，我们中国的"基建狂魔"能力再次彰显，仅中国一个国家就贡献了全球可再生能源发电增量的近一半，随后是美国、欧盟和印度。

事实上，电力"大军"不止是多了些可再生能源的"新兵"这么简单，包括并网、存储、消费在内的各个方面，都更复杂、更具有技术上的挑战性，所以我国干脆叫它"新型电力系统"。

---

① 国际能源署（IEA）.全球能源部门2050年净零排放路线图［EB/OL］.（2021-05-18）［2022-02-08］. https://iea.blob.core.windows.net/assets/f4d0ac07-ef03-4ef7-8ad3-795340b37679/NetZeroby2050-ARoadmapfortheGlobalEnergySector_Chinese_CORR.pdf
② 国网能源研究院有限公司.全球能源分析与展望［M］.北京：中国电力出版社，2020
③ 国际能源署（IEA）.全球能源回顾2021［EB/OL］.（2021-12-17）［2022-03-10］. https://iea.blob.core.windows.net/assets/58e589ad-2aaa-49f4-abfe-c46b85dba6bf/GlobalEnergyReview2021_Chinese.pdf

新型电力系统是以新能源为供给主体，以确保能源电力安全为基本前提，以满足经济社会发展电力需求为首要目标，以坚强智能电网为枢纽平台，以源网荷储互动与多能互补为支撑，具有清洁低碳、安全可控、灵活高效、智能友好、开放互动基本特征的电力系统。

对于新型电力系统，如果说新能源是供给主体，数字化、智能化则是新兴的技术主体。国家电网公司在"双碳"行动方案中，明确提出要通过数字化赋能，而南方的另外一家电网公司——南方电网则更加直白，以一纸《数字电网推动构建以新能源为主体的新型电力系统白皮书》直抒胸臆。

纵观产业元宇宙的技术体系，我们惊奇地发现，能源产业——作为大家印象中的传统产业之一，已经俨然如人类社会的新生代一般，正在悄然而全面地建设一个令人充满无限想象的能源数字空间。

第二节　呼之欲出的能源元宇宙

一、从模拟地球到模拟能源

2021年，一则有关"数字孪生地球"的消息引起热议：欧洲多机构将联合构建"数字孪生地球"，以促进2050年实现"碳中和"。

这项名为"目的地地球"（Destination Earth）的计划，试图研发一个超高精度、近实时、高度详细、不断演变的地球数字模型——数字孪生地球（Digital Twin Earth），以监测和模拟自然和人类活动。"目的地地球"计划从2021年开始，在未来7—10年内逐步实施,并将作为欧盟委员会"数字欧洲"计划的一部分进行研发①。

人类的学习总是从最简单的模仿开始,这一点自人类祖先进行捕鱼与农耕活动以来经久不息。而这类模仿动作由"量变到质变",是想象意识与空间的崛起,这让人类开启了变革自我的认知革命。想象意识的科学表现之一,是我们都非常熟悉的"模拟与假设"。

在《增长的极限》中,几个年轻的系统科学家构建了一种被称为"World 3"的计算机模型,把一些关于经济发展、环境、人口、耕地、水资源、自然资源等一些关键的变量抽取出来,再把这些变量之间的关系用数学的方式定义下来,这也相当于建立了一个变量之间互相影响的数学模型。然后怎么进行模拟呢?只要输入这些变量的现有数据,就可以用计算机模拟预测出将来的发展趋势了。

这看起来很简单,仿佛以一组数字、一组公式就能如小说中的水晶球一般预言未来。而事实上,其背后的"系统动力学"的数学原理还是非常复杂的。

其实,"模拟地球""孪生地球"并不是新鲜事,日本的"地球模拟器"已于 2002 年正式投入运行,并于 2009 年和 2016 年进行了两次升级。我国的一些数字孪生代表性科技企业也于近年提出类似的"地球克隆"计划。

欧盟的"目的地地球"计划的核心是建立一个基于云的联合建模和仿真平台,提供对数据、高级计算基础设施、软件、人工智能应用程序的集成、分析和访问。欧洲希望基于这样一个"以假乱真"的模拟地球,大幅提高监测和预测地球动态变化的能力。

在我们生活的时空,模拟地球应该是一个宏伟愿景。在这一系列愿景之中,我们发现了一些触手可及的愿景,其中之一即是对能

---

① Presenting Destination Earth: a digital replica of our planet. https://www.ecmwf.int/en/about/media-centre/news/2021/presenting-destination-earth-digital-replica-our-planet

源电力数字空间的模拟。可以想象这些大大小小的设施、设备乃至能源网络系统，当它们置身于"模拟地球"或者"地球克隆"这一类的元宇宙底座之中时，能源设施的元宇宙化便诞生了：从三维可视到数据驱动实时映射，从静态建模到动态仿真，乃至于充满遐想的 AI 自进化……这无疑是一个能量满满的能源数字空间。

产业元宇宙从诞生之日起便自带模拟属性，并且从某种意义上讲，"一直被模拟，从未被超越。"这来源于产业元宇宙的一个非常重要的特色——以虚拟世界来助力现实宇宙的激励。

二、能源元宇宙的基础设施，基本齐活儿了

2018 年，我国的国家电网公司颁布了一系列 GIM（Grid Information Model，电网信息模型）标准。什么是 GIM 标准？简单来讲，GIM 是一系列三维模型的设计规范，有了这个规范，大家统一都按照一个标准来对电网里面的各种各样的设备进行三维模型设计，从变压器、电线杆，甚至是传输线路，都有了标准化的三维模型设计标准。于是，能源电力领域的虚拟世界与数字空间建设，开始步入快车道。

作为电力三维设计领域的规范，GIM 可以对标 BIM（Building Information Model，建筑信息模型），后者早已在建筑领域应用得风生水起，甚至直接催生了 CIM（City Information Model，城市信息模型）。GIM 为电力行业标准化数字空间的构建奠定了基础，使之从传统的二维空间迈向三维甚至四维空间。

提到四维空间，就不得不提到 AIoT（AI & IoT）技术。AIoT 本身就是个技术结合体，AI 的想象空间已经很大了，无论从机器学习到机器视觉，还是从自然语言处理到智能语音，AI 已经从各个角度在改变着我们这个世界。IoT 技术是联接物理能源世界与数字能源世

界的桥梁和纽带，结合 AI，二者不管是以"+""×"抑或是"双面胶"的方式紧紧黏合在一起，也会使得 GIM 由单一的数字空间演进为具备各种能源电力属性的信息时空。

因此，无论化石能源企业，还是电力能源企业，都在抓紧建设自己的物联网数字基石。比如，国家电网江苏省电力公司，在 2019 年构建了综合能源服务平台，涵盖物联中心、数据中心与开放平台，实现物理能源世界数据的采集、汇聚、梳理与场景化建模分析等，并与能源数字空间形成有机结合。

非常幸运的是，能源信息时空诞生不久，就赶上通信力与算力爆发式增长的 5G 与云时代，承载信息量越来越庞大、交互越来越实时、推演越来越复杂。

从仿真空间到元宇宙的蜕变，区块链技术的加盟功不可没。能源经济系统也基于区块链技术进行全新构建，彻底激活了能源互联网，并与新能源技术同台共舞，开始显现出系统级的能量跃升。

从一点一滴的建模开始，由于电力科学的发展，小到设备、网元，大到系统，甚至复杂巨系统，其数字化描述都更加精确和便利。因此，在能源数字空间中，虚拟与现实彼此交融，南方电网由此明确地指出，"新型电力系统将呈现数字与物理系统深度融合，以数据流引领和优化能量流、业务流。"[1]

"数字与物理系统的深度融合"，这是产业元宇宙的招牌式要义——或者我们可以称之为一个全新的"能源元宇宙"！这个承载了海量真实信息的能源元宇宙，同时也是一个诺亚方舟实验室，能够在一定程度上化解《增长的极限》中所表达的忧虑，承载着人类的文明驶向更远的绿洲。

---

[1] 中国南方电网有限责任公司.数字电网推动构建以新能源为主体的新型电力系统白皮书［EB/OL］.（2021-04-24）［2021-04-25］. https://guangfu.bjx.com.cn/news/20210425/1149210.shtml

在以 Roblox 游戏为代表的元宇宙中，从亦真亦幻的数字空间、沉浸式的 3R（AR/VR/MR）交互模式到涵盖消费与交易的数字经济系统，无一不闪烁着数字世界的光辉。巧合的是，能源电力领域也正在发生着相似的变革，其元素的丰富程度，相比单一维度的元宇宙，甚至有过之而无不及。

第三节　虚实共生，能源元宇宙发力进行时

源自真实世界，依实拟虚；服务真实世界，以虚促实。完整的能源元宇宙虽然尚未构建完成，但"3060""双碳"目标赋予的使命，已经让这个"小宇宙"开始燃烧起来。

一、"纸上谈兵"的能源大片

2020 年 11 月 30 日 23 时，万家灯火渐暗，而在离岸 40 公里的如东近海海域竹根沙东侧却依然灯火通明，江苏如东 H14 海上风电场项目最后一台风机顺利吊装完成。至此，该项目 50 台风机全部吊装结束，标志着 H14 项目主体工程全面完工，而 H14 项目全面投运后，年上网电量为 5.6 亿千瓦时，每年可节约标准煤约 17.6 万吨，减排二氧化碳 46.6 万吨。

值得一提的是，江苏如东 H14 海上风电场是国内首个全生命周期数字孪生智慧型的海上风电场。这个数字孪生海上风电场的建成代表着设计师们已经可以在虚拟世界中完成新能源电厂的选址和设备布局。比如，在海上风电场的规划设计方面，设计师可以在孪生世界融合气象信息库、时序数据库、GIS 地图服务、图形引擎、各

第十章 能源元宇宙：加速新能源数字化革命

类算法库等服务支撑工具，在规划阶段可提供包括测风数据评估、风电场宏观和微观选址及发电量计算、风资源评价、地形图生成及处理、工程海域波浪要素设计等功能，并结合造价信息管理平台的经济评价，得出最优的风场布局与风机规划布局方案[①]。

最终呈现在人们面前的，是一个虚拟世界的海上风电场，以三维模拟地球为底板，在其上构建海洋、风机机组、海缆、海上升压站等模型，将从环境气象到风机设备的数据全部与模型进行关联，并借助AI技术进行预测与推演。

图 10.1　一个虚拟世界——海上风电场

资料来源：51WORLD 公司官网。

这已经近似于一个缩小版的"模拟地球"，在这个能源元宇宙中，有大自然的风云变幻，有人类科技文明的纵横交错，工程师们犹如魔法附体，摇身一变，成为哈利·波特，拥有飞舞的魔法棒、洞察未来的水晶球，仿佛时空穿越一般告诉当今的现实世界如何才能更加美好。

孕育了悠久文明的山川江河已经远不能满足人类对新能源的渴

---

① 金飞，叶晓冬，马斐，滕彦. 海上风电工程全生命周期数字孪生解决方案[J]. 水利规划与设计，2021（10）.

望了,于是人类便将视野投向了未知的星辰大海。如今,全球能源行业正在加速推进低碳化绿色转型,水电、风电和光伏发电装机规模已经占到全部清洁能源装机规模的 80% 以上,是最为重要和最具发展潜力的清洁能源发电方式[①]。

风、光、水,都是来自大自然的馈赠,如何将其效能发挥到极致,自然也需要地球母亲的指导。这其中的第一步,往往就是规划问题,尤其是选址和布局。有关资源评估的数字化方法正在逐步完善,并在一个又一个类似"如东 H14 项目"中得到提升。而基于"模拟地球""地球模拟器""地球克隆"这样的能源元宇宙数字场景,我们可以更加快速、科学、智能地完成一系列的新能源规划工作。我们正尝试在"地球克隆体"中找寻更加适合新能源生长的环境,并让它们茁壮成长。

在"地球克隆"的宏伟事业中,我们人类正在数字化整个世界,每一寸土地、每一座山脊、每一条河流、每一片海洋、每一株植物、每一座城市、每一个乡村,以及头顶的每一米阳光都正在被数字化着……与之对应,地表的高程,山脊的风向、风速、风力,河流、海洋的水文,阳光的辐射能量,这些都是构成能源元宇宙的基本要素。

能源元宇宙在这方面的贡献,不仅仅是在人烟稀少的天涯海角,就是在人口密集的城市也不例外。

城市新能源的"主力军",毫无疑问是光伏。在光伏的规划方面,欧洲的 Solargis 公司采用卫星遥感数据结合辐射传输模拟的方法,利用卫星遥感、地理信息技术和先进的科学算法开展覆盖全球的太阳辐射反演模拟。在"模拟地球"中,基于这些光资源数据,

---

① 全球能源互联网发展合作组织. 全球清洁能源开发与投资研究[M]. 北京:中国电力出版社,2020.

结合地质、地形、数字高程、地面覆盖物分布、城市建筑等空间仿真，以及交通基础设施分布等人类活动信息，实现光伏能源的宏观选址规划。而微观层面的光伏发电组件的倾角、排布等规划模拟，在技术层面更加成熟。

我们可以预见，在不远的未来，借助 AI 的力量，这一过程的实现将更加自动化与智能化。也许我们只需要在"模拟地球"的虚拟世界画个圈，能源元宇宙就能帮助我们推演出更多的 Plan A、Plan B，并不断被纳入现实能源世界的规划版图之中。

二、在能源元宇宙中玩转"我的世界"

运筹帷幄于千里之外，这是对一个谋篇布局的大师高度的褒奖。而对于能源产业来讲，运筹帷幄的范畴就非常宽泛了。现实能源世界的基础设施可谓无限繁杂，从器件、设备、微网、系统到复杂巨系统，管理的难度呈指数级增长。

而如今，能源设施与工程的建设、能源系统的管理，同时变得更加科学化与游戏化。

科学化是因为在能源元宇宙中，每一项细小的设施都具备自己的数字身份，并且基于"模型驱动"与"数据驱动"技术，所有的自然法则与物理规律依然生效，哪怕其源头是"汲取日月之精华"，也会构建一套完善的汲取流程和工艺；游戏化则因为可见即可得，无论是一砖一石，还是整个风电光伏电站、全部线路网络，就像玩家在游戏世界管理和搭配自己的装备一样，统统全程可视。

类似建筑领域有赖于多年来 BIM 的成功推广，能源领域创立并推广的 GIM 乃至 EIM（Engineering Information Model），都使得能源元宇宙具备更大的实际意义和价值，这让能源设施的建设变得更加趋向于可见即可得。

同时，我们更要感谢人类社会几十年甚至上百年技术的沉淀，尤其是近年来能源电力行业建模仿真技术的发展，设备与系统的数字化正在加速走进现实。比如，在电力生产设施方面，我们已经能够对电力设备的电流、热力、燃烧和机械方面进行深层物理模型管理，包括性能模型、异常检测模型、可靠性预测模型、微观结构模型、动态估算模型和模型调整配置管理等。

以美国通用电气公司为例，其创建了一个功能强大的、面向电厂的数字空间模型，集成了电厂各个组件的分析模型，人们可以使用这些模型来准确预测，在不同的情况下、不同发展路径中，设备和系统的可用性、可靠性、灵活性、性能和可维护性等指标。

除了电力领域，在涵盖石油、天然气、煤炭等在内的化石能源生产领域，也正在掀起智慧化大潮，而数字孪生已经成为不可或缺的技术载体。比如，在煤炭生产领域，能源元宇宙的数字空间，正在为矿山的智能跃升打下基石：生产自动化方面，矿车的自动驾驶依赖于在能源元宇宙平台上进行系列化的仿真训练；生产安全方面，矿井的全息复刻，则为各种潜在事故救援提供包括预案演练在内的种种支撑。

能源元宇宙的加盟，让物理世界的能源设施与元宇宙世界同生共长，而尤其难能可贵的是，这样使人们常说的"一次就做对""第二次做得更好"变得更具可操作性。这让能源设施元宇宙化显得更加诱人和令人期待。

有了模拟地球的帮助，能源的输送与分配似乎都变得更加"理性"了。在配电环节，能源元宇宙能够为物理配电环节提供实时状态监测、历史状态回溯、未来趋势推演等功能。例如，在迎峰度夏、迎峰度冬前，对配电变压器的负载率开展预测推演，校核配电变压器是否会发生重过载，以便提前采取应对措施。

不仅如此，更进一步的是，因为能源元宇宙构建于"地球克隆体"这一数字底座之上，我们可以将台风、风偏、覆冰、山火等恶劣天气情况与气象数据相融合来评估和预测其对输电线路的影响，灾害发生时的现场情况也可以通过 IoT 技术同步到能源元宇宙，并可同步复盘历史的灾害损坏情况。

可以预见，伴随着能源设施与能源系统的数字化——这个数字化，其实是能源行业争相构建自己的能源元宇宙——也就是能源数字空间，可感知、可定义、可模拟、可预测将成为能源设施元宇宙化的基础能力，也将为元宇宙化的能源管理带来全新的改变。

三、一个虚拟的电厂有多厉害

2020 年 10 月 11 日，对曾因频繁停电而登上报纸头条的南澳大利亚州而言，是其在可再生能源应用方面具有里程碑式的意义的一天——在这一天，当地光伏发电量已经满足了 100% 的能源使用需求。我们相信，随着新能源消费占比不断攀升，这样的里程碑式的事件将不断在全球各地上演。

新能源占比不断提升是我们希望加速实现的结果，这首先体现在生产环节。大规模、集中化的能源生产是我们常规看到的场景，而对于城市本身，一个物理空间分散化的新能源生产系统，则显得更加急迫而现实。中国也在加速城市屋顶光伏的进程，2021 年 9 月 14 日，中国国家能源局正式公布了整县（市、区）屋顶分布式光伏开发试点名单，共计 676 个县（市、区）榜上有名，政策方面的推动力可见一斑。

对于以光伏为代表的新能源，能够发电并不意味着就能够顺理成章地完成供电。也就是说，生产出来了，还要能够顺顺当当地卖出去。说得直白一些，光伏、风电这些资源毕竟不比煤电、水电那么稳定，那么这些断断续续发出的电，如果想要发挥更大的价值，除了自用，多余的部分想要卖出去，先要完成并网这个环节。

无论是在澳大利亚还是在我们中国，以政策推动新能源电力规模化量产的前提，就是必须保证这些能源生产从物理空间离散化转变为数字空间系统化，从而更加便利地进入下一道工序。

这个任务现在交给了"虚拟电厂"。"虚拟电厂"是一个从"模拟地球"的能源元宇宙中走出来的"家伙"——它好比一个电力智能大管家，能够将分布在不同地方、不同类型的新能源有机组合起来，形成一个虚拟的电厂，满足城市不同成员的能源尤其是电力需求。

2021年8月，南方电网首个市级虚拟电厂——广州市虚拟电厂投入运行。8月29日，酷暑深夜的荔湾区龙溪村，家家户户的空调开足马力，居民用电节节攀升，电网负荷一度告急。此时，广州电网通过虚拟电厂平台向公交充电公司发出首条直调指令，精准削减变电站负荷，瞬间降低80台电动公交充电功率，调整公交充电计划时间，保障了2 000户家庭的空调用电。次日清晨，公交车又重新恢复"电力十足"。

虚拟电厂部署在物理空间，却更多成长在数字能源空间，能源元宇宙为保障物理世界的能源稳定承担着重要的任务。

当然，真正的虚拟电厂不仅仅是整合类似光伏这样的发电侧资源这么简单，其本身要复杂得多，而且融合了能源的输送、储存、分配等其他环节。简单来讲，虚拟电厂对外既可以作为"正电厂"来供电，对内又可以作为"负电厂"消纳系统生产的电力，是个妥妥的"全能战士"。

我国已经将虚拟电厂作为保障真实城市能源电力稳定的重要抓手之一，在2021年初，发改委、国家能源局明确指出，"以现代信息通信、大数据、人工智能、储能等新技术为依托，运用'互联网+'新模式，调动负荷侧调节响应能力。在城市商业区、综合体、居民区，依托光伏发电、并网型微电网和充电基础设施等，开展分布式发电与电动汽车（用户储能）灵活充放电相结合的园区（居民区）级源网荷储一体化建设。"

四、如何构建一个超级充电宝

如果你在外面逛街时候，突然发现手机快没电了，这时候该怎么办？你可能会不假思索地说："赶紧租个充电宝啊！"

是的，对于当下的年轻人来说，或许可以没钱，但绝不能断网、断电，所以城市商圈里随处可见共享充电宝的身影。我们发现，随着科技的进步，一些东西虽然唾手可得，可人们却越发离不开那些东西了，比如充电宝。

那么，你知道世界上最大的充电宝在哪里吗？

事实上，如果我们宽泛地定义一个能充电、能放电的东西就可以被叫做"充电宝"的话，那么，能源电力的存储站可以简单类比为一个超级大号的充电宝。于是，我们按图索骥，找到了这个世界上最大的充电宝——我国的丰宁抽水蓄能电站，位于中国河北省丰宁满族自治县境内。

丰宁抽水蓄能电站是世界上最大的抽水蓄能电站，位于中国河北省丰宁满族自治县境内，总装机容量360万千瓦，电站上水库库容5 800万立方米，下水库库容6 070万立方米。工程于2013年开工建设，是2022年北京冬奥会绿色能源配套服务的重点项目，将为新能源消纳和奥运赛事提供灵活调节资源和电力保障。

抽水蓄能是当前储能领域的绝对主体，据国际水电协会（IHA）发布的2021年全球水电报告，截至2020年底，全球抽水蓄能装机规模为1.59亿千瓦，占储能总规模的94%。另有超过100个抽水蓄能项目在建，2亿千瓦以上的抽水蓄能项目在开展前期工作[①]。

对于这个"超级充电宝"，从其选址开始，在基于"模拟地球"的能源元宇宙中已然开始描绘了。从距离负荷中心及供电电源的距离，到上下水库落差等地形条件，从岩体强度与渗透特性等地质条件、环境生态等，到整体的数字孪生式的运行维护，信息流与能量流在虚拟与现实的抽水蓄能电厂中不停流转。

相比化石能源，电力的存储直到近些年才得到较快的发展。在能源设施的元宇宙化进程中，人们已经对储能设备（如电池、超级电容等）进行多物理场、多尺度数字孪生建模，将这些模型应用于监控和预测储能设备的运行情况[②]，从而实现优化配置，也助推了能源存储领域加速融入新能源生态系统的大家庭中。

对物理世界而言，能源存储不仅仅在于其本身的性能与状态，更和整个人类社会——无论城市或者乡村的运行状态，无论是交通运输，还是建筑楼宇运转，全都息息相关。基于"地球克隆体"的能源元宇宙，在能源存储方面也给予了巨大的反向助力，从而推动储能行业设计、建造和管理的数字化、智能化。

想象一下，如何让每一个城市都拥有类似丰宁抽水蓄能电站这样的"超级充电宝"？正在日益普及的电动汽车无疑是最好的零件，只不过这是通过数以万计的离散"充电宝"来完成的。电动汽车与相关电池产业的不断发展，为能源数字空间的储能发展带来更多的想象空间。电动汽车作为电力能源的消费者，也同时扮演着储能的角色，而这种海量的时空离散式储能个体，又为能源元宇宙提供更为丰富的元素。

[①] 国家能源局. 抽水蓄能中长期发展规划（2021~2035年）[EB/OL].（2021-09-09）[2022-03-10]. http://www.nea.gov.cn/2021-09/09/c_1310177087.htm

[②] 唐文虎，陈星宇，钱瞳，刘刚，李梦诗，李立涅. 面向智慧能源系统的数字孪生技术及其应用[J]. 中国工程科学，2020（22）

第十章 能源元宇宙：加速新能源数字化革命

是的，这又是一个脱胎于"模拟地球"的、妥妥的"虚拟充电宝"。

五、超越"千里眼"与"顺风耳"

2021年8月25日，CCTV-2（中央电视台财经频道）《经济信息联播》报道了一则题为《光伏发电进入平价时代，智能化运维降本增效》的新闻，讲述青海省立足海南州丰富的光照资源和荒漠化土地，围绕清洁能源产业而展开的故事。青海省海南州正在打造全球最大的清洁能源基地（截至2021年8月累计完成1 860万千瓦），其中已经建成的220万千瓦全球单体最大光伏电站，占地面积56平方公里，这相当于在8 000个标准足球场大小的土地上，铺设了2 000万块光伏电池板。

人们通常很难想象，运营与维护的成本会有多高。对于能源行业来讲，在净零排放情境下，全球发电厂2050年的运维成本将接近1万亿美元，这其中可再生能源的运维成本将达到7 800亿美元，其中大部分将用于满足规模大幅扩大的风能和太阳能光伏发电所需，仅海上风电就将占900亿美元[1]。

这个全球最大的单体光伏电站，却采取了截然不同的运维策略——将传统光伏电站变成数字孪生智能光伏电站——其运维效率可以提升50%以上。比如，一个100兆瓦的电站，面积相当于100多个足球场大小，只是巡检电站里的组件原来人工需要2个月才能完成，在智能光伏电站里借助数字化的手段——从设备到系统的数字化、孪生化——只需要鼠标轻轻一点，20分钟就能完成对全部组

---

[1] 国际能源署（IEA）. 全球能源部门2050年净零排放路线图［EB/OL］.（2021-05-18）［2022-02-08］. https://iea.blob.core.windows.net/assets/f4d0ac07-ef03-4ef7-8ad3-795340b37679/NetZeroby2050-ARoadmapfortheGlobalEnergySector_Chinese_CORR.pdf

件的检测。从 2 个月的人工巡检，到短短 20 分钟的自动化巡检，数字孪生系统带来的效率提升和成本节约是指数级的。能源元宇宙中的智能运维帮助这个光伏电厂大幅降低了成本。这个成本低到什么样的程度呢？根据节目报道：青海的火电标杆电价是每度 3.247 角，现在的光伏电站的上网电价是 2.2 角，这个比火电已经低了 1 角钱了。所以目前在青海建设光伏电站，已经进入了一个平价的时代。

能源元宇宙对新能源的运维效能提升至关重要。这不难理解，在迅速完成了一系列规划动作与建设目标之后，能源元宇宙对现实能源世界在运维方面的辅助作用已经显而易见了，此外，还能够大幅降低运维成本。

借助 IoT 技术，能源元宇宙能够实时感知现实能源世界的脉搏，并且"望闻问切"，样样精通，无论是对于能源本体的状态监测，还是关于人员环境、机器设备、物品物料等各个方面的指标，都一刻不停、一字不差地刻画到了能源元宇宙之中。

更加厉害的是，能源元宇宙具备未卜先知的"最强大脑"，基于机器学习与深度学习技术，比如，电厂和设备热力学模型、异常模型和检测方法、生命周期模型、动态估算和模型调整、流动和燃烧模型等，我们能够在能源元宇宙中推演和预测各类设施、设备未来可能发生的故障或者问题，进而未雨绸缪，将潜在的重大风险扼杀于摇篮之中。

如果说机器学习与深度学习赋予了能源元宇宙一个"最强大脑"，那么机器人技术则为其嫁接了有力而灵巧的四肢。而让机器人加速学习现实能源世界的恰恰就是能源元宇宙，无论是常规的巡检，还是运输、操作、维护等，都能够帮助它们快速上岗、熟练上岗。

另外一个非常典型的场景是能源的输送。化石能源的输送以海运、陆运交通工具，以及跨越千山万水的管道等各种方式进行着，而电力能源的输送则更加依赖于电力传输网络。电力输送线路作为能源设施，正在逐步映射到能源数字空间这个能源元宇宙之中。在国家电网河北省电力公司 2021 年发布的《数字孪生电网白皮书》中，电缆线路是其中一个典型应用场景。我们欣喜地看到，国内一些数字孪生科技公司也在这个领域初见成果。

电缆线路的元宇宙化，主要基于物联网、大数据、三维建模、人工智能等技术，将三维模型与设备台账、运行数据、环境信息进行有机融合，可直观地监测电缆线路的运行状态和电缆隧道内的环境信息，从而达到虚拟巡视的目的。技术人员将电网的输电线路全域可视化呈现，并在虚拟场景中实时同步天气情况、输电线路设备状态、输电线路物联网设备检测信息等，处于偏远地区的输电通道的运行状况通过可视化管理运营平台也可实时掌控。

图 10.2　数字孪生输配电管理

六、从虚拟能源货币到绿电持证上场

2021 年 9 月，一则来自《经济日报》的能源新闻引起能源界的广泛关注：我国绿色电力交易试点正式启动——绿电消费有了"中国方案"。9 月 7 日，来自 17 个省份的 259 家市场主体，以线上、线下方式完成了 79.35 亿千瓦时的绿色电力交易，这是当天我国绿色电力交易试点正式启动后的首次交易。而参与首次绿电交易的所有市场主体都收到了一份绿色电力消费证明。

什么是"绿色电力消费证明"？类比一下，这是一张好比超市里的有机蔬菜的身份证明。绿色电力消费证明，简称"绿证"，利用区块链公开透明、多方共识、防篡改等技术特点，记录了绿电生产、传输、交易、消费等全流程信息，且不可篡改，具备全国唯一性和权威性，实现了绿色电力全生命周期的追踪溯源。

早在2016年，一份《关于推进"互联网+"智慧能源发展的指导意见》就明确提出，"建设能源互联网的市场交易体系，培育虚拟能源货币等新型商业模式。"这是中国在能源领域较早的代币尝试。

新能源时代，如何让绿色电力从源头就"根正苗红"地得到消费者的认可，甚至获得一定的溢价——就好像超市里随处可见的有机蔬菜等农产品一样——是个非常有价值的课题。但电力看不见摸不着，而且从哪来、到哪去、消耗在哪，凭肉眼是难以追踪的。那怎样才能完成值得信赖的标记呢？

这个难题，对于数字化的能源元宇宙来讲，简直再适合不过了。元宇宙将区块链技术运用得炉火纯青，并打造了一个可以称之为运行根基的数字经济体系。

在新能源系统中，电力并不是唯一，还包含煤、油、热、气、等多种形式的能源，多种能源主体的整个生命周期基于区块链技术分布式运行，完整记录运行状态和能源成本，为多能源的深度融合提供了技术支撑，承载着从物理属性到信息属性再到经济属性的转换职能。

区块链技术再次和元宇宙碰撞出了火花，只是这次是在能源元宇宙这个能源数字空间中，消费的商品不仅仅是数字世界中的数字产品，而且是现实世界中时时刻刻都在光速流淌着的电力。因此，也有人称这个区块链技术为能源区块链技术。在能源互联网中，物理流支撑电力传输，信息流在物理流的基础上进行运维和信息流转，与物理流深度融合、双向流动。

能源区块链赋予能源元宇宙强大且富有生命力的经济系统，是一个连接能源数字空间与物理经济体系的枢纽，使得能源元宇宙具备令人无法想象的内生长力。

在不远的将来，你家屋顶上的光伏发电也可以并入电网进行交易了——并且是可溯源的百分之百"绿色产品"。同时，你家里动辄耗电一两百度的电动汽车，也可以在电网的波峰浪谷间，通过储能调节电网负荷，同时获取收益——这一切同样都被能源区块链清清楚楚地记录下来。

与此同时，同样被记录下来的，还有来自我们每一个有责任心的公民对全社会新能源变革的贡献！

七、无限向上生长的能源元宇宙

新能源的本质，在于从能源依赖转向技术依赖。传统的化石能源曾经代表着无可限量的财富，而新能源革命则更多地体现、迸发与沉淀技术的宏伟价值。

在人类正在步入的新能源时代，能否更加便利地获得为人类可用的能源的关键，在于技术的先进程度。能源生产、能源输送、能源存储、能源分配、能源消费、能源交易，都对数字技术产生前所未有的依赖，无一不在变得数字化，并加速形成能源领域特有的数字空间，与"地球克隆体"一起，拉开能源元宇宙的全新大幕。

脱胎于"地球克隆体"的能源元宇宙，以时空智能承载着信息的流淌，以数据智能记载着能量的变换，一方面以全面而完善的数字空间来强化能源及其相关技术的发展，另一方面也使得能源元宇宙自身变得更加强大和富有生命力。

在数字时代,元宇宙中的数字身份与新能源结合,则使得能源行业从传统的中心架构开始向着去中心化发展,包括生产、储存、消费与交易。未来,自带数字孪生体的工业产品将层出不穷,很多产品将带上新能源的标签,比如,新能源汽车、家用屋顶光伏发电、家用储能设施等,这些将成为未来能源元宇宙不可或缺的元素——从诞生之日起,便具备天然的数字身份,或者称之为数字原生,并连通虚拟与现实世界。而民众——无论个人还是企业,将以时空更加灵活便利、全程更加可信可控的方式,获得更加广阔的能源市场参与和建设机会。

新能源时代,元宇宙平台所推崇的众创、众智、众享,也将被迅速纳入能源元宇宙的技术运营体系中。

对于基础设施的建设,这个地球上可能再没有其他国家拥有比中国更加丰富的心得。而如今,我国正在完善各类新基建。元宇宙正是建立在这些坚实的新基建基础之上,这其中也包括能源元宇宙。

能源元宇宙加速走进我们的世界,不仅仅是因为能源设施的元宇宙化,更加体现在人类正在基于"双碳"的宏伟目标,构建一个全新的、可持续发展的能源世界。

未来已来,新能源革命正在成长为一种面向全人类共同参与的能源变革壮举。如果说互联网的下一站是"全真互联网",元宇宙是互联网的终极形态,那么能源元宇宙正在发生的演进,则以无限向上生长的姿态,正在成为变革进程中的加速器。

03

第三部分
产业元宇宙:未来与挑战

第十一章

世界第四次数字化迁移的可能与挑战

非洲目前是全球互联网接入率最低的大洲,但数字化正为非洲农村地区的经济发展注入新动力。"钱牛"是始创于尼日利亚的一个数字平台,人们通过该平台建立在线市场进行牲畜等农产品网上交易;在赞比亚,一家网上农具租赁公司应运而生,可以租借农具;在乌干达,一家生鲜蔬果初创公司开启从农场到餐桌的蔬果直购模式,大大缩短了供应链,为农户争取到了更好的价格。非洲国家抓住数字经济发展机遇,使之成为创新发展的一大驱动力。

放眼全球,回顾科技革命和产业革命历程,基本上以思想开放为先行,以社会需求为牵引,以科学发现为先导,以技术革命为推动力。18世纪,蒸汽机等一系列新兴机器设备出现,推动着手工业时代进入机器工业时代;19世纪后期,内燃机等新兴机器设备出现,推进石油、电力、飞机、汽车等新型产业的形成,人们走向大规模工业化时代;20世纪中期以后,随着信息技术的发展,全球进入了信息化和数字化时代,又一次产生了新的生产和生活模式。到今天,产业界经历过个人计算机、互联网、移动互联网等三次信息技术洗礼和升级后,世界范围内的第四次数字化迁移正在悄然发生,带动着产业元宇宙的概念和实践萌芽生长,人类依靠科技创新来解决所面临的经济发展、社会民生、全球生态等问题。

第一节　个人计算机、互联网、移动互联网发展路径和技术支撑

回顾个人计算机、互联网和移动互联网这三次信息技术的发展

历程，有利于我们判断信息技术未来的演进，有利于我们发现第四次数字化迁移将为产业界带来的新增长点和巨大改变。

一、个人计算机发展路径和支撑技术

1900年，德国数学家戴维·希尔伯特（David Hibert）在第二届国际数学家大会上提出了数学理论中的23个最困难的问题，其中第10个问题是："能否'发明一种过程'（或'设计一种方法'）去'判定'任何一个丢番图方程问题是否可解？"其中，丢番图方程又名不定方程、整系数多项式方程。1936年，两位数学家分别用不同的方法给出了这个问题的答案。来自美国的阿隆佐·邱奇（Alonzo Church）在哥德尔的不完备定理基础上，引入了一种叫 λ 演算的方法，并最终证明没有任何通用算法可以判定任意两个 λ 表达式是否相等[①]，就是说，有些事情无法用数学方法加以判定——解决判定问题是不可能的；另一位是英国的艾伦·图灵（Alan Turing），他在1936年发表了改变世界的论文——《论可计算数及其在判定问题上的应用》。不同于常见的数学推理，他使用了一种更有趣、更形象的模型，这个模型有一个响亮的名字——图灵机。从图灵机开始，计算机有了真正坚实的理论基础。如今的所有通用计算机都是图灵机的一种形式。

1946年，宾夕法尼亚大学研制出了第一台真正意义上的通用型电子计算机——埃尼阿克（ENIAC）。这台计算机重130多吨，占地面积170多平方米，每秒钟可作5 000多次加法运算。之前机器需要2小时完成的计算，ENIAC只需要3秒钟，在当时堪称奇迹。ENIAC显示出电子计算机的巨大应用前景。在此基础上，数学家约翰·冯·诺依曼（John Von Neumann）对ENIAC做了关键改进，提出

---

① Hodges A. Alan Turing: The Enigma [M]. Princeton: Princeton University Press, 2014

了现代计算机的模型，即计算机由运算、控制、存储、输入、输出设备五个基本部件组成；把程序本身当作数据来对待；采用二进制编码。这至今仍然是计算机的基础架构。

机器语言是最先出现的编程语言。简单到只用"1"和"0"两个数字就可以进行编程，机器语言难学难懂、不可移植。于是，汇编语言诞生了，但移植和推广依然很困难。经过不断探索和改进，1956年，高级编程语言FORTRAN诞生了。1967年，挪威科学家正式发布了Simula语言[①]。Simula被认为是最早面向对象的编程程序设计语言，它引入了面向对象的基础概念：对象、类、继承，但其实现并不是很完整。C++是第一个被大规模运用的面向对象语言，C++由贝尔实验室比雅尼·斯特劳斯特鲁普（Bjame Stroustrup）在1983年推出，与Simula不同的是，C++到现在还在被广泛应用。Java是目前使用最广的面向对象的编程语言，拥有全球最多的开发者，Sun Microsystems公司在1995年推出Java时，就将其定位于互联网应用。因此，随着互联网的发展和流行，加上开源运动的助力，Java逐渐成为最流行的编程语言。

有了计算机硬件和编程语言，操作系统应运而生。程序员无法了解所有的硬件操作细节，管理硬件并且加以使用的繁琐工作就由操作系统来承担。程序员无须再思索硬件管理和细节，只需要考虑编写应用软件即可。贝尔实验室计算机科学家肯尼斯·汤普森（Kenneth Lane Thompson）1969年开发了一个简易的、单用户版本的多路信息计算系统，这就是后来的UNIX系统原型。基于它衍生了很多其他的UNIX版本。1991年芬兰学生林纳斯·本纳第克特·托瓦兹（Linus Benedict Torvalds）基于一个UNIX的小型克隆版本编写出了Linux。

---

① Simula. 2021-10. https://zh.wikipedia.org/wiki/Simula

采用总线联网技术把CPU、存储器、I/O设备集成到一个机箱中，1981年IBM公司正式推出第一台个人计算机产品IBM PC，微软提供了磁盘操作系统（DOS）。当时UNIX不屑于个人计算机的低性能而没有将其运用在IBM PC中，这给微软随后的快速成长提供了机会。1985年11月20日，微软发布了第一版Windows操作系统——Windows 1.0。Windows 1.0基于MS-DOS操作系统，事实上它本身并不能算是操作系统，只是一款基于DOS的应用软件。Windows 3.0发布于1990年5月22日，这个版本由于在界面、人性化、内存管理等多方面做出了改进，获得了众多用户的认可，被认为是Windows首个大获成功的版本。2001年10月，Windows XP正式发布，这个版本相当受欢迎。2015年7月，微软正式发布Windows 10，因其修复了众多错误而风靡全球。

纵观历史，发展个人计算机的支撑技术包括晶体管、集成电路、计算机语言、操作系统等。个人计算机性能提升如此显著，电子电路技术的发展功不可没。20世纪初，约翰·安布罗斯·弗莱明（John Ambrose Fleming）发明了二极管。1907年，李·德福雷斯特（Lee deForest）发明了真空三极管[1]。随着人类驾驭电子能力的进一步增强，半导体技术也突飞猛进，贝尔实验室威廉·肖克利（William Shockley）领导的固体物理研究小组在1947年发明了晶体管。1956年，因为在半导体领域的研究贡献和晶体管的发明，肖克利、约翰·巴丁（John Bardeen）和沃尔特·布拉顿（Walter Brattain）分享了当年的诺贝尔物理学奖[2]。1964年德州仪器公司在锗半导体芯片上生成了三极管等多个元件，并在元件之间用细金属线连接，从而形成了集成电路。1970年以后，固态电子不断演进，1993年奔

---

[1] 中国工控网.电子时代 | CPU发展史（从真空管、晶体管、集成电路）[EB/OL].（2016-06-22）[2022-03-10]. http://www.gongkong.com/article/201606/67489.html

[2] 钱纲.芯片改变世界［M］.北京：机械工业出版社，2020

腾处理器面市，2003年第一款64位处理器出现，大规模集成电路体积不断缩小，性能迅速提升，功耗持续减少，推动了计算机的发展。

展望产业元宇宙中相关技术的走向，判断集成电路产业发展的趋势是：元器件尺寸不断缩小，新材料、新结构、新器件不断涌现等。编程语言是随着计算机本身硬件发展而演进的。越高级的语言，越接近人的思维，人使用起来就越方便。未来计算机语言会向着人类更加容易理解的方向发展，越来越接近人类的工作和生活。操作系统作为管理计算机硬件与软件资源的计算机程序，伴随着计算机技术及其应用的日益发展，而逐步地形成和完善。操作系统未来将朝着智能化方向和虚拟化方向发展，其中，智能化研究内容包括模式识别、图像识别、自然语言生成和理解、自动程序设计、学习系统、博弈等。虚拟化研究内容包括容器、微服务、云原生等。

二、互联网发展路径和支撑技术

互联网的出现改变了人们获取知识的方式和途径，极大提高了知识传播的速度和广度。

阿帕网（Arpanet）被认为是世界上第一个计算机远距离的封包交换网络，1969年，斯坦福大学和加州大学洛杉矶分校的计算机实现了首次连接。当时阿帕网只有四台主机联网运行，甚至连局域网（LAN）的技术也尚未出现。

阿帕网正式运行后，各个界面信息处理机（IMP）本身并不能判断何时开始和结束信号接收。为克服这些障碍，1973年底，温顿·瑟夫（Vint Cerf）和罗伯特·卡恩（Robert Kahn）合作完成了著名论文《关于分组交换网络的协议》。在这篇论文中，作者提出了一组新的协议：IP（Internet协议）和TCP（传输控制协议），合起来叫 TCP/IP。IP 协议为接入网络的每台计算机分配了一个独一无二的地址，并负责在传输过程中寻找目的计算机。TCP 协议则负责保证传输的可靠性。1974 年，TCP/IP 的核心技术被公布，网络发展高潮随之到来。域名系统于 1984 和第一个域名服务器（DNS）一起被创建。与以前的数字相比，域名系统使得互联网上的地址更加人性化。有了网络，个人计算机也有了，但人们并没有太多地使用它们，因为还不知道如何使用。直到 1993 年，情况才出现变化。第一个被广泛下载的互联网浏览器是 1993 年开发的 Mosaic，它被认为是第一个可以使非技术人员上网的浏览器。到 2004 年，高度交互和用户驱动的网站和互联网应用程序流行起来。纵观历史，支撑互联网发展的技术包括光纤、路由器、交换机、网络协议等。

互联网连接可依赖不同传输介质——电缆：数据通过同轴电缆用于互联网；卫星：计算机通过天线将信息发送到卫星，然后该卫星与网络运营中心通信；蜂窝：移动宽带可让用户的移动设备连接到其他设备，通过无线方式连接到互联网；光纤：类似于电缆，但它使用光纤将信息作为光传输。光纤是目前可用的、最快的互联网传输介质。1966 年，高锟在论文《光频介质纤维表面波导》中首次提出用玻璃纤维作为光波导用于通信的理论，提出用玻璃制造比头发丝更细的光纤，取代铜导线作为长距离的通信线路。这个理论引起了世界通信技术的一次革命。

电缆通信传输的是电信号，在网络节点采用交换机进行交换。光纤网传输光信号，在网络节点目前还没有全光交换机，在网络上采用"光–电–光"方式进行交换，即先把来自光纤网的光信号转变为电信号，用交换机进行交换之后，又把电信号转变为光信号，再进入光纤网。交换机会对收到的数据编码和存储，工作于数据链路层，用于同网段传输数据。路由器工作于网络层，将数据包路由到其他网络，直到该数据包最终到达目的地。数据包的一个关键特性是它不仅包含数据,还包含目标地址。

以 TCP/IP 网络协议为基础的互联网发展势头旺盛,网络协议对互联网的发展起到了巨大的作用。知识共享开阔了人们的视野,网络延伸带来了全新的市场机遇。

展望产业元宇宙中相关技术的走向,判断光纤通信的发展趋势:降低光器件生产成本和功能损耗。发展光收发模块,提升频率和传送速度,不断扩大容量和传输的距离。交换机、路由器将有更快的网络传输速率、更全的应用开发接口和更高的安全防范能力。网络协议方面,在以智能制造为核心,自动化和信息化融合工业互联网的浪潮下,新一代标准以太网协议,具有传输实时性数据的能力,将达到工业以太网的实时性要求标准。

三、移动互联网发展路径和支撑技术

人需要移动,采用无线接入更加方便,无线接入技术发展迅猛,现今的人们已经离不开手机和移动互联网。

由于第一代模拟移动通信系统存在许多不足和缺陷,1990 年第二代移动通信系统 2G(采用数字移动通信技术)开始投入商业运营。2001 年 3G 提供了更快的数据传输速率,支持基本的移动互联网以及随后的游戏、音乐流和视频通话;2003 年,3G 标准开始在全球范围内普及,开启了移动互联网时代,为智能手机的兴起铺平了道路。2010 年,4G 进一步提高了速度和容量。2019 年,高速率、低时延的 5G 商用步伐加快。除了无线通信技术,在手机生产消费方面,摩托罗拉于 1973 年成为第一家批量生产手持手机的公司。2007 年,iPhone 首次亮相。纵观历史,发展移动互联网的支撑技术包括无线通信、基带芯片等。

2G 在一定程度上解决了 1G 技术的缺陷,通信保密性得到了极大提升，系统容量明显增加，便利性增强。技术的成熟和进步带来了通信质量的提升，因此，手机可以开始上网。3G 标志着移动通信进入高速数据网络时代。从此，移动高速上网成为现实，音频、视频、多媒体文件等各种数据通过移动互联网高速、稳定地传输。支持 3G 网络的智能手机和平板计算机开始出现，特别是 iPhone 智能手机的诞生，推动了 3G 用户的爆发性增长，进而为 4G 的产生营造了日趋成熟的应用氛围[①]。4G 采用无线蜂窝电话通信协议，集 3G 与无线局域网于一体，能够传输高质量的视频图像，且速度快（传输速率静态下可达 1G，高速移动状态下理论速率可达 100M）、传输质量高、信号覆盖广，以及支持更多类型的手机和平板电子产品，是目前正在被广泛使用的一代，终端数量规模庞大。

　　基带芯片是负责手机与外界信号接收转换的关键桥梁，通信、上网等所有的通信功能都离不开它。基带芯片主要分为五个子模块：CPU 处理器、信道编码器、数字信号处理器、调制解调器、接口模块。

　　展望产业元宇宙中相关技术的走向，无线通信是通信领域中发展最快、最活跃的技术领域。随着 5G 的商用铺开，我们正迎来一个高速率、低时延、低功耗、高可靠的时代。随着数十亿设备彼此互联以及连接云端，无线通信将做到随时随地实施检测、处理海量数据，并获取信息。

---

① 知识交易所.移动通信技术的演变：从 1G 时代到 5G 时代大变迁［EB/OL］.（2021-02-26）［2022-03-10］.https://baijiahao.baidu.com/s?id=16927314680397334988&wfr=spider&for=pc

第二节 产业元宇宙技术演进路径

如果要理清时代的技术脉络,弄清楚计算系统从数据、信息到智慧的迁移,学科范式的功能和作用是不可替代的[①]。学科四范式分别为:第一范式是实验科学范式,开启了现代科学之门;第二范式是模型科学范式,此范式通过模型推演、复杂计算、归纳总结,获得科学规律,该范式在物理学发展上体现得最为典型,如牛顿的三大定律、爱因斯坦的相对论等;第三范式是模拟科学范式,这种范式用计算机仿真技术取代传统实验;第四范式是数据科学范式,这一范式以大数据挖掘为基础。

可以看出,在每一次范式转变中,必然有着工具的改变。更准确地说,工具的变化、产生的模型和范例撼动了旧有的科学范式,从而建立起新范式。但面对的难点是,模型非常多,差异非常大,如何结合在一起解决我们面对的问题?答案是:我们正在集成既有的多种范式,并同时引入新的范式,借助于产业元宇宙等新环境和手段,解决面临的经济发展、社会民生、全球生态等问题。

一、产业元宇宙技术萌芽和发展

从虚拟现实、增强现实、工业互联网、工业仿真、人工智能等技术的不断演进可以发现,技术发展对产业升级有革新促进作用,产业需求对技术进步提出了更高标准的要求。产业元宇宙的概念在

---

① 杜清运.从认识论范式看空间系统的智慧化[J].测绘科学,2014(08):7-10

产业和技术交替上升中应运而生。

1979年,麦克唐纳–道格拉斯公司将虚拟现实集成到其头盔显示器中,头显中的跟踪器可跟踪飞行员的眼球运动以匹配计算机生成的图像。1991年,美国宇航局设计了一个虚拟现实系统,尽管行星之间存在信号延迟,但仍可以准实时从地球驱动火星机器人漫游车;2010年,谷歌公司为街景引入了立体3D模式;2016年,HTC公司推出虚拟现实设备产品VIVE,这是具有基于传感器跟踪功能的第一个商业版本的头显。同年,微软发布了HoloLens,通过创造更具交互性的体验,将AR的理念提升到一个新的水平。

工业互联网以网络为基础、平台为中枢、数据为要素、安全为保障,通过对人、机、物的全面连接,变革传统制造模式、生产组织方式和产业形态,构建起全要素、全产业链、全价值链、全面连接的新型工业生产制造和服务体系。工业互联网发展随着物联网技术的进步而得到快速发展,芯片、传感器、通信网络等行业的技术进步,正带动着工业、企业的新一轮效率提升。

从产业元宇宙角度来看,工业仿真技术的核心是,通过数十种方案进行模拟验证,迅速发现系统运行中存在的问题和提升点,并及时调整与优化,减少现场实施和实际生产时的变更或返工,择优落地。2021年,美的集团的工业仿真实践已经包括了虚拟装配验证、物流规划方案验证、现场设备虚实联动、生产方案的优化等各方面。2021年,51WORLD公司推出自动驾驶仿真与测试平台51Sim-One开源版本,平台基于大规模、高精度和高真实感环境,为智能决策控制、复杂环境感知、车路协同提供强大技术支撑。2021年,宝马集团联手英伟达,建设虚拟工厂。宝马拥有全世界最复杂的大规模生产体系。在宝马设想的未来工厂中,工人与机器人并肩工作,不同领域的工程师随时随地在线联动,工厂所有细节都能被虚拟仿真、规划控制。

二、产业元宇宙技术支撑

产业元宇宙包含各种高新技术的集成和应用,其支撑技术主要包括 5G、物联网、高性能计算、人工智能、VR\AR 等。

高速率、低时延、低功耗、高可靠是 5G 通信技术的基本特点。5G 不再是一个单一的无线接入技术,而是多种新型无线接入技术和现有 4G 技术的集成,其应用场景十分广泛。今天,5G 影响了从智能制造、交通运输到医疗保健等众多行业,并为消费者带来惊人的体验速度和更强功能。

物联网是在互联网基础上延伸和扩展的网络,其用户端延伸和扩展到了任何物体与物体之间,进行信息交换和通信。其发展趋势是所有物体 IP 地址标识化和终端信息提取智能化。

高性能计算指利用聚集起来的计算能力来处理标准工作站无法完成的数据密集型计算任务,包括仿真、建模和渲染等。基础软件和高性能硬件一起,组成了高性能计算的核心部分,也是非常有挑战的部分。作为新一代高速计算机的量子计算机,将左右未来的产业竞争力。迄今为止,量子处理器原型机只能对少量量子比特进行控制,想用量子计算机解决实际问题,必须能控制数百万个量子比特——这是构建全尺寸量子计算机的主要障碍。这个障碍正被全球科学家和工程师逐渐清除,一旦突破,将开启算力新时代。

斯坦福大学吴恩达教授曾反复强调一句话:"人工智能是新电力。"人工智能技术将继续大展拳脚,各领域都将引入人工智能技术以进行转型。在技术突破和市场需求的多方驱动下,人工智能技术正走向实践,加速向各个产业渗透。不可否认的是,随着人工智能技术的快速发展,越来越多的重复性劳动、固定的流程化工作将通过引入人工智能技术进行大规模提效。人工智能技术带来显著效益的同时,也改造着各行各业,潜力无限。

2021年，以VR和AR为代表的技术，正在成为工业数字孪生、沉浸式教学等行业转型升级的重点，各技术点发展情况为[①]近眼显示（NED）方面，快速响应液晶屏、折反式规模量产、微发光器件与衍射光波导成为重点探索方向；渲染计算方面，云渲染、人工智能与注视点技术等进一步优化渲染质量与效率间的平衡；内容制作方面，支撑工具稳健发展，虚拟化身技术等进一步提升了虚拟现实体验的社交性、沉浸感与个性化；感知交互方面，内向外追踪技术已全面成熟，手势追踪、眼动追踪、沉浸声场等技术朝着自然化、情景化与智能化的目标前进；网络传输方面，正在不断地探索推流传输、最低时延路径、高带宽、低时延等技术路径。

第三节 产业元宇宙发展过程中所面临的技术挑战

一、算力

2018年诺贝尔经济学奖获得者威廉·D.诺德豪斯（William D. Nordhaus）在《计算过程》一文中定义："算力是设备根据内部状态的改变，每秒可处理的信息数据量。"FLOPS是"每秒所执行的浮点运算次数"（floating-point operations per second）的缩写。一个EFLOPS等于每秒百亿亿（=10^18）次的浮点运算。算力已成为各国核心竞争力的体现，全球主要国家和地区纷纷加快战略布局力度。

[①] 中国信息通信研究院，华为技术有限公司，京东方科技集团股份有限公司.虚拟（增强）现实白皮书.[EB/OL].（2021-03）[2022-03-10]. http://www.caict.ac.cn/kxyj/qwfb/bps/202103/t20210330_372624.htm

2020年我国算力总规模达135 EFLOPS，增速达55%，高于全球增速约16个百分点。基础算力、智能算力和超算算力呈现并行发展态势，占比分别为57%、41%和2%。我国算力创新水平、发展环境和应用需求不断提升，算力成为支撑我国经济高质量发展的坚实基础[1]。

算力是构建元宇宙最重要的基础设施。构建元宇宙最大的挑战之一是如何创建足够多的高质量内容。虚拟世界的图形显示离不开算力的支持。计算机绘图是将模型数据按照相应流程，渲染到整个画面里面的每一个像素，所需的计算量巨大。同样的，构成元宇宙的人工智能技术也离不开算力的支撑。要提高人工智能工程化准确度，就需要提高模型的规模和精确度，这就需要更强的算力。另一方面，随着人工智能的应用场景逐渐落地，图像、语音、机器视觉等领域的数据呈现爆发性增长，也对算力提出了更高的要求。

工业互联网同样离不开算力。工业互联网将工业系统与科学计算、分析、感应技术以及互联网深度融合起来[2]，在这个过程中，算力扮演的角色就是将采集到的大量工业数据进行分析处理，并生成推理模型，随后系统会运用该模型进行分析、预测、规划、决策等一系列智能活动。

产业应用的多样性带来数据和算力的多样性，但现阶段暂时没有一种计算架构可以高效满足所有业务诉求，计算密集型应用需要计算平台执行逻辑复杂的调度任务，而数据密集型应用则需要高效地完成海量数据并处理。因此，需要建设多样性算力服务平台。

---

[1] 中国信息通信研究院. 中国算力发展指数白皮书［EB/OL］.（2021-09）［2022-03-10］. http://www.caict.ac.cn/kxyj/qwfb/bps/202109/t20210918_390058.htm

[2] 联想集团. 算力时代已经到来！你还不知道算力是什么？［EB/OL］.（2020-05）［2022-03-10］. https://zhuanlan.zhihu.com/p/141840037?from_voters_page=true

二、存储

2019年,全球存储芯片的市场规模为1 064亿美元。2020年升到1 175亿美元,出现稳定上升势头。预计2022年存储器产值将成长17.4%,在全球半导体产业中增幅将居首位[①]。这说明,存储芯片成为全球半导体产业持续发展的主要推动力,并保持高成长性。近年来,数据量呈指数型增长助推了全球云存储市场规模的增长。2019年,全球云存储市场规模达到了425亿美元。2020年,全球云存储市场规模突破500亿美元。面对需求,云存储服务提供商不断丰富云存储产品,打造全矩阵服务产品,云存储服务通常包括对象存储、块存储、文件存储(Linux文件存储、Windows文件存储、高性能文件存储)和云上备份服务等。

目前主流存储介质在保存时间方面是短板,硬盘平均寿命是5年,固态盘也只有5年,磁带长一点,大概10年。同时,信息越来越多,而且信息增长的速度呈指数级增长,这些都要保存下去,将面临巨大的成本。解决寿命和成本问题的关键是,开发更长寿命、更廉价的大容量存储设备。

三、网络

全球通信网络基础设施加速演进升级,固定宽带网络已从光纤到户迈向光联万物的万兆时代。截至2020年底,全球固定宽带连接数量为11.8亿。截至2021年5月底,全球133个国家及地区的443

---

① 中国电子报. 全球存储芯片产能产值逐渐恢复 增长价格保持回暖增长趋势 [EB/OL]. (2021-08-06) [2022-03-10]. http://storage.ctocio.com.cn/storage/2021/0806/90723.html

家电信运营商投资了 5G①。

随着车联网、物联网、工业互联网、远程医疗、智能家居、VR/AR 等新业务类型和需求的出现,未来的网络正呈现出一种泛在化的趋势②。产业元宇宙对未来网络提出的能力要求包括:(1)支持超低时延、超高通量带宽、超大规模连接;(2)支持确定性服务和差异化服务;(3)实现网络、计算、存储多维资源一体化,并具备多维资源统一调度;(4)设计实现空、天、地、海一体化融合的网络架构;(5)在做到简化硬件设备功能的同时,保证其处理性能,并通过软件定义的方式增强网络弹性;(6)实现网络运维智能化;(7)确保一个内生安全、主动安全的网络,更好地实现网络安全。

随着网络应用持续扩展,IT 行业中设施和相关技术融合等方面会存在安全问题。如智能家电、车载联网、智能机器人、VR 模拟技术等终端设备都会存在安全隐患,主要体现在由于网络数据的用户较多,信息传输过程中容易出现信息错误,用户安全无法得到保障等。因此,需要从标准制定、技术手段提升等多方面建设更加安全可靠的网络。

四、机器感知

让机器具有人类所拥有的视觉、听觉、触觉、嗅觉、味觉,感知客观环境,是生产、服务等类型的智能机器人应该具备的基本条件,但此方面的技术挑战不小。

---

① 中国新闻网.世界互联网发展报告:全球创新核心区出现东移趋势[EB/OL].(2021-09-26)[2022-03-10].http://www.chinanews.com/ga/2021/09-26/9574392.shtml

② 黄韬,霍如,刘江,刘韵洁.未来网络发展趋势与展望[J].中国科学:信息科学,2019(49):941–948

（一）视觉

机器视觉行业的目标就是让机器拥有人类感知视觉信号的能力。机器视觉非常广泛地应用在各个领域，是现在 4G/5G、未来 6G 流量的重要组成部分。相对于前几年的行业状况，随着工业 4.0 以及工业需求难度的增加，相关的相机以及算法也得以更新，比如，相机偏向于向 3D 方向发展，算法更倾向于智能型算法，使用机器学习、深度学习中的相关方法等。

最新科研成果方面，中科院金属所与南京理工大学、中科院苏州纳米所、东北大学、南京大学等单位合作，开发出一种柔性碳纳米管——量子点神经形态人工视觉光电传感器[①]。该光电传感器阵列集成了光传感、信息存储和数据预处理等功能，与生物系统行为类似，可实时并行处理信息。此外，还首次实现了在极暗条件下响应并完成神经形态强化学习的案例。

产业界希望未来可构建功能更强大的神经网络，模拟大脑对视觉信息的处理过程，实现对已知数据之间关联和特征的学习，从而获得对未知环境更加强大的处理能力。

（二）听觉

一切以声音为输入方式的机器学习任务，都可以纳入"机器听觉"的范畴。最为大众熟知的"机器听觉"任务，就是语音识别。其实，从语音中能够获得的信息远远不止文字，让计算机识别语种、说话人身份、说话人情绪等信息，均属于此项技术的研发目标和内容。

---

① 沈春蕾. 高集成神经形态人工视觉光电传感器问世 [EB/OL].（2021-04-09）[2022-03-10]. https://www.cas.cn/cm/202104/t20210409_4784239.shtml

而机器听觉监测设备运行的技术原理是通过持续收集声音信号,与正常工作状态下的背景噪声对比,再通过精密算法和数据库筛选,对设备进行实时监控、检测,发现疑似故障并做出智能预警。在电机、水泵、风机、数控机床、轧机、空压机等众多场景中,能有效降低被监测设备的故障率和维护成本,延长设备生命周期,提高企业整体生产效率。

所面对的难题是如何剔除背景声音中的无关杂音,模拟大脑对听觉信息的处理过程,实现对信息的提取和反馈。

(三)触觉

2021年10月,诺贝尔奖委员会将诺贝尔生理学或医学奖授予了美国科学家大卫·朱利叶斯(David Julias)和阿登·帕塔普蒂安(Ardem Patapou-tian),以表彰他们在"发现温度和触觉感受器"方面的贡献。这项开创性发现,解释了热、冷和触觉如何在人类的神经系统中触发信号。

在科学家们探索触觉原理的时候,工程师们开发出了"电子皮肤"。电子皮肤是一种可以产生触觉的超薄电子设备。电子皮肤是像皮肤一样柔软的硬件,可被加工成各种形状,用途十分广泛。比如,它能依附在机器人表面充当外衣,还可以应用在人体皮肤修复手术中[1]。这种新型人造皮肤可以感受外界压力、温度等的变化,并通过电路向我们的大脑发送信号,从而产生近乎真实的触觉。它主要是由三部分元件构成[2]:传感器、信号转换与传输电路、具有特殊蛋白的神经细胞。传感器感受不同的外部环境,实现由压力信号到电信号的转变。转换和传输电路能够将电阻变化转换成电脉冲信号。具

---

① 冯卫东.新皮肤贴片变身可穿戴多合一健康监视器[N].科技日报,2021-02-19(04)
② 林琳.最牛的"可穿戴设备"——电子皮肤[EB/OL].中国科学院上海硅酸盐研究所.(2020-06-18)[2022-03-10]. https://view.inews.qq.com/a/20201012A07RB100

有特殊蛋白的神经细胞吸收光信号并转换为神经电信号，在潜在的接口和神经元，比如，脑皮层感觉神经元引发刺激，从而实现了神经信号的传递。电子皮肤将可以与人类自然皮肤兼容，为人类提供必要呵护。

作为一种底层技术，机器触觉有广泛的商业价值。在制造业中，有效地处理精密物体是一个具有挑战性的问题。实现稳定的抓取，同时避免施加过大的抓取力，是精密仪器处理任务的重要目标。比如，在处理易碎物品时，机器人必须将施加在抓取物体上的力度降到最低，以防止损坏。处理可变形物体时，要做到不挤压就可以抓取物体，以保持物体的形状或表面特性等。因此，克服"电子皮肤"触觉传感器现阶段的分辨率不够高、适配场景不够全的难题，将使触觉感知方面的应用更多，效果更好。

（四）嗅觉

美国科学家理查德·阿克塞尔（Richard Axel）和琳达·巴克（Linda Buck）凭借在人类嗅觉器官工作原理方面的突破性发现，获得了2004年诺贝尔医学奖。嗅觉在生物体中发挥着重要作用，生物体在感受气味的过程中，需要嗅觉受体的参与。在生物体高度发达的嗅觉系统中，进化出了可以识别许多种气体分子的嗅觉受体。中国科学院深圳先进技术研究院与电子科技大学课题组合作[1]，构建了柔性自驱动设备，基于纳米发电原理和嗅觉受体的功能，实现对不同气体分子的感知和处理。

英特尔神经形态计算实验室和康奈尔大学心理学系描述了一种

---

[1] Tianyan Zhong, Mengyang Zhang, Yongming Fu, Yechao Han, Hongye Guan, Haoxuan He, Tianming Zhao, Lili Xing, Xinyu Xue, Yan Zhang, Yang Zhan. An artificial triboelectricity-brain-behavior closed loop for intelligent olfactory substitution. 2019, 103884. Nano Energy Volume 63, September

基于哺乳动物嗅觉系统的神经算法①，可以学习并鉴别甲苯、氨、丙酮、一氧化碳和甲烷等气味样本，最后在风洞中通过传感器的数据进行测试。

机器嗅觉已经被用于食品、药物等重要行业的实际应用中，所面对的难题是如何在未知情况下识别特定气味，模拟大脑对嗅觉信息的处理过程，实现对信息的提取和反馈。

（五）味觉

味觉包含酸、咸、苦、甜和鲜五种基本味道。溶解于唾液中的味觉物质被口腔中的味觉受体细胞捕获，产生特异性味觉响应，通过一系列电学、化学信号编码，味觉响应信息经过外周系统和味觉皮层的时空整合和处理，最终产生味觉。

新加坡国立大学正在研究新的味觉技术②，其团队的电气工程师和首席研究员拉纳辛哈介绍："为了用数字方式模拟味觉，我们探索出了一个新的方法，它可以传递和控制主要的味觉体验。"这种新方法包含两个主要模块。其中一个是控制系统，可以"配置不同性质的刺激。第二个模块叫作"舌头接口"。为了在控制系统和传感器之间进行通信，我们使用了一种新的可扩展标记语言格式 TasteXML（TXML），用来指定味道消息的格式。

IBM 公司推出了一款便携式的"人工智能舌头"，叫作"超级味觉"。它利用了人工智能技术，而且配备了味道传感器，主要用来识别不同的液体。它可以用于任何想要快速检查特定液体成分的情况，并会产生较大价值。工业供应链、食品、饮料、环境监测、制药和医疗保健等行业将受益于这项技术。

---

① 张梦然.新神经算法芯片有了"嗅觉"[N].科技日报，2020-03-17（02）
② 孙实.触觉不算什么 VR 上都能实现味觉和嗅觉了[EB/OL].（2016-09-20）[2022-03-10］.https://tech.qq.com/a/20160920/050627.htm

科技和产业界未来将加大对机器味觉的投入,在深刻理解味觉基本原理的情况下,开发出更多机器味觉方面的新工具,让机器也能更加准确品味和模拟人生的酸甜苦辣,并在各行业发挥作用。

(六)机器感知面对的挑战

感知环境是一项非常复杂的任务,相当容易的问题实际上很难进行公式化地描述。基于卷积神经网络的人工智能方法,让机器在感知环境方面迈进了一步,但挑战依旧不少。比如,卷积神经网络的设计借鉴了人类的视觉系统,最初基于视皮层的信息传播过程。在处理音频时,就有一个值得考虑的问题:我们是用机器视觉来处理机器听觉,但是,从直觉上说,这两种感官的工作方式是不一样的[1]。AI领域的发展为智能音频处理提供了很大潜力。但要让神经网络更好地理解声音,我们也许需要转而考虑基于听觉系统的新技术。

多传感器信息融合,就是利用计算机技术将来自多传感器或多源的信息和数据,进行自动分析和综合,以完成所需要的决策和估计的信息处理过程。针对各个传感器各自相互独立的采集周期,需要做到时间同步。还要将不同传感器坐标系的测量值转换到同一个坐标系中[2]。对多传感器系统而言,信息具有多样性和复杂性。对嗅觉、味觉等难以量化的信号进行融合(对信息融合算法的要求是具有鲁棒性和并行处理能力),实现多个模态的联合分析,将推进人工智能从感知智能升级为认知智能,在更多场景、更多业务上辅助人类工作。

---

[1] Daniel Rothmann. 机器听觉:一、AI在音频处理上的潜力[EB/OL].(2018-12-04)[2022-03-10]. https://zhuanlan.zhihu.com/p/51046430

[2] 吴建明. 多传感器融合理论[EB/OL].(2020-05-17)[2022-03-10]. https://zhuanlan.zhihu.com/p/141546066

五、机器认知

机器认知是在感知客观环境的基础上，机器具备认知智能，即我们一般所讲的智力，如观察、学习、理解、概括、分析、记忆、想象的能力等。假如机器具备了全部认知能力，则可以胜任人类所有工作，甚至超出人类智慧，做出匪夷所思的动作。

（一）机器认知能力

人类大脑是自然界中最精细、最复杂、最优美和进化最成功的器官，脑科学是研究人、动物和机器的认知与智能的本质与规律的科学[1]。智力的本质、创造性的来源，以及理性、记性、忘性、个性、人性和决策机制等都是脑科学研究的核心问题。对脑认知问题的探索和解答，是创造出具有自我学习能力的人工智能系统的科学基础。人工智能模仿人类的思考方式，使计算机能智能地思考问题，研究人类大脑的思考、学习和工作方式，然后将研究结果作为开发智能软件和系统的基础。

目前，公认的研究人工智能的主要学派有[2]（1）符号主义，又称逻辑主义。基于知识和经验构建推理模型，用这个模型来模拟人类的理性智能行为，像推理、规划、决策等。根据这个原理，需要在机器里面建立知识库和推理机制，并以此对人类的推理和思考行为进行模拟。（2）连接主义，又称仿生学派，其原理主要为神经网络及神经网络间的连接机制与学习算法。主张模仿人类的神经元，用神经网络的连接机制实现人工智能。当前流行的深度学习、深度

---

[1] 张旭，刘力，郭爱克. 脑功能联结图谱与类脑智能研究［J］. 中国科学院院刊，2016（31）：90-95
[2] Stuart Russell, Peter Norvig. Artificial Intelligence: A Modern Approach. Prentice Hall, 2020

神经网络，就属于连接主义。

符号主义中知识库都来自专家，而且通常要通过人工编程把它输进计算机，费时费力。同时有很多知识是很难表达的。连接主义的局限性在于不可解释性、需要大量的样本等。因此有人主张下一代人工智能路线，要综合地利用四个要素，即知识、数据、算法和算力，以适应环境变化，解决复杂环境下的推理和决策。

人工智能已经在某些行业的学习、理解、概括、分析问题能力上，超越了人类。英国《自然》杂志2021年7月22日发表了一项结构生物学重磅研究[①]，世界知名人工智能团队深度思维（DeepMind）报告了"阿尔法折叠"（Alpha Fold）对人类蛋白质组（人类基因组编码的所有蛋白质的集合）的准确结构预测。传统实验方法确定的结构，只覆盖了人类蛋白质组17%的氨基酸，深度思维团队的研究人员利用前沿机器学习方法"阿尔法折叠"，确定了几乎覆盖整个人类蛋白质组（98.5%的所有人类蛋白）的蛋白质结构。

（二）机器认知面对的挑战

现阶段，我们按照人工智能的实力将其分成三大类[②]：（1）弱人工智能：擅长单个方面的人工智能，比如下棋。（2）强人工智能：又称"通用人工智能"或"完全人工智能"，指的是可以胜任人类所有工作的人工智能，需要具备学习能力、沟通能力、知识表示能力、整合能力、规划能力、推理和决策能力等。（3）超人工智能：对超人工智能的定义最为模糊，因为没人知道超越人类最高水平的智慧到底会表现出何种能力。

---

① 张梦然. 能预测人类蛋白质组近60%氨基酸阿尔法折叠从结构角度解答新科学问题. [N]. 科技日报, 2021-07-23（04）

② Nick Bostrom. Superintelligence: Paths, Dangers, Strategies. Oxford University Press, Oxford, 2014

认知智能需要从认知心理学、脑科学及人类社会历史中汲取灵感，并结合跨领域知识图谱、因果推理、持续学习等技术，建立稳定获取和表达知识的有效机制，让知识能够被机器理解和运用，实现认知智能的关键突破。

六、虚实协同

虚实融合技术致力于如何有效增强参与者、真实环境和虚拟环境三者之间的无缝融合，最终达到自然逼真的和谐人机交互，这是当前被研究的前沿技术。构建虚实融合环境，涉及高精度定位、虚拟与真实环境融合呈现、光学显示、多感知交互等关键技术。有三个产业应用场景。（1）虚实融合流程引导：通过混合现实头显设备，结合真实工业生产环境与设备，完成虚实融合的互动操作流程引导。（2）远程实时协同工作：异地多人通过混合现实头显设备，实时围绕同一个数字孪生三维场景进行协同工作，工作人员的虚拟形象、动作、操作任务相互同步，并可通过语音实时沟通。（3）全局实时监控：通过混合现实头显设备，为专家提供一个三维全局监控视角，获取现场工作人员的实时位置与操作任务信息，并可快速连线进行语音或视频远程指导。

虚拟数字人是由计算机手段创造及使用，并具有多重人类特征（外貌特征、动作表演、交互能力等）的综合产物。在虚拟数字人产业链中，基础层提供软硬件支撑；平台层为内容和功能制作及开发提供技术支撑；应用层则为行业领域提供解决方案。

但如何让人类的手和身体能够感受到虚拟世界里的物体，似乎是个难题。脑–计算机接口通过解码人类思维活动过程中的脑神经活动信息，构建人脑与外部世界的直接信息传输通道。目前的脑机接口技术方案仅适用于一些简单的应用场景，发展具有多种调控效果、物理和生化技术结合的装置，也许是解决难题的方案之一。

七、工业制造

工业控制系统（Industrial Control Systems, ICS，简称工控系统），由各种自动化控制组件以及实时采集数据、进行过程监测的控制组件构成，用以确保工业基础设施自动化运行，管控过程与业务流程，目前广泛应用于电力、水利、医药、食品以及航空航天等工业领域。

由于工控系统直接控制物理设备，产业元宇宙环境下的工控系统面临着新的安全挑战。传统情况下，工业设备运行环境较为封闭，但未来运行的工控系统将直接或间接地连接到互联互通的产业元宇宙环境，原来相对封闭的工控网络环境变得开放，使得被攻击的风险大大增加。面对新的挑战，必须完善解决方案以及制定规范标准，相信在未来的工业制造领域，工控系统会愈加成熟。

产业元宇宙利用信息技术将数字世界与产业物理设施连接。物理世界往往是随机混乱的，难以被机器理解和操控。但机器却可以借助信息技术，处理数字和数据，提炼并运用知识，达到操控物理世界的效果。产业场景对可靠性要求很高，而利用各种 5G、高性能计算、物联网、人工智能、VR/AR 等新技术，能设计出更可靠的工业规划、控制、运维等系统，更好地管理厂房、生产线等。

未来，企业将会使用人工智能、机器学习、事件驱动软件、机器人、任务和决策自动化工具，使尽可能多的业务和过程发生在元宇宙环境中。尽管技术挑战不小，有待逐一攻克和全面突破，但目前 5G、高性能计算、物联网、人工智能、VR/AR 等核心技术正渐渐趋于成熟，并正渗透到各行各业中，产业元宇宙的落地未来可期，那时将是一个全新的信息时代。

第十二章

元宇宙带来的多重挑战

在尼尔·斯蒂芬森的《雪崩》中，元宇宙本来是小说主人公黑客和武士兼比萨外卖员希罗·普罗塔哥尼斯特（Hiro Prota-gonist）逃避腐败现实世界的一个超现实空间。但是，希罗却不得不忍受这个元宇宙中存在的诸如技术成瘾、歧视、骚扰和暴力等问题。[①]

同样，当我们将元宇宙和产业元宇宙当作数字世界的终极形态，甚至是对当下充满缺陷的现实世界的替代物时，也一样会面临同希罗一样的处境：元宇宙将会为我们带来新的问题与挑战。

第一节　数据隐私与安全

在对元宇宙的诸多讨论中，数据隐私和安全是人们最为关切的两个问题。如马修·鲍尔（Matthew Ball）所说，"当我们的生活、数据、劳动力和投资现在更多地以纯虚拟形式存在时，数据隐私和安全也可能成为更大的问题。"[②]

诺顿罗氏律师事务所（Norton Rose Fulbright）在研究元宇宙带来的数据隐私及监管等法律问题时，也指出了这一点，相比如今互

[①] Why Silicon Valley is betting on making this dystopian sci-fi idea a reality, CNN, Clare Duffy, https://edition.cnn.com/2021/08/08/tech/metaverse-explainer/index.html

[②] Framework for the Metaverse, by Matthew Ball, https://www.matthewball.vc/all/forwardtothemetaverseprimer

联网世界对个人数据的收集情况而言，未来元宇宙所收集的数据类型将更加深入、广泛，数据的规模也将空前。现今，互联网公司通过个人计算机和手机，只不过会将你的身份证号、银行账号、密码及身高、体重、腰围等隐私数据收集起来。未来，元宇宙世界中的公司等组织，将会通过传感器及生命记录技术收集有关个人生理反应、私密动作甚至可能是脑波模式等信息，从而更深入地了解用户的思维过程以及行为。①

诺顿罗氏在他的研究报告中甚至用了一个非常形象的例子来说明这个问题："让我们假设一个女人在元宇宙中漫游时饿了。元宇宙可能会观察到这个女人经常会瞥一眼咖啡馆和餐厅的窗户，然后停下来看看面包店橱窗里的蛋糕，并且根据这个女人的体感数据确定她饿了，于是便会给她提供相应的广告。"②

马修·鲍尔和诺顿罗氏的这些担忧，或许并非只是杞人忧天。

毕竟在互联时代，这些提供各种搜索、电商、新闻服务的互联网巨头们其实就是这样通过对用户数据的收集和分析来提供更有针对性的商品推荐和广告服务的，我们中的大多数人如今已经习惯了通过像今日头条这样的平台所推送的新闻来获取信息，也习惯了通过亚马逊、淘宝、拼多多等购物平台来购物，这些互联网企业底层的技术逻辑便是基于用户大数据的人工智能分析及智能推荐引擎技术。

这些企业现今生存发展的核心技术逻辑也将在元宇宙中得到延伸。比如，Meta 的 CEO 马克·扎克伯格在将元宇宙确定为公司的未来战略发展目标时，就表示："广告可能会成为元宇宙的主要收入来源，就像今天的公司一样。"这些企业的广告投放意味着必须收集大

---

①② The Metaverse: The evolution of a universal digital platform, Norton Rose Fulbright, Global, Publication, July 2021, https://www.nortonrosefulbright.com/en-ru/knowledge/publications/5cd471a1/the-metaverse-the-evolution-of-a-universal-digital-platform

量的用户隐私数据,否则就无法实现广告的精准投放。

随着元宇宙的流行,人们通过虚拟现实眼镜、耳机或各种可穿戴设备接入元宇宙时,这些设备可能会收集用户的各种敏感数据,例如,眼睛和身体运动、生理反应,甚至脑电波模式等,这些数据相比之前互联网时代与用户个人关系更加密切,更具有隐私性。

那么,正如诺顿罗氏研究报告中指出的那样,针对这些隐私数据的获取和使用会出现很多问题。

- 元宇宙中的不同机构是向用户显示各自的隐私声明,还是形成共同的隐私声明?
- 这些隐私数据如何收集、何时收集,是否必须征得用户同意?
- 如果用户在元宇宙中的个人数据被盗用或滥用,谁来为此负责?
- 需要制定哪些数据共享计划以及如何实施?①

塞缪尔·格林加德(Samuel Greengard)也在研究中指出,扩展现实的应用将进一步放大隐私问题。各种接入设备的用户使用信息数据可以提供一个用户非常详细的关于"他是谁"以及"他每天做什么"的信息。扩展现实技术可以跟踪用户在虚拟环境中的身体运动、眼球运动和操作选择等,具有分析高度细节的心理活动和心理特征的潜力。随着虚拟环境变得越来越复杂,个别商人和一些不法之徒都有可能以不恰当的方式,甚至是带有恶意的方式使用个人隐私数据。②

---

① The Metaverse: The evolution of a universal digital platform, Norton Rose Fulbright, Global, Publication, July 2021, https://www.nortonrosefulbright.com/en-ru/knowledge/publications/5cd471a1/the-metaverse-the-evolution-of-a-universal-digital-platform
② [美]塞缪尔·格林加德.虚拟现实[M].魏秉铎,译.北京:清华大学出版社,2021

美国南加州大学洛杉矶创意技术研究所医学 VR 主任阿尔伯特·李左（Albert Rizzo）博士认为，通过基于化身的世界和虚拟现实，元宇宙有可能在开启医疗保健的创新时代的同时，也带来显著的隐私风险。因为人们在使用 VR 时往往不那么谨慎。在没有隐私保护的情况下，他将其比作"在现实生活中让无人机跟随你，监控你所做的一切，然后将这些信息传递给任何人"。①

此外，元宇宙天然的开放性及互操作性还有一个本质性的要求，即要求某一个机构收集到的用户数据必须尽可能在不同的运营机构乃至不同的元宇宙平台间无缝流动，以保证用户在不同元宇宙平台漫游时体验的流畅性。这就为数据交换和数据共享带来更大的挑战。因为元宇宙中数据交换规模量级和数据共享网络的复杂程度，都要比互联网高很多。

未来，当微软、Facebook、腾讯、字节跳动、Epic Games 这些企业转变成为元宇宙公司时，其面临的数据隐私和网络安全挑战可能一点也不比现在轻松。只不过，在元宇宙中出现的隐私问题和网络安全攻击可能更具科幻色彩。与此相关的数据泄露风险和安全问题可能更难被识别、验证和控制，元宇宙网络本身具有的多元复杂性，也使得出现这些问题后更难以厘清责任。

如上文讨论的，在元宇宙中因数据隐私管理不当带来的一个非常可能的后果便是广告侵扰。如果用户的眼睛和身体运动、生理反应、脑电波模式等隐私数据被泄露滥用，那么用户不可避免地就像诺顿罗氏研究报告所举例子中的那位饥饿的妇女一样，成为广告商猎取的目标。

想象一下，当你在元宇宙中漫游时，你被各种食品、性用品、

---

① https://www.beckershospitalreview.com/innovation/metaverse-could-be-as-transformative-as-it-is-risky-for-healthcare-4-things-to-know.html

医药广告侵扰的场景，该是多么恐怖和烦人。在互联网时代骚扰人的广告形式还只是各种弹窗、满屏幕漂移的图片和跳转页，而在元宇宙世界中，广告形式会演变成各种材质异常逼真的立体物件和活动场景，试问一下自己，你愿意在充满各种狗皮膏药般的广告的虚拟空间中长时间停留吗？

与此相应的一个次生问题是，这可能会导致一个不平等的元宇宙世界。基于广告的商业模式会自然采取一种措施，用户可以付费获得无广告的元宇宙体验，若不付费则默认必须看广告，这将会复制现实世界的不平等，有钱人会拥有一个体验良好的元宇宙世界，穷人则不能。正如曾经在苹果、亚马逊和微软工作过的HoloLens联合发明人阿维·巴杰夫（Avi Bar-Zeev）所担心的那样，"我不希望看到这样一个世界，在其中，负担得起的人获得更好的体验，而负担不起的人则必须忍受这种被广告利用的糟糕体验。"①

元宇宙中数据隐私管理不当带来的另外一个非常可能的严重后果是身份盗用。用户在元宇宙中的数字身份，通常是通过数字化身（Avatar）体现的，数字化身也就是数字虚拟人。用户通过MetaHuman Creator等工具创建的数字虚拟人，其体貌特征等数据资产应该具备唯一性，是用户数字身份的唯一体现。但是这部分数据如果管理不当，被盗用、滥用乃至非法使用，则会引发严重的问题。数字虚拟人比真人更容易被操纵或改造，若被盗用于非法目的，会造成严重的社会问题，还可能导致严重的种族和性别歧视。

除了生理数据、身份数据会带来数据隐私问题，正如本·富尔切克（Ben Falchuk）、绍莎娜·勒布（Shoshana Loeb）、拉尔夫·涅夫（Ralph Neff）在《社交元宇宙：隐私之战》（*The Social Metaverse*:

---

① Why Silicon Valley is betting on making this dystopian sci-fi idea a reality, CNN, Clare Duffy, https://edition.cnn.com/2021/08/08/tech/metaverse-explainer/index.html

Battle for Privacy)一文中讨论的那样,诸如医疗、心理、经济、社会身份等个人信息数据隐私,个人习惯、行动、选择偏好等行为习惯隐私,以及人际交流涉及的沟通隐私数据,都会面临泄露和滥用的严重挑战。他们甚至将之定义为是一场隐私之战,而这场战争才刚刚开始。①

除了数据隐私,安全也是另外一个值得关注的问题。

安全是一个较为宽泛的概念,但是对每个人而言却是利益攸关,且更具切身性的。对于个人用户而言,元宇宙中的安全,意味着数字身份的安全、数字资产的安全以及在元宇宙中生存体验的安全;对于企业而言,则意味着企业信息安全、作业系统安全,以及与之联动的生产经营的安全。

互联网时代的安全威胁新闻,我们已经屡见不鲜,有关消息表明,如今每个月就有10亿条快递数据被公然在暗网兜售,大量的用户数据被窃取后在黑产中流通,继而成为诈骗团伙的信息来源与线索。2021年Meta 5.3亿用户数据泄漏的丑闻,也一度让其市值大规模蒸发,这家网络社交巨头亦因此受到政府、媒体和用户的各方谴责。

当我们迈入元宇宙时代,作为个人用户,我们受到的在线侵扰、欺诈与攻击可能并不会比如今的互联网时代更少。尤其是元宇宙在提供更加直观、丰富的交互方式和交互体验之后,这种在线侵扰、欺诈与攻击将更加防不胜防,带来的伤害也将更加令人难以承受。

阿维·巴杰夫(Avi Bar-Zeev)在讨论这一问题时指出:"我们在情感上是否已经进化到足以超越屏幕和打字之间的安全界限?我们是否可以安全地开始在人与人之间进行互动,还是那些漏洞仍然

---

① The Social Metaverse: Battle for Privacy, Ben Falchuk, Shoshana Loeb, Ralph Neff, IEEE TEchnology and SocIETy MagazInE, JUNE2018

会破坏每个人的互动?"他补充说:"当用户可以攻击彼此的虚拟身体时,在线侵扰可能会变得更加激烈,而不仅仅是在屏幕上交换丑陋的字眼。"[1]

阿维·巴杰夫的担心并非毫无道理,毕竟多年之前发生在三维虚拟世界 Secondlife 中的一幕令人印象深刻,当时依靠虚拟地产交易赚了很多钱的著名的虚拟世界百万富婆钟安舍(Anshe Chong)在 Secondlife 中接受媒体 CNET 采访之时,便受到了一些用户的恶意侵扰,一些用户甚至不断往虚拟采访间扔男性生殖器,对其发动人身攻击。当年发生在 Secondlife 中的寻衅滋事、强奸、虚拟资产被摧毁等暴力事件比比皆是。[2] 不难估计,这些场景势必会在未来的元宇宙中上演,这将会严重影响用户在元宇宙中的安全体验。

对企业用户而言,当产业元宇宙在城市管理、交通、教育、医疗、能源管理等产业领域应用普及之后,互联网时代黑客惯用的设备身份伪造、OTA 固件劫持、设备重放攻击、口令破解、逆向固件、设备控制、资源消耗等攻击手段,依然会对企业的系统安全、信息安全及联动的生产安全造成严重威胁。特别是在产业元宇宙与工业生产控制系统打通之后,元宇宙一旦遭遇网络攻击,其对工业生产造成安全威胁的突发性更强、破坏性更大。

在产业元宇宙应用普及程度更高的医疗、金融、教育、工业和能源产业,其安全风险的挑战更大。尤其是涉及国计民生的产业领域,假若遭遇网络攻击,可能会造成极大的社会影响和经济损失。

当人们普遍沉浸在对元宇宙未来的乐观想象中时,或许我们应该认真考虑一下阿维·巴杰夫的顾虑:"我对元宇宙最大的担忧是:

---

[1] Why Silicon Valley is betting on making this dystopian sci-fi idea a reality, CNN, Clare Duffy, https://edition.cnn.com/2021/08/08/tech/metaverse-explainer/index.html

[2] The 3D3C Metaverse: A New Medium Is Born, Dr. Yesha Y. Sivan, Afeka College of Engineering in Tel Aviv

我们准备好了吗？"

第二节　自由与人身控制

就像互联网一度被人们想象为一片自由之地一样，在大多数人的想象中，元宇宙也是一个自由王国，在这里人们可以拥有比现实世界更少束缚、更少监控及更少限制的生活空间，拥有更大程度上的自由。

不得不说，这种对元宇宙的自由想象在很大程度上是一种技术乐观主义者一厢情愿的错觉。

元宇宙给人带来更丰富的交互体验和沉浸感，使得用户更加不自觉地沉浸其中，其本质是提升了整个元宇宙系统的沉迷属性。这实际是一种技术的操纵策略，使得用户更加心甘情愿地长时间停留其中，正如诺顿罗氏的研究报告指出的那样："这意味着将出现持续监控行为模式，使元宇宙和在元宇宙中提供商品和服务的企业了解如何以非常有针对性的方式为用户提供最佳服务。"[①]

也就是说，用户在沉迷元宇宙的同时，实际上也将自己置于元宇宙和企业的持续监控之中。只是这种监控不仅停留在文字、图片和视频信息片段，还包括对生理特征等隐私数据的持续监控。正如丹尼尔·加卢耶（Daniel Francis Galouye）在其著名的小说《十三层空间》（*Simulacron-3*）中对虚拟空间生存状态所描绘的那样，你以为你在一个超现实世界中自由地生活，殊不知你的一举一动、一念

[①] The Metaverse: The evolution of a universal digital platform, Norton Rose Fulbright, Global, Publication, July 2021, https://www.nortonrosefulbright.com/en-ru/knowledge/publications/5cd471a1/the-metaverse-the-evolution-of-a-universal-digital-platform

一想，都在系统的监控之中。①

对于这一问题，硅谷的技术先驱其实早有预见。虚拟现实技术的先驱杰伦·拉尼尔（Jaron Lanier）对VR做过48个定义，其中第14个定义便是："VR是最邪恶、最完美的斯金纳盒子（Skinner box）的理想工具。"杰伦·拉尼尔认为，虚拟世界技术在本质上是终极斯金纳盒子的理想设备，虚拟世界完全有可能是有史以来最恐怖的技术。②

拉尼尔引述现代计算机先驱、控制论创始人诺伯特·维纳（Norbert Wiener）的观点来佐证自己的看法。维纳推测计算机可能强大到以更有效、更难探测、更加恐怖的方式来运行更完美的斯金纳盒子。拉尼尔认为："仔细解读斯金纳，你就会明显地认识到，只要有足够的传感器、足够的算法和足够好的感官反馈，就可以在清醒的人们不知情的情况下，把斯金纳盒子安置在他们附近。"③

维纳和拉尼尔所谓的"斯金纳盒子"是美国著名心理学家，行为主义学派代表人物伯尔赫斯·斯金纳（Burrhus Frederic Skinner，1904—1990年）在1938年发明的一个心理学实验装置，这个盒子的一侧有一个可以按压的杠杆，在杠杆旁边有一个放着食物的小盒子，并且食物紧挨着盒子上的小孔。动物只要在盒子里面按压杠杆，就会有食物从小孔掉入。斯金纳用这个盒子做了一系列实验，实验对象有小白鼠、鸽子、猫，据说还有他不到两岁的女儿。

在试验小白鼠的时候，斯金纳采用了与伊万·彼德罗维奇·巴甫洛夫（Ivan Petrovich Pavlov）相反的训练方式，巴甫洛夫是研究狗的提前反射，即在狗每次听到铃声后给它食物，多次之后，狗就会在铃声

---

① ［美］丹尼尔·加卢耶.十三层空间［M］.赵伟轩，译.成都：四川科学技术出版社，2017
②③ ［美］杰伦·拉尼尔.虚拟现实：万象的新开端［M］.赛迪研究院专家组，译.北京：中信出版社，2018

响起后自动分泌唾液；斯金纳则诱使小白鼠踩压踏板，按下踏板后给予其食物奖励。刚开始时，每次小白鼠压杆他都给予其奖励，随后施金纳调整奖励频次，两次一奖、四次一奖、几十次一奖，不难发现，事后奖励可以极高的效率训练出小白鼠的特定行为，斯金纳由此得出结论，生物体的行为都可以由奖励性训练习得。也就是说，以奖励为基础的实验，不费吹灰之力便可以使实验对象做出特定行为。

斯金纳这一发现的恐怖之处就在于，他发现包括人类在内所有生物体的行为都可以通过诱导强化或惩罚削弱等方式被控制和塑造。维纳和拉尼尔担心的是，随着计算机技术特别是虚拟世界技术的演进，有朝一日会出现一个"终极斯金纳盒子的理想设备"，用于对人类进行大规模的行为控制和塑造。

不得不说，我们如今对元宇宙的推动，使维纳和拉尼尔担心的这个"终极斯金纳盒子的理想设备"的出现，越来越成为一种可能。正如马歇尔·麦克卢汉（Marshall McLuhan）在《理解媒介：论人的延伸》中所说，"我们在塑造工具的同时，工具也在塑造我们。"[1] 元宇宙作为一种新的工具、一种新媒介，在提供更为丰富的娱乐、学习、工作综合体验的同时，也在潜移默化地塑造着我们的行为习惯。其威力所在，恰恰也是其危险所在。[2]

毕竟，如今 VR 技术向 4K、8K 显示级别的演进，AR 和 MR 使得数字对象与物理对象的融合几乎可以以假乱真，数字皮肤、数字味觉技术的演进，未来也可以带来足够真实的感官反馈，我们塑造一个拟真世界的能力越来越强，越来越强的沉浸感、在场感，为控制人的感官、精神和行为创造了前所未有的充足条件。

---

[1] [加] 马歇尔·麦克卢汉著. 理解媒介：论人的延伸（55 周年增订本）[M]. 何道宽，译. 南京：译林出版社，2019

[2] The 3D3C Metaverse: A New Medium Is Born, Dr. Yesha Y. Sivan, Afeka College of Engineering in Tel Aviv

如阿维·巴杰夫所说,"如果你现在可以用另一种现实取代某人的整个现实,你几乎就可以让他们相信任何事情。"① 那么,当任何一个人习惯了未来在元宇宙中生存,对自己看到、听到、摸到的任何东西、场景都信以为真的时候,其实也为元宇宙中的其他人对其实施心理或行为控制做好了铺垫。

塞缪尔·格林加德也在研究中指明了这一危险,扩展现实技术天然具备改变人们思维和行为模式的强大能力,也明显具备深层次行为操纵的可能性。"重要的是,与其他形式的媒体不同,虚拟现实可以营造出一个用户虚拟的世界,整个虚拟环境都是由创造者来决定的,甚至包括先进的化身技术引发的'社会幻觉'。与现实环境不同,虚拟环境可以被快速、轻松地修改,以影响虚拟环境中的行为。"他援引埃森哲公司资深顾问维亚尔的看法进一步佐证自己的观点,维亚尔认为:"从虚拟环境中获取的数据可以让人更加容易了解人类思维,但这些数据也可能被一些人用来操纵人类,以获取经济和政治利益。"②

当元宇宙以产业元宇宙这种形式在各行各业得到应用之后,我们在现实世界中屡见不鲜的邪教团体、恐怖组织、犯罪团伙、传销组织、政治团体等对个人的人身控制,势必会在元宇宙世界空前泛滥。我们设想的空前自由的元宇宙,其实可能会适得其反,成为一个更有利于实施大规模精神控制和人身控制的世界。

但这还不是最为恐怖的一种可能,还有一种可能性比上述更为恐怖。那便是如果元宇宙最终由于人工智能驱动,当人工智能强大到能够通过"深度伪造"模拟现实,并能够操纵人类反应,那么《黑客帝国》中描述的 Matrix 世界,便是人类不得不接受的至暗处境。

---

① Why Silicon Valley is betting on making this dystopian sci-fi idea a reality, CNN, Clare Duffy, https://edition.cnn.com/2021/08/08/tech/metaverse-explainer/index.html
② [美] 塞缪尔·格林加德. 虚拟现实 [M]. 魏秉铎, 译. 北京: 清华大学出版社, 2021

第三节 自我的危机

如果说元宇宙时代会给人类的数字化生存带来极大困扰的话，那么我们必须说，这些困扰还只是显性的、外在的、浅层的，更严重、更深层次的是元宇宙在心理、精神和人格层面带给人的困扰。

德国美因茨约翰内斯·古腾堡大学哲学家托马斯·梅津格在2016年的一篇学术论文中提到，"环境可以影响人的心理状态，沉浸在虚拟现实中会产生心理上的影响，这种影响在离开虚拟环境后还会持续。"梅津格指出，长时间沉浸在全身沉浸体验的虚拟环境中，可能会破坏人看待自然世界的方式以及人们与自然世界的关系。[①]

梅津格指出："事实上，虚拟现实技术可以诱使人产生化身的幻觉。这是研究人员和大众担忧使用虚拟现实技术会产生新风险的主要原因之一。"大部分参加过VR沉浸实验的实验者们，会发现在一个虚拟环境中可以产生非常逼真的感知体验，当人们透过虚拟现实眼镜看自己的虚拟身体时，会认为看到的就是自己的身体。当虚拟场景中有人触摸自己时，会感觉自己真的是在被人触摸。大部分人都感觉虚拟身体就是自己的身体，无法区分两者。

在托马斯·梅津格的研究基础上，塞缪尔·格林加德进一步指出，有理由相信，只要有可能，一些人会选择离开现实世界。这些人可能会以虚拟世界而不是真实世界的模式来思考。

元宇宙时代的到来，恰如这个词的构成及其本意揭示的那样，为塞缪尔·格林加德推断的这种可能性提供了一种实现方案。也就

---

① [美]塞缪尔·格林加德.虚拟现实[M].魏秉铎，译.北京：清华大学出版社，2021

是说，会有越来越多的人像小说《雪崩》中的主人公一样，选择逃离现实世界，在一个虚拟世界中生存，并且以虚拟世界而不是真实世界的模式来思考。①

元宇宙营造的美丽新世界，可以使人摆脱现实世界的身份及其不满处境，尝试不同种族、不同宗教、不同性别的生活，甚至感受活在不同时代的感觉。有的人甚至可以换一种身份，换一种活法，在一个超现实世界中肆意放纵，甚至使用视觉和触觉的刺激模拟作为现实世界中邂逅和行为的替代品。②

但问题是，抛开现实世界长期沉浸于幻觉世界，人们准备好接受这种未来的生活方式了吗？

那么在做出这项选择之前，首先需要面对的一个严峻的精神问题便是人格解体–现实解体综合征（DPDR）。③

2006年，包括加拿大蒙特利尔大学精神病学系副教授弗雷德里克·阿尔德玛在内的一组研究人员进行了一项 VR 和临床解离（自我和现实分离状态）的研究，这项研究发现虚拟现实增加了与现实分离的体验，降低了人们在现实中的存在感，其中还存在放大效应。研究报告指出："个体预先存在的解离和沉浸倾向越强，VR 的解离作用就越大。"④

---

①②④ ［美］塞缪尔·格林加德. 虚拟现实［M］. 魏秉铎，译. 北京：清华大学出版社，2021

③ 人格解体–现实解体综合征（Depersonalization-derealization syndrome）：人格解体–现实解体综合征是患者自发地诉说其精神活动、身体和环境的性质发生了改变，反复感到自身或者周围环境不真实或遥远的一种精神疾病。患上这种精神疾病的患者会自发地诉说其精神活动、身体和环境的性质发生了改变，因而显得不真实或遥远。反复或持续地感到自身或者环境不真实的表现多种多样，但诉说最多的是情感丧失，如感到与自己的思维、躯体或现实世界疏远或解离。病人一般知道这种改变是不真实的（对这一症状有自知力，为观念），否则为解体妄想。其感觉系统正常，情感表达能力也完整。人格解体–现实解体综合征的症状可为分裂症、抑郁症、恐惧症或强迫症等。

人格解体–现实解体综合征，这个概念中现实解体指感觉现实世界是不真实的，人格解体指感觉自我是不真实的。如果感觉对这个概念还是难以理解的话，那么请参考一下著名影片《盗梦空间》中主人公柯布的妻子梅尔面临的精神困境，她患上的就是人格解体–现实解体综合征。

柯布与妻子热衷于研究"梦中梦"，在第 N 层梦境中因一些意外死去而进入迷失域，梅尔迷恋上梦境中无时间尽头的相恋、厮守生活，不肯醒来回到现实。柯布却知道这是梦，想要回到现实，便尝试在妻子头脑中植入"这是梦，必须自杀才能回到现实"的意念。没想到植入这一意念具有副作用，两人卧轨自杀回到现实后，妻子患上了 DPDR，已经分不清自己是在现实世界还是在梦境中，她以为自己是在梦中，同时认为这个现实世界是不真实的。因此选择用"自杀"逃离这个不真实的世界。

不难预料，当人们长期习惯沉浸在元宇宙世界时，会越来越适应元宇宙世界中的感受、体验及人际交互方式，会越来越认同元宇宙世界中的虚拟身份和个人形象，与现实世界及现实世界中的自我发生疏离乃至解离是必然的，会越来越分不清自己是在现实世界，还是在虚拟世界中，患上 DPDR 的概率也会越来越大。

尽管元宇宙世界中每个患上 DPDR 的数字公民，并不一定都会像《盗梦空间》中柯布的妻子那样，以自杀这样一种惨烈的方式去处理两个世界中孰去孰留的选择问题，但是那种 DPDR 的困扰和焦灼感却是必须要承受的一种精神压力。

另外一个必须考虑的问题是，元宇宙普及带来的成瘾性问题。目前元宇宙和产业元宇宙热衷者们的一个基础共识是，元宇宙与现在的二维化互联网相比，可以带给人更好的感官体验和沉浸感，也就是说一个更好的视觉、听觉、触觉、嗅觉反馈组成的虚拟世界，可以带给人更多的感官快乐和心理满足。那么，这样一个世界令人沉迷其中，就是必然的。斯蒂芬·科特勒（Steven Kotler）在《福布斯》专栏文章中曾经大声疾呼，VR将成为"合法的海洛因，是我们下一代的硬性毒品"。

如同"斯金纳盒子"实验揭示的那样，激励诱导会强化某种行为模式，再也没有比多巴胺更好的诱饵了。元宇宙越来越强大的感官反馈技术，会带给人越来越逼真的体验和快感，越来越多的多巴胺被激发出来，人便越来越愿意与元宇宙厮守为伴。同时，必须承认，我们人类中的绝大部分成员，其实是缺乏自制力的。因此，几乎可以断定，成瘾性问题是元宇宙普及之后人们必然要面对的一个严峻问题。

斯坦福大学医学院的精神病学家埃利亚斯·阿布贾维德（Elias Aboujaoude）的一项调查研究表明，美国有13.7%的人很难几天都不上网；12.4%的人经常在网上花费比预期更长的时间；8.2%的人用上网来逃避问题或消减负面情绪；5.9%的人认为他们的人际关系因过度使用互联网而受到影响。这项研究表明，美国至少有3 000万成年人可能染上了网瘾。导致上瘾的4个主要因素是游戏、性瘾（色情图片、色情视频和聊天）、社交网络和赌博，其他成瘾因素还包括购物和发推特等。在此研究基础上，吉姆·布拉斯科维奇推断："我们预计，随着人们生活中虚拟现实的普及，这些成瘾性将成为更大的全球性问题。"①

有数据表明，Epic Games旗下具有元宇宙雏形的Fortnite玩家平均每天要在游戏中花费1—1.5个小时，而Snapchat或Instagram的活跃用户每天才花费30分钟时间。② 也就是说元宇宙比如今的社交网

---

① ［美］吉姆·布拉斯科维奇，［美］杰里米·拜伦森. 虚拟现实：从阿凡达到永生［M］. 辛江，译. 北京：科学出版社，2015
② Framework for the Metaverse, by Matthew Ball, https://www.matthewball.vc/all/forwardtothemetaverseprimer

络更容易令人上瘾。但 Fortnite 还不是元宇宙的成熟形态，在一个成熟的元宇宙世界中，人们将更加沉溺其中，难以自拔。

人们创造元宇宙，本来是为逃离灰暗的日常生活，寻求一个比现实世界更完美、更有趣的超现实世界或混合现实世界，以此获得一种心理补偿。但正如必须跳进兔子洞才能进入爱丽丝奇境一样，人们不得不陷入更严重的成瘾性之中。

如古希腊哲学家德谟克利特（Demokritos）说的那样，抛开节制，最大的快乐就会带来最大的痛苦。人们在元宇宙中无节制地追寻快感和满足感时，也必定会经历成瘾性反噬带来的痛苦。

当年流行全球的 Secondlife 中最吸引人、最令人成瘾的一项活动就是虚拟性行为，用户通过操纵 Avatar 的动作，在一些私密的角落里进行虚拟交媾。英国《环球邮报》曾经报道了一对英国夫妇大卫·波拉德（David Pollar）和艾米·泰勒（Amy）的故事：艾米·泰勒发现老公大卫·波拉德在 Secondlife 中的化身脱下裤子，与人发行性行为之后，终于忍无可忍了，两人发生剧烈争吵。大卫·波拉德坚持自己并没有出轨，这只是他的化身发生的一段虚拟性关系，艾米·泰勒却不这么认为。

如吉姆·布拉斯科维奇推断的那样，当元宇宙越来越成熟，变得可以让人更加身临其境，结合触感设备的虚拟性爱、远程做爱将更加令人满意，其成瘾的可能性将达到吓人的程度。由此导致的类似这对英国夫妇的夫妻反目事件，将会层出不穷。[①]

但总而言之，元宇宙作为数字技术创造的奇迹，终究只是人类现实生活的替代品，无论如何并不能从根本上替代现实生活，一个虚拟的化身也不能成为自我的全部。

---

① ［美］吉姆·布拉斯科维奇，［美］杰里米·拜伦森.虚拟现实：从阿凡达到永生［M］.辛江，译.北京：科学出版社，2015

如克里斯托弗·诺兰（Christopher Nolan。）在谈到《盗梦空间》拍摄初衷时所说："在某种程度上我们总是把现实视为梦想的悲惨亲戚。但是我想向你传达这样一种观念，无论是我们的梦想，还是我们感受到的现实，这些我们热衷的抽象观念，都是现实的子集。"

归根到底，人处理元宇宙与现实世界、虚拟化身与现实自我的关系的关键，取决于我们到底想要一个什么样的世界，想要一个什么样的自己，以及想过一种什么样的生活。

然而，这并不是一个技术问题，而是一个精神问题，一个哲学的形而上学问题，这个问题依靠元宇宙是解决不了的。

第四节　永生与机器幽灵

谷歌公司的工程师奥利奥尔·温亚尔斯（Driol Vinyals）和阮乐曾经写过一篇很有影响力的论文，这篇文章描述了生成对话的序列方法。论文中有一段对话令人印象深刻，研究人员问聊天机器人："生活的目的是什么？"机器人的回答是"永生"。[①]

这段人机对话，像是一个密码，解释了人类生存的终极目的和基本动机所在。

人类作为终有一死的生命存在形式，始终受到肉体生命的限制及其所处的物理世界时空的限制。因此，突破肉体的局限，获得更大程度上的自由，并且突破物理时空的限制，获得不死与永生，成为最隐秘的终极梦想。几千年来，各种宗教神秘流派及术士为此提

---

① ［美］玛蒂娜·罗斯布拉特.虚拟人：人类新物种［M］.郭雪,译.杭州：浙江人民出版社，2016

供了种种秘法及修炼法门，吸引着成千上万的人前赴后继地践行苦修，以期修得正果，获得终极自由（解脱）与永生（涅槃）。

人类近几十年对元宇宙孜孜不倦地追求，只不过是这个终极梦想的极客化版本。

就像科幻小说家科尔·佩里曼（Cole Perriman）在《终极游戏》中预言的那样，不少元宇宙的拥趸们非常笃定地相信——"迟早有一天，人类将彻底搬出肉体生存的物理—时间世界。然后，我们将变成纯粹的信息，并且活在这些事物中——虚拟现实、赛博空间、电子涅槃或者其他情况。"

早在20世纪50年代，维纳就指出了直接向人类/人体发送电报的理论可能性。设想人可以通过电报来旅行。影片《星际迷航》中就据此设想出这样一种可能性场景，将身体非物质化以某种信息的形式去到很远的地方，然后再恢复成物质形态而且毫发无损。

汉斯·莫拉维克（Hans Moraveo）在其著作《心智儿童：机器人与人类智能的未来》(*Mind Children: The Future of Robot and Human Intelligence*) 中说，在不久的将来，可以将人的意识下载到计算机内。为了描述这种设想，莫拉维克设计了一个方案：用一个机器人外科医生对人的大脑进行某种颅内吸脂手术，在清除颅内物质的同时，读取每一个分子层的信息，并将这些信息传送到一台计算机上。手术结束后，颅腔被清空了，患者已处于计算机的金属体内，醒来的时候发现自己的意识和之前毫无区别。社会学家班布里奇也提出，我们可以运用计算机将完整的人类人格存档，你可能会死，但是嵌入你虚拟化身中的身份记录将永远留存于网络空间。

如今，人类对元宇宙的推动使得这种可能越来越接近现实。

相比通过大脑冷冻、人体克隆等生命克隆技术持续复制自我获得永生的方式而言，通过数字孪生和数字生命克隆，在元宇宙中以虚拟化身形式的数字生命体获得永生，可能是更容易实现的一种方式。

理论上，随着数字及思维克隆技术的发展，人类情感与智慧的持续甚至不朽正逐渐成为可能。思维克隆人是利用思维软件，并通过其进行更新的思维文件集合，而思维软件是与人类大脑功能相同的复制品。通过思维软件对你的生命数据进行整合和重塑，进而复制你的思维、回忆、感觉、信仰、态度、喜好以及价值观，从而创造出你的数字生命孪生体。

目前像 Epic Games 的 Metahuman 等工具已经可以创造出几乎与真人外观一模一样的数字人，而像 Soul Machine 这样的人工智能公司，也正在通过 AI 程序模拟出与真人类似的可以有情绪反馈、语言表达和交互行为的数字虚拟人，那么在元宇宙空间中，复制出一个有"生命的"数字孪生体，是一个大概率事件。

未来学家雷·库兹韦尔（Ray Kurzweil）等人甚至已经提出，根据信息技术翻番进步的速率，我们有理由期待在 21 世纪 20 年代末迎来价值 1 000 美元的思维克隆人，或者在更早的时间以稍高的价格迎来它们。

那么，我们在元宇宙中借助生命克隆的孪生生命实现永生，便是可以预见并值得期待的事情。

只是，当怀揣这个永生不灭的梦想的时候，我们也必须接受一种宿命，那便是我们必须接受在肉体消亡之后纯代码化存在的命运，我们都将成为"机器中的幽灵"。

在科幻影片《源代码》（*Source Code*）中，主人公斯蒂文斯上尉在身体物理死亡之后，意识仍存活于源代码世界中，便是对这种处境的形象化展示，可以视其为未来人类命运的一则寓言。①

---

① 搜狐."后人类"时代的身份焦虑［EB/OL］.（2019-03-17）［2022-03-28］.https://www.sohu.com/a/301903133_815422

1985年，唐娜·哈拉维（Donnu J. Hamway）在著名的《赛博格宣言》(*A Cyborg Manifest*)中指出："进入后人类时代以后，在未来会出现赛博格，会不断地把虚拟与现实紧密结合起来。……人类本身也早已不再是纯粹的上帝用泥土塑造的那个物件，不再是纯'自然的'。多少个世纪以来，我们一直在不断制造出各种机器以代替我们的双手、双脚、耳朵、眼睛、舌头，及至大脑。而时至今日，我们已经从制造机器，进而演变成寄生于机器当中。……20世纪晚期的机器已经彻底模糊了自然与人工的界限，模糊了心灵与身体的界限，模糊了自我开发与外部设计以及其他许多曾适用于有机体和机械的界限。我们的机器生动得让人不安，我们自己死气沉沉得让人恐惧。"①

30多年前，唐娜·哈拉维对"虚拟与现实"不断结合、融合乃至"人类寄居于机器中"趋势的洞见，令人读之生敬、敬而生畏。

在元宇宙迎面而来之际，是寄生于机器中获得永生，还是在有限的肉身中感受生命，好比《黑客帝国》里尼奥面对蓝色药丸和红色药丸之时的两难抉择，这将是我们这代人必须面对的一种终极困境。

---

① ［美］唐娜·哈拉维.类人猿、赛博格和女人：自然的重塑［M］.陈静，译.郑州：河南大学出版社，2012

推荐语
（按推荐人姓氏拼音排序，排名不分先后）

犹如人类前进的脚步，互联网的进化也从未停歇：衍生于真实世界、又独立于真实世界的"元宇宙"正带来更多革命性变化。借助数字孪生等技术，从调研到决策都可打破时空束缚，商业活动的效率和价值将大幅提升，又一次工业革命的帷幕正在拉开。

——陈斌　金证互通创始人兼 CEO

本书给我们的启迪或在于：人类正在开启并迈向一个虚实结合的世代。虚中有实，虚中可有不易、不能感知或创建之实；实中有虚，实中可有源自虚中所创、所感、所证之虚。虚实相生，更相升，人类将由此获得智慧与生存空间的升维进化。

——蔡晓兵　易智瑞高级副总裁

本书对近年来与"元宇宙"概念相关的创业企业、科技公司，在研发布局、投资并购等方面的重要活动，以叙事方式进行了较为系统的梳理，为了解元宇宙发展演进的脉络提供了一个全景式的快照。本书聚焦于产业元宇宙，有助于破除世人将元宇宙等同于游戏、VR 等固有印象，并从产业应用视角展示了元宇宙在真实世界中广泛的应用前景。

——蔡跃洲　中国社会科学院数量经济与技术经济研究所研究室主任

人类是一种可以通过共同虚构的故事而产生协作的动物,这是我们这个物种发展到今天的独特秘密。而元宇宙则开启了一个新的宏大叙事,让人们看到了一个数字世界和现实世界并存互通的新故事。当前关于元宇宙的争论还有很多,但是根据人类以往的经验,只要相信的人多了,它就会实现。

——**高路拓**　脉策科技董事长,城市数据团联合发起人

一本小说能够掀起人类社会的波澜壮阔?

一台 33.6K 的调制解调器可以创造占比超过 41.5% 的全球 GDP 总量?

在过去 30 多年数字化生活的基础上,聚焦"数字化运营"和"数字化治理"两个关键板块,还有什么不可能即将成为可能?

作为全新的数字生产力工具箱,元宇宙正在定义着数字时代的发展范式,其成功的关键在于工具箱的使用者。期待每位读者,特别是企业家,都可以从《产业元宇宙》中找到数字时代的生存之思、发展之术和制胜之道。

——**葛顾**　中赫集团副总裁,北京邮电大学经管学院兼职教授,
工体元宇宙 GTVerse 首席架构师

时空基底是构建元宇宙的核心数字基础,元宇宙的出现将给地理信息产业带来全新的发展机遇和广阔的市场空间。本书聚焦产业元宇宙,值得产业精英和产业投资者细读。

——**黄金森**　武大吉奥高级副总裁

产业元宇宙让产业数字化能够具有全新的视野和完整运行框架,将彻底打破近些年物联网、AI、数字孪生、区块链等新技术牵引产业数字化乏力的困境,使得这些新技术能够完美地集成应用到平行世界中,并赋能和

优化现实世界。

——黄鸿　都市圈联合创始人兼CTO

元宇宙体现了无边界感与融入感，它打破了一个世界和另一个世界的界限，让虚拟融入现实并超越现实，现实成为虚拟的载体，最终达到双生融合；从而天地皆可链接，万事万物皆可靠近。通过物联网、数字孪生等科技赋能，元宇宙致力于毫无违和感地拓展人类生产生活的体验空间，展现人与人、人与产业、产业与产业之间的多维共存、交互与信息传递关系。它超越了二元世界的对立与冲突，将引领更高维度的技术与社会革命。

通过设立新的身份、共识机制与经济系统，元宇宙不仅为人类心智提供了更广阔的栖息地，也对各行各业进行了前所未有的冲击、打破与重构，对社会治理体系的优化与发展路径的精准化提供催化剂，为超越民族与国家维度的人类社会大规模、深层次的互动与价值重塑提供可能，打造了一个全方位、多场景、与物理世界相互叠加交织的、自由像"醒着做梦"般穿梭天际的平行宇宙。

未来已来，当元宇宙这个全面兼容性、高度数字化、信仰与现实共舞、万物与认知重新被定义的崭新世界在向我们招手时，它可能是有些陌生的，有反差的，但它一定也是进步的、万丈光芒般充满希望的。也许一百年后，我们的身体已消失在这个世界，但我们的思维和精神还可以在元宇宙得以永生。这一切都值得我们去期许、去努力、去拥抱！

——胡柏清　上海华京投资管理有限公司董事长

我们相信世界是被编程的！由互联网和数字化新技术所构建的元宇宙，极富想象力和广阔的市场前景，正在成为国内外科技巨头和技术创新者的新战场。元宇宙包含哪些技术？又有哪些行业能率先应用？本书作者作为这个领域的先行者，深入元宇宙核心技术，分析元宇宙在未来城市、交通、文旅、工业、教育等七大产业的应用案例和可能创新场景，从而绘制出元宇宙的完整产业图谱，是一本学习与研究产业元宇宙的全面之作。

——蒋涛　CSDN创始人兼董事长，极客帮创投创始合伙人

元宇宙是下一代互联网的主要代表，是人们生活工作沉浸体验的虚实融合空间，是数字资产和价值的重要创造生产地，元宇宙将引领全球数字经济的发展，带来很多新机遇和新赛道，元宇宙对各个产业的发展也将产生极大的促进、融通、共创、齐飞的作用。本书对产业元宇宙的意义、构成、特征和趋势等进行了深入系统的分析，对产业元宇宙的相关技术、应用场景和案例等做了精彩全面的介绍，相信对读者既会有很大的实用价值，也会带来很多启发和思考。

——李安民　著名信息通信专家，上海市政协委员，中国电信研究院副院长

元宇宙时代的来临，对空间的营造提出了更高的要求，实时渲染、AI、互动等技术的加持，使得极致空间的营造有了更多的可能性。每个人都可以成为元宇宙时代的内容创作者，创造内容、创造故事、创造场景，创作者经济将迎来一个全新的时代。

——李方悦　奥雅设计联合创始人、董事、总裁

元宇宙是虚实相融的世界，是下一代互联网，也是Spatial Web。现实世界里，人类生产生活中的信息80%和空间位置有关。作为地理信息系统（GIS），目前正在和产业元宇宙双向奔赴：一方面，GIS技术可以赋能元宇宙，成为产业元宇宙技术底座的一部分；另一方面，产业元宇宙也将引发三维GIS发展的新浪潮。

——刘宏恺　超图集团首席品牌官

如果互联网对世界的影响是实现人类生活方式的便利化、信息传递的效率化、数字经济的初始化的话,那么元宇宙将从数字孪生、真实与虚拟世界重构、产业数字资产革命角度重塑未来。元宇宙在文旅产业有广泛的应用空间,文旅场景为元宇宙的发展提供了丰富的试验场和场景,无数的未知和奇迹等待我们去探索去创造。相信读完本书,我们会有更清晰的方向感。

——**刘照慧**　执惠集团创始人、董事长

基于物联网、5G、区块链、云平台等前沿技术的元宇宙正在影响并改变着人们的生产生活,感知世界、参与世界和改变世界的方式更加丰富、深刻。伴随着元宇宙相关软硬件技术逐渐成熟,未来产业元宇宙在产品设计、智能制造、营销服务等工业领域有着广泛的应用前景,助力工业转型升级加速实现,产业元宇宙未来可期。本书会带给你关于元宇宙在产业应用中的独特视角和深刻认识。

——**刘扬**　三一重工盛景智能科技有限公司总经理

元宇宙在全球范围内受到越来越广泛的关注,无论是业界巨头还是无数创业精英,都正在把一个个元宇宙的梦想照进现实。无论你是否认同元宇宙的未来,你都无法忽视它,更无法否认它正在以各种方式改变着我们的工作和生活。本书对产业元宇宙和最佳实践的探索,无疑更加适合中国全产业链数字化转型升级的大时代,值得所有关注元宇宙的读者研究和思考。

——**林彦廷**　北京微吼时代科技有限公司创始人、CEO

元宇宙风口的出现与产业和商机息息相关,本书作者从元宇宙谈到元宇宙产业,纵览全球商机,直至人类社会将面临的重大挑战,脑洞大开,

字里行间闪现了创新思维和企业家的责任。

——林珲　国际欧亚科学院院士，英国社会科学院院士

产业元宇宙是什么？产业元宇宙有什么价值？它将为各行各业带来哪些变化？本书的撰写团队汇聚产、学、研、用各方思考精华，对产业元宇宙在城市、交通、旅游、制造、教育、医学和能源等领域的应用进行了全产业链分析，并完成了首个产业元宇宙价值链图谱，强烈推荐阅读。

——彭昭　物联网智库创始人

元宇宙是将工业化革命、互联网科技融合为一体的新时代。通过大数据和AI，重新连接生产关系和要素；通过可视化，重新连接金融和社交。元宇宙将多个科学和艺术行业交织在了一个载体，创造了一个数字宇宙下的时空印记。

——彭程　万生华态创始人兼CEO

元宇宙虽然是平行于现实世界的虚拟世界，但它又基于技术、产业与产品，与现实世界相互关联、相互促动。产业元宇宙涉及产业领域众多，上下游产业链复杂，场景应用形象逼真，无疑对更加具体、更加全面、更加深入推动元宇宙的全面发展将提供强大的动能。

——乔卫兵　中译出版社社长、总编辑

《左传》云："太上有立德，其次有立功，其次有立言，虽久不废，此之谓不朽。"感谢你们在第一时间为我们描绘了未来元宇宙之下的城市、交通、文旅、工业、能源、医疗和教育等领域的崭新姿态和深刻变化。启蒙之作是为立德！作为国内产业元宇宙事业的先行者51WORLD，一定会借此召唤更多的同行加入"克隆"地球，改变"宇宙"的行列，此谓立行！

行而不辍，未来可期！

——**戚涛**　利策集团董事长

　　数据的全生命周期管理，是元宇宙得以存在与蓬勃发展的基石。作为新兴事物，元宇宙自诞生伊始，就面临着诸多的质疑。但我们一直在乐观着别人的悲观，坚持着别人的犹豫。未来的元宇宙时代，数据的力量将更为凸显。我们相信，数据价值将点亮未来的元宇宙时代。

孙冃　希捷科技全球高级副总裁暨中国区总裁

产业元宇宙是元宇宙实现以虚强实的关键。

——**沈阳**　清华大学新闻学院教授、博导，
清华大学新闻学院元宇宙文化实验室主任

元宇宙的时代已然开启，将引领我们领略未来世界！

——**沈坚**　浙江数智交院总经理／院长

　　产业元宇宙为蓬勃发展的产业数字化创造了无限想象与拓展的虚拟世界，通过实现将体验者、组织与智慧城市、智能交通、智能制造、医疗、教育等产业的数字链接，最终实现数字产业在现实与虚拟两个平行世界的真实价值创造与体现。

——**沈国红**　上海城建数字产业集团董事长

　　产业化是元宇宙走向现实的重要标志，《产业元宇宙》出版对广大产业人士来讲无疑是打开了一扇窗户。

——**孙道军**　中国传媒大学教授，中国传媒大学数字经济发展研究中心主任

如果说物理世界的底层是原子的，本质是稀缺的，那么数字世界的基础就是比特和数据，本质是富足的。

元宇宙不仅是物理世界的更深度的数字化，也是用"富足"的虚拟世界包裹和延伸现实世界，为人们提供了更"富足"的数字化生活空间，也为新的产业发展增加了维度。

新经济是技术组合的表达，数字孪生、空间计算、沉浸式体验、下一代感官互联网等指数型数字技术的融合将会极大地扩展现在产业的边界，让数字经济和实体经济充分融合，为更多"跨界创新，万物互联"的虚实合一新产业发展拓展了想象空间，也将为人类文明开拓一个新的演化空间——让每个人都能生活得更"富足"的"产业元宇宙"。

——**檀林**　前海再保险科技董事长，海创汇首席生态官

市场上关于元宇宙的书大多还是停留在对元宇宙未来的设想，而本书则汇聚了国内各个领先团队对于产业和元宇宙结合的深入思考，对于任何一个在考虑如何将产业和元宇宙结合的人士来说都是不可多得的真知灼见。

——**王伟**　天元律师事务所合伙人，《区块链数字货币合规指南》作者

未来的某一天，我们也许会重新思考有关元宇宙的诸多问题，而那时我们再重新翻看这本书的时候，一切初心便会更加清晰与闪亮。

——**王京**　云九资本合伙人

元宇宙在人们无尽的想象与切身实意的有限感受之间搭建了数字化的桥梁，让个体的体验不再桎梏于现实世界的一花一尘，给精神世界提供了新的锚点，这开启了人类以及人类社会新的征程。元宇宙的实践与发展离不开产业的支持，同时也给产业界提供了巨大的机会。这本书的出版给

"元宇宙"相关各方提供了非常好的参考与指引。

——王锐　光线云创始人兼 CEO

很高兴推荐这本《产业元宇宙》,正当其时!还记得 2021 年 8 月 24 日我写了全网第一篇产业元宇宙文章《元宇宙大热背后的产业元宇宙与工业元宇宙》,当时业界还鲜有这个重要话题的讨论。产业元宇宙的宏大变革将远超工业革命和信息革命,在元宇宙 BIGANT 六大技术体系的支撑下,产业元宇宙的生产力和生产关系都将进入持续跃阶阶段,很多产业规律将不断被格式化,产业元宇宙将加速推动人类进入数字文明的新纪元!

——邢杰　优实资本董事长,畅销书《元宇宙通证》
《元宇宙与碳中和》《元宇宙力》作者

继数字孪生城市之后,元宇宙的提出又一次迭代了人类对空间的认知,元宇宙究竟如何改变、重塑我们的世界,这本书引发了我们对未来的无限畅想。

——夏雨　雄安城市规划设计研究院常务副院长

元宇宙是人们日渐沉浸其中的一个数字化的虚拟平行世界,人们在这里社交、游玩和工作,这个世界既是虚拟的,也是真实的,但和我们日常生活的原子化的物理世界是平行的。而产业元宇宙既是现实世界的产业在虚拟世界的映射,也就是虚拟现实;同时,又是在虚拟世界的操作驱动着现实世界产业的运转,也就是扩展现实,虚拟和现实就像是量子纠缠,是一对数字孪生。数字孪生的产业元宇宙序幕刚刚拉开,将扩展到制造业、建筑业、航天航空产业、物流运输、采矿等各行各业,推动整个产业界数字化智能化升级的浪潮。

——许晖　中国虚拟世界的开创者,溪山天使会发起人,
中国版"第二人生"HiPiHi 创始人

元宇宙快速从"科幻概念",转变成具有产业影响力的"新势力",我们理解和对待的方式,也要不断升级。产业元宇宙到底能改变什么?它将如何影响到真实社会的全产业链秩序?又将会在全球产业变革升级的关键时刻具有怎样的影响力?这些问题显然不是元宇宙技术在产业场景方面的简单优化,它们很可能为产业带来更为重大而彻底的变革。改变将以何处为起点,以怎样的形式发生,这些都需要共同关注。这本书提出很多思考和实践案例!希望它能给大家带来更多启发。

——徐远重　大三生集团董事长,元宇宙三十人论坛发起人

得益于深度学习算法的成熟、海量产业数据的积累和信息系统算力的提升,产业元宇宙从技术体系、产业结构、商业模式等维度为经济社会带来了全新的技术手段和发展理念,通过实时映射生产、分配、交换、消费等经济活动各环节,推动社会生产和消费取得精准重构和链式突破。随着产业元宇宙加速渗透到工业、建筑业、服务业、农业等应用场景,将极大提高行业服务的精准化和便利化水平,并最终有效提升老百姓的生活品质。

——许浩　奥格智能副总经理

产业元宇宙是驱动元宇宙经济系统的关键,数字孪生技术为元宇宙场景落地展开广泛空间,当前要在NFT等经济系统方面,从主权/非主权金融出发做出突破。该书立意高远、落地扎实,是布道产业元宇宙的钥匙。

——徐振强　智慧城市资深专家,住房和城乡建设部干部学院学术委员、博士

元宇宙是目前最热的话题,如何与产业结合并创造新的价值无疑值得深入研究。《产业元宇宙》一书不仅呈现了产业元宇宙的技术架构,而且阐述了七大产业因为元宇宙所带来的改变,这对于企业家提前谋划布局元宇

宙，抓住新机遇，可谓恰逢其时！

——**徐明**　深圳人工智能产业协会监事长，深圳力维智联董事长、总裁

未来，元宇宙不仅会改变我们生活、娱乐和社交的方式，同样会改变我们工作、生产和商业的方式。产业元宇宙将成为赋能传统行业、推动实体经济转型升级的新兴力量。

——**余晨**　易宝支付联合创始人、总裁

在百业千行数字化转型的大潮中，元宇宙提供了一种与众不同的新路径。随着元宇宙技术不断演进，必将对实体经济的数字化升级带来全新发展范式，乃至产业革新。

——**杨金才**　法国欧洲科学院院士，俄罗斯自然科学院院士，
世界无人机大会执行主席

新兴信息技术使物理世界越来越多地传递数据进入数字空间，数字与物理空间的边界逐步贯通，出现了元宇宙等一系列新的技术概念。产业元宇宙是第三代互联网的典型代表，将深刻改变我们现有的生产、工作与生活，影响极其深远。这本图书的出版有助于我们提前了解新一代互联网的新形态与新模式。

——**周彬**　北京航空航天大学虚拟现实技术与系统全国重点实验室副教授

元宇宙从互动娱乐走向现实社会，走进真实世界的经济产业，成为我们每个人生活和工作的一部分，是技术进化的必然结果，并且归根结底一定会改善和扩展人类赖以生存的现实世界。

——**邹琼**　深圳市瑞云科技有限公司总经理

任何一项技术、任何一个概念，如果不能改变人类的生产、制造环节，都难言伟大。元宇宙以其虚实融合、人数协同、时空拓展的特有特征，将重塑人类基础的生产方式，进而影响到各行各业。产业元宇宙系统性回答了元宇宙在生产制造领域的应用，值得所有元宇宙关注者阅读。

——赵国栋　中关村大数据产业联盟秘书长，
国家发改委数字经济新型基础设施课题组牵头人，《元宇宙》第一作者

产业元宇宙是数字虚拟技术与现实世界、实体经济的交互和映射，是下一代信息技术的重要内涵，《产业元宇宙》一书是元宇宙初学者、研究者和应用者的必备之选。

——张鹏　当代置业执行董事兼总裁

推动"元宇宙＋智慧城市"产业应用创新结合，必将助力智慧产业，数字经济成为更大规模的超级产业。它的综合产业规模将是目前软件产业规模的成千上万倍。正所谓"当今所有产业都可以在元宇宙重新做一遍"。

——张晓新　SCSS智慧城市建设投资联盟执行主席，
深圳市智慧城市建设协会创始会长

后　记

这本书的确酝酿了很长一段时间才完成。

早在 2021 年 8 月，中译出版社社长乔卫兵带队来到 51WORLD 交流和体验最新的数字孪生产品。体验后，乔社长非常兴奋，当即就提出了"工业元宇宙"这个概念，希望 51WORLD 能朝这个方向为业内分享更多一线视角的实践与经验。一直以来，51WORLD 更多将自身定位为一家数字孪生平台企业，而这也是第一次，外界对 51WORLD 的认知与"元宇宙"发生强关联。

此后，51WORLD 董事长兼 CEO 李熠及团队也在与中译出版社更多交流碰撞中，将自身更准确地定位为"产业元宇宙"，并萌生了联合业内专家将相关实践经验及趋势认知集结成书的想法。在这期间，易股天下公司董事长易欢欢、中关村大数据产业联盟秘书长赵国栋、大三生集团董事长徐远重、元宇宙三十人论坛秘书长徐远龙、优实资本董事长邢杰、清华大学新闻学院沈阳教授团队的多名博士后，为我们提供了很多有价值的思想，也对成书给予了鼓励，这也让我们更加坚定成书的想法。

"产业元宇宙"是一个很新的概念，尤其是在元宇宙概念都没能在社会形成广泛共识的情况下，要深入探讨清楚"产业元宇宙"这个课题，难度可想而知。

在开始写书前，我们战战兢兢，很怕对"产业元宇宙"这个概念拿捏不准，分析不透。于是，很长一段时间，我们保持暂不动笔的状态，转而不停地与业内专家开展讨论会，听取各方对于"产业元宇宙"的观点。

最长的一次讨论前后持续了4个小时，中间无任何间断。在这次讨论中，溪山天使会发起人、中国版"第二人生"HIPIHI创始人许晖，中山大学人机交互实验室主任、哲学教授翟振明为本书框架的搭建贡献了非常多有价值的观点，既有从哲学层面给到的伦理与前瞻思考，也有来自产业演进的判断，更有基于落地实践的切身体感分享。这次讨论，基本奠定了整本书在概念上的创新与立足。

此后，《产业元宇宙》一书进入正式撰写期。这本书一共由三个团队共同打磨推进，包括国内元宇宙、三维虚拟世界早期研究实践者，互联网及Web 3.0持续创业者王瑞斌及其团队，由清华大学新闻学院沈阳教授带领的博士后团队，以及51WORLD团队。

在本书的创作过程中，撰写团队的所有成员全情投入，在长达半年的历程中，坚持每周聚在一起花费四五个小时的时间进行各版块的最新研究分享，并及时把控成稿进度。

在打磨会上，作者们会围绕在会议桌前，对每个人的稿件内容逐一进行分析拆解，相互之间指出问题，再返回修改，再指出问题，再修改。

有时即便无法一起面对面交流，也会想尽办法每周必须抽出时间碰撞，甚至在高铁上通过线上会议讨论。当高铁信号不稳定时，大家也习惯了在时断时续中完成讨论。

第一波初稿敲定后，产业链图谱的框架制定也随之开始。整个图谱的搭建，算得上非常大的创新——需要重新构建理论体系，重新梳理逻辑，重新定义本书的相关细节点。有时候，作者们因为达不成共识，说到激动处，恨不得拍桌子。在经过长达一个月的深度打磨后，框架图终于成型，作者们都激动得快要跳起来。

在成书过程中，中译出版社的于宇、刘香玲、李晟月、华楠楠、

后 记

杨菲等编辑提供了非常多的支持和帮助，在此我们要诚挚地感谢他们为本书的用心付出。

在合稿过程中，51WORLD大客户总经理李振加入团队并支持整体统筹工作，51WORLD法务总监杜金艳、法务经理安宁、法务经理安娜、法务经理鲍勤为全书及相关合同进行了详细审定和把控，51WORLD副总裁兼董事会秘书张雨薇及团队专程邀约到英国社会科学院林珲院士与中信证券许英博分析师为本书作序，51WORLD品牌部综合运营贾淞杰为书籍提供了合同及流程侧全程运营保障支持，设计师王宇为书籍精心制作了核心框架导图。正是他们为本书保驾护航，才使得整个过程变得更加顺畅。

还有很多人为我们提供了各项支持。正是有了各方的付出，才有了《产业元宇宙》一书，在此一并致以最真诚的感谢。

本书作为在产业元宇宙方面的探索成果之一，不免有不足之处，还望各位读者不吝指正。我们也希望看到产业元宇宙作为元宇宙赋能实体的分支，在理论与实践的进化中，不断丰富，逐步完善。